전체 안의 전체
사고 속의 사고

김우창의
인문학을
읽다

전체 안의 전체
사고 속의 사고
김우창의 인문학을 읽다

초판 1쇄 인쇄 2015년 12월 12일
초판 1쇄 발행 2015년 12월 22일

지은이 현광일
펴낸이 김승희
펴낸곳 도서출판 살림터

기획 정광일
편집 조현주
북디자인 꼬리별

인쇄·제본 (주)현문
종이 월드페이퍼(주)

주소 서울시 영등포구 양평로21가길 19 선유도 우림라이온스밸리 1차 B동 512호
전화 02-3141-6553
팩스 02-3141-6555
출판등록 2008년 3월 18일 제313-1990-12호
이메일 gwang80@hanmail.net
블로그 http://blog.naver.com/dkffk1020

ISBN 979-11-5930-004-2 03300

전체 안의 전체
사고 속의 사고

김우창의
인문학을
읽다

현광일 지음

살림터

머리글

　우리 사회는 고도성장과 경제위기를 겪으면서 부침도 많았지만, 사람들이 원하는 것은 무엇이든 가질 수 있다는 행복한 상상을 할 수 있는 수준까지 성취했다고 할 수 있다. 그로 인해 어떤 고난이 닥치고 절망스러운 상황이 오더라도 미래에 대한 희망으로 그것을 극복해가겠다는 결연한 의지를 갖고 살아갈 수 있었다. 아직도 경제 제일주의가 우리 사회를 이끄는 핵심적 담론일 수 있는 것도 미래에 대한 낙관을 조장하기 때문이다. 그리 순탄하지는 않더라도 개천에서 용이 날 수 있다라는 믿음을 저버리지 않을 수 있었던 것은 미흡하지만 어떻게 보면 진보와 자유, 민주주의와 계몽의 덕분이기도 하다.

　그런데 21세기와 더불어 지구촌 시대가 열리면서 이러한 낙관적 전망에 어두운 그림자가 드리우기 시작한다. 2001년 9월 뉴욕에서 벌어진 테러 사건에 이어 최근 프랑스 파리에서 또다시 충격적인 테러 사건이 발생하였다. 어느덧 테러와의 전쟁, 그리고 이와 관련된 일련의 사건들은 21세기를 살아가는 지구인 모두의 삶에서 당연시하는 일상이 되어버렸다. 매일 접하는 TV 뉴스에서, 공항의 입출국 절차에서, 일상의 크고 작은 소동 속에서 테러의 위기감을 조성하는 공포의 그림자는 이제 삶의 일부가 되었다고 할 수 있을 정도이다. 그 외에도 영토 분쟁, 인구 폭발과 식량문제, 환경오염에 의한 생태계 파괴 등이 인류의 현재 문명이 더 이상 존속될 수 있을까 하는 의문을 갖게 한다.

　글로벌 자본주의의 낙관론은 언제부터인지 미래와 희망을 잃어가고 있다. 이제 우리의 질문은 보다 근본적인 물음으로 향해야 할 것이다. 과연 우리는 지금 21세기라는 완전히 새로운 시대적 현실 앞에 놓여 있는 것일까? 그렇다면 그러한 현실에 가닿아야 할 사유의 과제는 어떠한 성격의 것일까? 이러한 물음에 대해 속단하여 단정적으로 확답하기는 아직 무리일 것이다. 다만 이와 관련해 우리 시대의 사유의 근본 범주를 재설정하기 위한 유용한 도구에 해당할 한 권의 문제작—김우창의 『깊은 마음의 생태학』을 소개하는 것은 결코 헛된 일만은 아닐 것이다.

　이 텍스트에서 김우창은 마음을 사유의 대상으로 삼고 있다. 그것은 이 혼돈의 세기를 버티어낼 자유를 향한 주체에 대한 탐구이기도 하다. 자유는 주어지는 것이 아니라 인간 정신이 의식적으로, 노력을 통해 스스로 지향해야 할 치열한 과정으로서 자유의 실천이다. 마음을 사유하는 것은 바로 내면에서의 자유를 향한 움직임, 자유라는 목적을 향해 살아가는 삶의 과정에 대한 탐구라고 할 수 있다. 그것은 이 책의 제목인 '전체 안의 전체, 사고 속의 사고'라는 초월적 이성의 작용으로 요약할 수 있다.

　김우창은 동양철학의 전통은 물론 데카르트의 양식, 칸트의 이성, 베버의 멘탈리티 등 방대한 서구 사상의 전통을 섭렵하고, 롤스의 정의, 푸코의 에토스, 너스바움의 느낌의 균형 그리고 시인의 영혼 등을 참고하면서 마음의 움직임에 대한 인문과학적 통찰력을 보여준다. 그는 언어를 씨실과 날실 삼아 개념들을 직조한다. 그의 문장들에서는 팽팽한 의미의 긴장에 집중함으로써 심오한 사색과 성찰 그리고 그윽한 명상의 후광이 배어난다. 그러면서도 그는 사건의 사실들을 기반으로 한 논쟁의 지점을 회피하지도 않는다.

김우창의 텍스트는 지층의 두께를 실감하게 한다. 그의 지층적 사유는 마치 지구를 구성하는 여러 개의 대륙판이 있어서 그것들이 일으키는 지각변동에 비유할 수 있다. 각각의 특이한 지형을 가진 판들 간에는 서로 상호작용을 하여 지각변동을 일으킬 뿐만 아니라―그 판들의 퇴적층은 지층화하여 하나의 단위를 형성함으로써 전체가 한 방향으로 움직이듯이 김우창의 사유는 조직화된다. 그의 저작들을 통째로 바라보면, 대부분은 김우창 자신이 상정한 이념의 원리에 따라 하나의 지층으로부터 다른 지층으로의 분배와 이동을 하면서 새로운 서술과 구성의 기술로 쌓아 올린 건축물과도 같다.

그러면서도 사유의 전체적 지형을 구성하는 판들 간의 상대적인 움직임은 또다시 생성되고 진화하게 된다. 그러나 그 과정은 순조롭지 않다. 여러 개의 판들이 수렴대에서 서로 만나며 발산대에서는 서로 분리되듯이 김우창의 인문과학적 사유는 전혀 선형적이지 않다. 전체 안에서 전체가 사유되고 그 속에서 또 사유하면서 끊임없이 분기하는 양상이야말로 김우창 인문과학의 글쓰기 전략이라고 할 수 있다.

김우창 인문과학은 글로벌 자본주의의 재생산을 위하여 소모품화하고 노예화하며, 속물화를 강요하는 각박한 삶에 맞설 수 있는 마음의 공간을 열어준다. 모두들 치열한 경쟁과 언제 낙오될지 모른다는 불안 심리에 사로잡혀 있을 때―그로 인해 궁색한 생각들로 길을 잃고 헤매고 있을 때, 김우창은 엄정한 인문과학적 언어로 우리에게 희망을 사고할 수 있는 지적 자원을 제공하고 있다. 제1부는 『깊은 마음의 생태학』을 인문과학적 차원에서 이해하기 위한 사전 정지작업에 해당된다. 즉, 김우창의 인문학은 인문과학이라는 점을 제기하고 있다. 그러려면 무엇보다 마음의 깊은 곳에서 벌어지고 있는 내밀한 작용에 대한 어느 정도의 성찰이 필요했다. 그것은 인문과학적 이성 혹은 마음의 인식론적·존재론적 토대를 밝히는 것이기도 하다. 후설의 초월론적 현상학과 하이데거의 사건존재론에 근거한 인문과학적 인간 되기는 전적으로 주체의 내적 사고의 산물이라는 것을 '언표 Ⅰ: 마음의 장소가 있다', '언표 Ⅱ: 마음은 사건과의 관계이다', '언표 Ⅲ: 마음의 사건 체험은 초월적이다' 등으로 정리해보았다. 김우창의 사유에서 이 세 개의 언표를 도출해냄으로 해서 『깊은 마음의 생태학』에 대한 인문과학적 위상이 좀 더 명료해지기를 기대해본다.

제2부는 『깊은 마음의 생태학』의 「인간중심주의를 넘어서」를 배경지식으로 공부한 학습 노트에 해당한다고 볼 수 있다. 이곳에서는 인문과학이 준거로 삼고 있는 자연과학적·철학적 기반들을 살펴보았다. 복합성 과학과 현상학, 혼돈과학과 우발성의 유물론이 인문과학의 사상적 기반을 이룬다는 점을 밝힘으로 해서 관념론과 유물론의 부질없는 대립에서 벗어나고자 했다. 또한 과학지상주의에 대하여 하이데거의 존재론적 전회에 따른 형이상학적 문제 인식과 대결하게 함으로써 인문과학을 탈형이상학의 문제 설정에 위치시킨다. 그렇게 함으로써 형이상학적 사유와 유물론적 사유라는 두 극단을 융화하고자 하는 김우창의 사유 실험을 엿볼 수 있도록 했다. 이러한 작업은 결국 인문과학적 마음의 영역들을 탐색하도록 길을 터준다.

제3부는 김우창 텍스트의 정치적 함의를 부각하고자 하였다. 알랭 바디우의 말을 참고한다면, 인문과학적 사유가 펼치는 정치의 발명에 해당된다고 할 수 있다. 김우창 텍스트의 지적 자원에 의존하면서 『깊은 마음의 생태학』 전체를 관통하는 정치적 사고를 짚어보고자 했다. 내 직감의 이러한 함의는 형이상학적 본성과 이데올로기의 관계, 개인과 사회의 역학, 자유의 실천이 갖는 위상과 의미 등으로 범주화를 하게 된다. 또한

도덕과 진실 그리고 정치와 실존을 통해 마음이라는 순수주관이 어떻게 정치적 함의를 가질 수 있는가를 보여주고 싶었다. 그것은 결국 각자가 격 있는 삶을 추구하는 자유의 실천으로 귀결되리라고 본다.

근래의 나의 공부는 점점 자기 확신의 쇠퇴로 이어졌고, 심리적인 차원에서 표현한다면 난해하고 심각한 자아성 문제에 부딪히고 있었다. 그런데 이런 나를 넘어설 수 있게 하는 행운이 찾아왔다. 한마디로 김우창의 텍스트를 접하면서 그야말로 혹하지 않을 수 없었다. 흩어진 지적 파편들을 서로 비추고 질문하며 대화하는 상황에 김우창의 텍스트가 일말의 호소력이 없었거나 조응하지 못했다면 이러한 글쓰기는 불가능했을 것이다.

김우창 인문과학은 각자가 자신의 삶 속에서 유토피아를 꿈꾸지 않는다면 우리는 성찰과 해체의 사유실천 능력을 상실하게 된다는 점을 일깨운다. 유토피아는 기본적으로 지속적이며 더 나은 세계에서 살고 싶으며, 자유롭고 행복하게 살 수 있다는 희망을 품게 하는 것이 아닌가? 이 책을 통해서 강조하고자 하는 바는—김우창이 『깊은 마음의 생태학』을 비롯한 여타의 저작에서 일관되게 말하고 있는 것은 스스로 생각하기를 통해서 유토피아의 정치적 상상력을 불러일으키고자 했다는 점이다. 그것은 미래의 생존 능력을 염두에 둔 것이기도 하다.

책을 쓴다는 것이 혼자의 힘만으로는 안 된다는 것을 새삼 느꼈다. 엄두도 내지 못하고 있던 차에 최장집 선생님이 글을 쓸 수 있는 동기를 부여하는 말씀을 주셨고, 덕분에 한 편의 글을 써보려고 시작한 것이 고무되어 이렇게 책으로까지 나오게 되었다. 그리고 김우창 선생님과 충분한 대화의 시간을 가질 수 있도록 자리를 마련해주신 최정단 감독님이 여러모로 챙겨주시고 배려해주셨기에 여기까지 올 수 있었다. 이번에도 부족한 원고를 선뜻 받아주시고 빠듯한 일정을 맞춰주신 정광일 대표에게도 고마울 따름이다. 끝으로, 팔순을 맞이하신 "선생님, 이렇게 계셔주셔서 감사합니다!"

겨울 석바위에서
현광일

1부

인문과학적 인간 되기

들어가는 말

시달리고 괴로운 한국인

우리 사회는 외면적인 발전의 지표만을 보더라도 일찍이 볼 수 없었던 대변동 속에 살고 있는 것이 사실이다. 식민지를 경험하고 전쟁을 겪은 나라로서 G20이라는 경제대국에 들어갔다는 사실 하나만으로도 충분하다 할 것이다. 물론 속내를 들여다보면, 사회적 불평등이 해소되지 않고 오히려 어떤 부분에서는 더욱 심화되었지만, 전체적인 삶의 질은 함께 승강기를 올라탄 것처럼 상승했다. 노동자들도 자동차를 구입할 수 있게 되었고, 그 자동차를 몰고 휴가를 떠날 수도 있게 된 것이다.

이는 의심할 여지 없이 성장경제가 지닌 장점임이 분명하다. 많은 사람들이 처음으로 자신에게도 자유와 기회가 주어졌다는 느낌을 가질 수 있게끔 해주었던 것도 사실이다. 하지만 유감스럽게도 이러한 경제 기적은 더 이상 지속될 수 없는 한계 지점에 이르러 심지어 자신이 이루어 놓은 성과들을 역으로 파괴하기 시작한다. 그동안의 변화의 폭과 속도의 속을 들여다보면 그와 더불어 불안이 점증해왔다는 것도 인정해야 하는 사태에 이르렀다.

생활의 불안은 빈부격차의 심화와 같은 경제적인 요인으로만 생기는 것은 아니다. 김우창은 『성찰』에서 '시달리고 괴로운 한국인'이라는 표현으로 우리의 실상과 심정을 집약한다. 돈만이 이 불안한 사태에서 벗어날 수 있는 유일한 안정의 보장처럼 받아들여지는 추세이다. '부자 되세요'라는 말이 일상적일 정도로 상투화돼버렸다. 성장과 발전을 위해서라면 어떤 대가도 감수할 수 있어야 한다는 믿음이 저변에 깔려 있다. 권력과 돈은 언제나 과대하게 자신을 확인하는 수단으로 작용한다. 이럴수록 한국인은 시달리고 괴로운 사람이 될 뿐이다.

CNN의 관광방송에서 50가지의 이유를 들어 서울을 세계에서 가장 가볼 만한 도시라고 지명하였다고 한다. 그 50가지 이유를 살펴보면, 대체로는 먹고 마시고 놀기 좋고 성 교제가 자유롭고 대중문화계 스타들의 스캔들이 커다란 화제가 되는 곳이 서울이라는 곳임을 알게 해준다. 인터넷이 발달한 도시라는 것도 알고 보면 게임의 수단으로서 중요한 것이다. 서울이 환락의 도시이기에 관광객이 갈 만한 곳으로 지명된 것 같은 인상을 받게 하는 내용들이었다.

어떤 사회의 경우에도 윤리적 기초가 없이는 제대로 기능할 수 없다. 민주주의가 다른 체제에 비하여 나은 정치체제가 되는 것은 자유로운 언론에 의하여 윤리적 투명성이 조금 더 보장되기 때문일 것이다. 보도되는 부패지수를 보면, 우리나라는 대체로 OECD 30개국 가운데 밑바닥의 수위를 기록한다. 특히 정치나 재벌 경영에 있어서 부패의 불가피성에 대해서도 일반 국민들이 어느 정도는 용인하는 것이 사회적 분위기이다.

이제 우리 사회는 윤리가 실종된 초유의 시대로 접어들고 있다. 윤리 실종의 징후는 서점의 진열대에서도 볼 수 있다. 책을 읽는다는 것은 윤리적 내면의 형성과 수련에 영향을 미친다. 그런데 읽히는 책들의 풍경을 바라보며 격세지감을 느낄 정도이다. 각종의 교양서적으로 넘쳐 났던 서점의 진열대는 자기경영법을 설파하고 재테크의 원칙을 설명하는 책들이 차지해버렸다.

더불어 삶의 기획에 대한 관심이 사회적 영역에서 개인의 영역으로 바뀌면서 자아심리학에 대한 관심이 커졌다는 것도 알 수 있다. 그것은 인간의 크고 작은 행동의 동기가 개인적인 이해득실의 계산에 좌우된다는 것을 의미한다. 올바른 행동을 이끌어내기 위한 근거로 기능하던 윤리적 기준도, 이제는 양심의 가책을 유발하는 자신의 행동을 효과적으로 합리화하기 위해 쓰이는 하나의 참고사항 정도로 전락해버린 느낌마저 든다.

사회의 변화는 물리적이고 제도적인 인프라의 개조만으로 이루어지는 것이 아니다. 정신적인 인프라의 변화도 꼭 필요한 요소이다. 정신적 인프라의 변화란 인식과 관련된 문제일 뿐 아니라, 역사와 삶이 지니고 있는 관성과 관련된 문제이기도 하다. 철두철미하게 산업화된 세계에서 살아가고 있는 우리들의 내면은 우리가 의식하지 못하는 사이에 철두철미하게 산업화되어 있다.

윤리가 실종되었다는 것은 다른 말로 표현하면, 내면성을 잃어버렸다는 것이기도 하다. 내면성은 자신을 되돌아보고, 인식론적 반성으로 얻어지는 것이기도 하지만, 좋은 사회에서는 그 투명한 마음이 그냥 거기에 있는 것이라고 할 수 있다. 노자가 이야기한 것처럼, 도덕이나 윤리를 이야기하는 건, 마치 물에서 나온 고기들이 '물이 얼마나 중요하냐' 하면서 서로한테 물을 뿌려주는 것과 같다고 한다.

우리들의 내면에는 세계의 모습이 그대로 담겨 있다. 외면이 변하면 내면도 변하고, 내면이 변하면 그에 따라 외면도 변한다. 좋은 사회에서는 도덕과 윤리가 물을 뿌릴 필요가 없는 물속에 있는 사회다. 그런데 물을 뿌린다는 것은 도덕과 윤리가 억지스러워 부자연스러운 일이 되어버린 상황을 말한다.

김우창의 말을 빌리자면, 당연하게도 윤리가 실종되어버린 그런 사회로 전락하면서 윤리적 인간이 어떻게 생겨날 수 있는가 하는 것이 현대 사회가 봉착한 심각한 문제로 대두되었다고 할 수 있다. 근래에 와서 곧잘 거론되는 정의와 공정성에 대한 요구와 관심들, 「인성교육진흥법」의 제정 등이 그러하다고 생각된다. 이제 필요한 일은 도덕과 윤리가 자연스러운 효과를 낼 수 있도록 사회적인 제도를 만들어내는 일이다.

　스스로 동의하여 그에 따라 마음과 행동을 규제하고 결단하게 하는 그것이 바로 윤리적 원리의 존재 방식이다. 모든 사람이 자기의 내면적 진정성 속에서 저절로 행동할 수 있는 조건을 어떻게 만들어내느냐가 중요하다. 이 문제는 쉬운 도덕적 교화를 통해서 해결 가능하지도 않을뿐더러 어떤 도덕적 공식에 의하여 요약될 수 있을 만큼 간단하지도 않은 사안이다.

　현대는 인간이 자기 자신에 대해 새로운 관계를 의식하게 되었다. 그리스인들은 폴리스에서 그리고 중세인들은 신과 성스러움에 의해 자신의 삶을 규정했다. 현대인들은 개인화가 심화되면서 자기 자신을 새로운 관계하에서 형성해야 할 상황에 처해 있다. 윤리는 다른 사람에 대하여 어떻게 행동하느냐의 문제 이전에 나 자신의 참 모습의 문제이다. 그런데 현실에서 내 모습은 사회가 부과하는 여러 신분과 자격 요건들에 의해서 시달리고 괴롭힘을 당하다 보면 외면적으로 나를 규정하면서 살게 된다.

　진정한 모습은 주어지는 것이 아니라 찾아내야 하는 어떤 것이 될 수밖에 없다. 지금 우리가 해야 할 일은 부정적인 상황에 떠밀려서가 아니라, 그전에 미리 능동적으로 삶의 근본적인 기초가 되는 것들을 회복하는 일이다. 다시 말해서 심각한 상황이 닥쳐오기 전에 자신에게 진정으로 중요한 것이 무엇인지를 한번 심각하게 따져볼 필요가 있다.

왜 인문과학인가

이런 시대에 인문과학은 궁극적으로는 어떻게 사느냐 하는 질문에 답하는 것이어야 한다. 그런데 대다수의 일반인들이 인문과학이라는 용어에 대해 낯설게 느끼는 까닭은 무엇일까? 사실 과학이라는 말은 '분과학문'의 준말로서 학學 또는 학문이라는 말과 동의어이다. 그러면 '학'이란 무엇인가? 그것은 한마디로 '자연과 사회 그리고 인간 자신에 대한 합리적인 지식(인식)의 체계'라고 할 수 있다. 그런데 '합리적' 지식의 특성은 객관성과 논리적 일관성(무모순성), 그리고 보편성에 있다.

과학이라는 말을 들으면 우리는 얼핏 학교에서 배웠던 물리학이나 화학, 생물학 등을 떠올리게 되며, 사실 일상생활에서는 과학이라는 말이 이러한 종류의 자연과학과 동의어로 쓰이는 경우가 많다. 사실 과학은 자연을 바라보는 특정한 관점에서 생겨난 것이며, 그 역사 안에서 형성된 일련의 방법론이 구체화된 것이다. 과학은 특정 학문의 방법론임에도 불구하고 우리는 근대의 사유 체계에 따라 과학이 단순한 객관적인 진리들로 이루어져 있으며 그 진리를 귀담아듣기만 하면 사물과 세계, 자연과 인간에 대한 진리와 가치를 모두 알 수 있으리라 생각한다.

인문과학이라는 용어를 이런 관점에서 이해한다면, 그것은 자연과학에 대한 인문학의 열등감을 드러내는 표현에 지나지 않는다. 인문과학은 인간에 대한 '과학'일 수가 없다. 과학이 '세계와 인간 자신에 대한 합리적 지식의 체계'라면, 인문과학은 무엇인가? 인문과학은 어떤 합리적으로 체계화된 인식 내용을 제공하기 위한 학문이 아니다. 합리적으로 정리된 결론에서 추출해낸 단순한 도덕적 가르침 또는 간단한 도덕적·정치적 신념은 내용 없는 형식화로 전락할 가능성이 높다.

삶이란 스스로 자기 변화하고 자기 성취하는 쉽 없는 움직임이다. 그런 삶은 자기 자신을 느끼는 일이자 그 존재의 모든 지점에서 자기 자신을 깨닫는 일이다. 김우창의 인문과학이 의도하는 것은 자기 나름대로 자기에게 필요한 깨우침을 얻도록 하는 것이다. 그런데 그 깨우침의 과정이 엄밀한 사고를 통해서 이루어지고, 스스로 생각한 바를 진실하게 말할 수 있는—그래서 인문학이라는 용어보다 인문과학이 더 적절하다—주체를 스스로 형성하게 하려는 것이다. 그것은 상아탑의 울타리를 벗어나 현실과 요구에 의해서만 성립하는 것이며, 그렇다고 현실적 문제만을 생각하는 것이 아니라 보다 근원적 탐구를 향한 노력을 통해서 인문과학의 출발과 그 행보가 이어질 수 있다.

먼저 삶은 거리 없이 자기 자신을 느끼는 일이다. 자기 자신을 느끼는 일 안에서 자기 자신을 깨닫는 것이 가능하다. 인문과학은 대상화된 지식을 추구하는 것이 아니라 느끼고 깨닫기를 통해서 인간의 길, 삶의 지평을 여는 학문이다. 그렇기 때문에 무엇을 가르치기보다 우리가 가지고 있는 상식적이고 통속적인 고정관념, 이분법적 사고방식, 거기에 기초한 인습적 세계관들을 스스로 살펴보고 넘어서게 함으로써 자유로운 삶을 살도록 도와주는 것이다. 그렇다고 결코 자의적이거나 주관적인 관점에서 이해되어서는 안 된다.

인문과학적 사고는 인간이 만들고 구성한 것, 역사와 인간 존재의 자기 인식에 대한 탐구를 의미한다. 과거에서부터 그리고 현재에도 존재하는 인간의 오독이나 오해를 비판적으로 검토하는 것이기도 하다. 그것은 삶과 존재를 바라보고 이를 이해하고자 하는 우리들의 인문과학적 마음이 없이는 이루어지지 않는다.

인문과학은 인간이란 존재를 떠나 자리할 수 없는 존재론적 학문이다. 인문과학적 사유는 근대의 객체 중심의 인식론적 학문 체계를 넘어, 인간의 근원적 체험에 바탕하고, 여기에 담긴 진리와 의미를 드러낼 수 있는 사유의 새로움을 지향한다. 이때 주체로서 자기를 구성하는 문제는 특별한 진실게임을 요한다. 그 게임은 격렬할 수도 순조로울 수도 있지만, 그것은 상황을 수정하며 새로운 국면을 맞이하게 한다. 그런데 이런 진실게임은 가르쳐지고 학습될 수 있는 것들로부터 오는 것이 아니다.

김우창은 오늘의 한국 사회가 끊임없이 성급한 의견과 신념과 확신을 요구하는 경향이 있다는 점을 지적한다. 실천의 장에서 그것이 필요하지 않은 것은 아니지만 그것이 쉬운 독단론을 구하는 것으로 전락해버리곤 한다. 사람은 작은 공간에서 환경에 대한 구체적인 이해와 타자와의 정서적 교류와 유대감을 통해서 주체로 설 수 있다. 그런데 삶의 영역이 확장되고 관계가 복잡해지고 소원해짐에 따라 외적인 수단으로서의 합리성에 준한 사회화와 규범화하는 장치가 만연해졌다.

중요한 것은 주체의 힘을 기를 수 있어야 한다는 것, 즉 자기에 의한 자기의 변형으로서의 실천에 주목할 필요가 있다. 어떤 경우에나 진실에 접근하기 위해서는 자기를 기율함으로써 비로소 사물의 세계 그리고 인간 존재의 넓은 가능성에 자신을 열어놓을 수 있어야 한다. 그런데 그 실천은 개개인에게 보편적이고 동일한 방식으로 성취되는 것이 아니다. 그것은 자기 자신에게 가해지는 수련exercise, 즉 자기 점검self-examination과 인내 시험tests of endurance이다.

삶의 자기 변화와 갱신이 없이는 진실에 다가설 수 없다. 역으로 진실은 주체를 변형시키고 스스로를 해방시킨다. 그것은 삶의 전체를 받아들이는 예비 과정이라고 할 수 있다. 그리고 그것은 저절로 금욕적인 삶에 일치하는 경향을 갖는다. 이러한 작업을 통하여, 그 진리는 삶에 대하여—여러 타자들이 이루는 집단의 삶에 대하여 그리고 삶의 혼란 속에도 불구하고 발견될 수 있는, 이성에 대하여 열려 있는 것이 될 것이다. 이성은 인간 삶의 근본적 질서 원리이고 궁극적으로는 우주의 존재론적 진리의 표현이다.

　개인은 전적으로 상황과 사정에 처하여 자신이 선택하여 적절성을 판단하게 되는 행동 규칙들의 총체와 직면한다. 인문과학의 작업은 도덕과 진리의 관계에 대해 조심스러우며 '실험적인' 태도를 취해야 하기 때문에 상당히 엄격한 사유의 과정을 요구한다. 이것은 선험적인 개념을 적용하려 들지 말고 경험의 애매성을 존중하면서 그것을 경험하고 수정하며 스스로를 다져나가야 한다. 그러려면 학문적 사고에서 추론되는 것이 아닌—오히려 경제적·사회적·역사적 등등의 학문적 장에 종속되지 않는 인문과학적 사고의 장이 설정되어야 한다. 그것은 '사고가 존재한다'는 것을 확인하는 것에서부터 모든 것을 시작한다.

사고가 존재한다

현상과 의식

예전엔 동네 입구에 큰 나무가 한 그루 있었다. 누군가 언젠가 걷다가 우연히 '바로 그' 나무를 지적하는 순간이 있었을 수 있다. 혹시 '그 나무에서 생명의 솟구침을 느낀다'라는 생각이라도 하게 되었다면 이때 그 나무는 그 전에 있던 한 그루의 나무와 구분할 수 있다. 나무의 '바로 그' 상태를 후설E. Husserl은 현상이라고 한다. 우리는 살아가면서 수많은 현상을 체험한다. 현상現象이란 상象과 현재現在라는 시간적 계기의 합성어다. 즉, 현상은 상이 시간성을 통해 드러난 상태를 의미한다.

현상이란 누구에게 어떤 것이 주어져 그에게 의식되는 것을 말한다. 현상은 반드시 실재일 수는 없다. 조각가 베벌리 페퍼Beverly Pepper는 "어떤 것을 그릴 수 있다고 해서, 그리는 행위가 당신을 화가로 만들어주는 게 아니다. 예술은 당신 머릿속에 있는 것이고 그것은 당신이 어떻게, 무엇을 생각하느냐의 문제다"라고 말한다. 페퍼는 작업을 하기 전에 대상으로부터 포착한 현상은 의식 행위의 참된 부분이며, "의식 밖에" 있는 것이 아니라는 점을 강조한다. 의식과 분리된 사물이란 대상으로서 현상할 수가 없다는 것이다. 즉, 사물은 의식에 나타나는 한에서만 현상이고 사물인 것이다. 어떠한 사물도 그 자체로는 '자립성'이 결여되어 있다고 볼 수 있다. "사물의 질서와 연결"은 "의식의 질서와 연결"에 의존하기 때문이다.

후설은 의식의 본질을 지향성에서 찾는다. 우리의 의식은 대상을 의식하면서 그것을 향해 있는데, 이처럼 대상을 의식하면서 있는 의식의 작용을 지향성이라고 한다. 의식은 언제나 어떤 대상으로 지향되어 있는 의식이고, 그래서 언제나 어떤 것에 대한 의식이다. 의식은 그런 한에서 대상과 분리된 채 존재할 수 없고 이해될 수도 없다. 대상도 마찬가지이다. 의식과 분리된 대상이란 대상으로서 현상할 수가 없다. 사물은 언제나 이 지향성의 구조 안에서 의식과 대면하는 한에서만 유의미하다.

후설은 우리의 의식이 "어떤 것을 어떤 것으로 파악한다"라고 한다. 생화학자인 알버트 스젠트 기요르기Albert Szent-Györgyi가 말하기를, "발견은 모든 사람들이 보는 것을 '보고', 아무도 생각하지 않는 것을 '생각하는' 것으로 이루어져 있다"라고 말한다. 이때 앞서의 '어떤 것'이 감각적인 것이라고 한다면, 이 어떤 것을 파악하고 있는 뒤의 '어떤 것'은 감각적으로 주어진 것만을 수동적으로 받아들이는 것이 아니라 그 이상의 작용을 하는 것이다.

에밀 졸라Zola Emile가 대장장이라는 특정한 인물을 묘사한 글을 읽고 있으면 마치 옆에서 그 모습을 지켜보는 듯 생생하다.

"태양이 작열하는 오후가 되면 대장장이의 모습이 더욱 멋져 보인다. 매끈한 몸매와 탄탄한 근육이 마치 미켈란젤로가 만든 생동감 넘치는 거대한 조각상 같아 보인다. 예술가들이 그리스 사자死者의 몸에서 찾은 현대 조각의 선을 나는 대장장이의 몸에서 찾아낸다. 나는 나도 모르는 사이에 노동의 위대함을 깨달았다…… 나는 장밋빛 용광로에서 찬란한 빛이 퍼지고 우레와 같은 쇳소리가 울려 퍼지는 연극을 보면서 노동하는 사람의 고귀한 숨소리를 듣는다."

에밀 졸라는 자신의 감각과 함께, 예를 들면 뭔가를 깨닫고 있는 자신을 발견한다. 대장장이의 몸매에서 현대 조각의 선을 찾아낸 것이다. 이처럼 이 감각 안에, 또 그것을 통해 그 뭔가가 드러난다. 마찬가지로 지각은 지각된 대상을 드러낸다. 상상은 상상한 내용을, 기억은 추억을, 오성은 개념을 드러낸다. 이런 말들에서 알 수 있듯이, 의식은 항상 뭔가에 관한 의식이다. 그것은 이미 주어진 것과 다른 그 이상의 무엇인가를 드러낸다.

화가인 파울 클레Paul Klee는 "미술은 보이는 것을 표현하는 것이 아니라 어떤 것을 보이게 하는 것이다"라고 말한다. 이때 성립하는 의식의 지향성이야말로 후설이 자신의 철학적 탐구를 현상학이란 이름으로 부르게 된 결정적 동기이다. 의식의 지향성은 "모든 의식이 어떤 것에 대한 의식이다"라고 규정한다. 이것은 모든 의식을 의식이게끔 해주는 핵심적인 요소가 바로 지향성이며, 지향성이라는 관점에서 의식의 다양한 성질을 해명해야 한다는 사실을 함축한다.

한마디로 모든 의식의 가장 두드러진 특징은 의미를 가지고 있다는 것 혹은 어떤 것을 마음에 두고 있다는 것이다. 의식의 본질로서 지향성을 해명하는 작업은 그 자체로 의미 있는 일이다. 후설은 무언가를 지향하는 우리의 '의식 그 자체'가 은닉하고 있는 의미를 사유되어야 할 것으로 설정함으로써 '사고가 존재한다'는 것을 확립시킨다.

현상학적 환원

현상학이 '현상들에 대한 기술'이라면, 그것은 하나의 현상을 다른 것과 구별해주는 것이 무엇인지를 말할 수 있어야 한다. 빈번히 현상은 한

날 주관적인 어떤 것, 객관적으로 존재하는 실재를 은폐하는 베일이나 연막으로 가정되어왔다. 이러한 견해에 따르면, 대상이 실제로 무엇과 같은 것인지 발견하고 싶다면, 우리는 한낱 현상적인 것을 넘어서야 할 것이다. 그러나 현상학은 말 그대로 주어진 것, 현상을 특권화한다. 현상학은 현상들과 나타남들, 또 이것들의 가능 조건에 관심을 갖는다.

주어진 것 배후에 더 무엇이 더 있는지, 사태의 원인이 무엇인지를 묻는 것은 현상학의 관심사가 아니다. 또한 현상학은 심리학자처럼 '의식 속에 유효하게 존속하는 것'에 대해 연구하는 것도 아니며, 오직 우리에게 사태 그 자체로 주어지는 것의 생생한 현실성의 의미만이 현상학이 문제로 삼는 것이다. 오로지 주어진 것들의 의미를 생생하게 기술하는 일은 삶의 각 현장에서 일어나야 한다.

연극배우가 주의력을 집중하여 '세속적인 것의 장엄함sublimity of the mundane'을 알아내는 연습 과정이 있다고 한다. 배우들은 항상 내 앞에 있어왔던 사물에 대해 의식된 자각을 시도한다. 어떤 대상물을 골라 그것의 형태, 선, 색, 소리, 촉감의 특징, 냄새, 심지어 맛까지 머릿속에 집어넣은 다음 그것을 치우고 세부 사항들을 하나씩, 최대한 떠올려보는 과정을 수련하게 된다.

그것은 대상을 자명하게 받아들이면서 이제까지 망각되었던 "사태 자체로" 귀환하는 것이다. 사태 자체로 귀환하도록 하는 작업이 현상학적 환원이다. 이때 환원은 이미 저질러진 부정적이며 옳지 않은 상태를 긍정적이며 옳은 상태로 되돌리는 과정과 같은 의미를 갖는다. 배우는 연습과정에서 어떤 권위나 그릇된 전제에 구속됨이 없이 스스로 사태 자체로 귀환함으로써—현상학적 환원이라는 방법적 절차를 통해서 어떤 것을 생생한 현실로 알아차리게 된다.

배우가 수련 과정을 거치는 동안, 생생한 현실성 속에서 본래의 모습이라고 할 수 있는 것은—모든 사물에 깃들어 있는 것으로서 매우 놀랍고도 의미심장한 아름다움을 감지할 수 있는 사람에게 찾아온다고 한다. 수련이 거듭되면서 매 순간 주어지는 그 사태 자체로부터 배우의 지각 상태에 어떤 변화가 일어난다. 배우가 관찰하는 것과 관찰한 것을 일정한 방식으로 표현하는 것은 마음이 하는 일이다. 관찰은 생각의 한 형태이고 생각은 관찰의 한 형태다. 결국 관찰 행위의 목적은 감각적 경험과 지적 의식을 가능한 한 가깝게 연결하는 데 있다.

이때 배우에게는 그 사태로부터 주어지는 본질 직관이라는 사유 능력이 성립한다고 할 수 있다. 직관은 반드시 감성적 직관에 한정하는 것이 아니라 모든 의식에 공통된 명칭이다. 과학자들은 느낌으로 논리적 개념에 이른다. 아인슈타인은 이를 다음처럼 설명한다.

"직감과 직관, 사고 내부에서 본질이라고 할 수 있는 심상이 먼저 나타난다. 말이나 숫자는 이것의 표현수단에 불과하다."

느낌과 직관은 '합리적 사고'의 방해물이 아니라 오히려 합리적 사고의 원천이자 기반이다.

배우가 직관적으로 본질을 파악하려는 사고는 외적 사실들 내지 내적 사실들에 한정된 탐구가 아니다. 본질 직관은—다른 말로 형상화 혹은 이념화의 사고라고 할 수 있는데— 대상을 향한 시선과 더불어 그 대상을 받아들이는 의식의 방식과 성격과 그에 따른 구조를 탐구하는 것이다. 만일 우리가 무엇을 주시해야 하는지, 또 어떻게 주시해야 하는지를 알지 못한다면 우리는 주의력을 집중시킬 수가 없다.

이처럼 관찰은 감각작용을 '이해'하는 일이다. 곤충학자 칼 폰 프리시 Karl von Frisch는 행인들이 못 보고 지나치는 순간, 세계는 참을성 많은 관찰자에게 그 놀라운 모습을 드러낸다고 한다. '세속적인 것의 장엄함'을 발견하는 일은 과학자뿐만 아니라 현대 미술의 많은 영역에서 일상적인 현상의 가치를 재발견하는 일에서 주목을 받고 있다. 스트라빈스키는 "진정한 창조자는 가장 평범하고 비루한 것들에도 주목할 만한 가치를 찾아낸다"고 말했다.

세속적인 것의 아름다움이라는 현상은 의식을 통해서, 의식의 지향성 속에서 사고된 실재이다. 그렇기 때문에 배우에게 그 현상은 사고된 실재와의 관계이기에, 실제 대상으로서의 사물 자체와의 관계를 통해서는 확인될 수는 없다. 의식이 지향하는 대상이 꼭 현실 세계에 존재하는 대상이어야 할 것까지는 없다.

이것은 수학자의 사고와도 동일하다. 우리는 수를 현실 세계와는 별도의 장에서 다룰 수 있다. 실제로 수학자가 사고하는 것은 사실적 실재성에 상응하는가 여부에 대해서는 묻지 않는다. '무nothing' 그 자체는 하나의 추상인 영zero이며, 실재하지 않는 것인 동시에 모든 수의 기반이 된다. 실제로 수학자는 사고된 것의 이념적 가치나 본질을 조작한다.

예컨대 유클리드가 정의하는 '넓이가 없는 점'이라는 것도 우리가 종이 위에 그린다면 이미 넓이가 있다. 점이 경험적으로 표상할 수는 없는 것이지만 그렇다고 그것이 존재하지 않는다고 말해서는 안 된다. 중력장 안에서는 어떤 물체든지 모양, 크기, 밀도, 색, 조직, 단단함, 구성 등과는 상관없이 점집합point mass으로 표시된다.

그렇기 때문에 의식의 지향적 관계에서는 대상적 실재성이나 실제적 내용의 문제를 제쳐두는 것이 필요하다. 상상의 세계 속에 존재하는 백설공주, 일곱 난쟁이 등과도 지향적 관계를 맺을 수 있다. 수학적 세계 및 상상의 세계에 존재하는 대상은 비록 그것이 물리적·화학적 속성은 지니고 있지 않지만 의미는 지니고 있기 때문이다.

우리는 현상을 모든 반성이나 판단에 앞서 직관 속에서 포착되는 것이라고 이해한다. 이제 우리는 사태 자체가 스스로 주어지는 직관이 어떠한 것인가를 가늠할 필요가 있다. 얼굴의 화장기를 지우면 스스로 생생한 얼굴이 드러나듯이, 현상은 그 자신을 직접적으로 현시한다. 생생한 얼굴이 마치 내주듯이 나타나는 것처럼 사물이 자기 이외의 어떤 것에도 의존하지 않으면서 보여주는 것을 자발적 자기 현시 작용이라고 한다.

배우 수련 과정에서 보았다시피 후설은 대상에 대해 사물로서의 속성보다는 사태 자체가 스스로 내어주는 생생한 현실성 속에서 현상의 측면을 강조함으로써, 대상을 이해하는 방식에 근본적인 관점의 변화를 촉구한다. 이 과정에서 떠올려지는 장엄한 것들은 그 드러남의 사태 자체를 일종의 사건으로 체험하게 된다.

코기토

코기토, 즉 '나는 생각한다'는 데카르트와 후설로 이어지는 의식철학자에게는 핵심적인 문구이다. 특히 우리는 데카르트의 코기토를 근대 철학의 새로운 역사를 펼친 개념으로 이해한다. 데카르트는 '나는 생각한다'에서의 '생각'의 의미를 의욕하고, 상상하고, 이해하고, 느끼는 등과 같은 의식의 경험적 양상으로 제시함으로써 의식을 우리의 표상 활동 일반으로 이해했다.

데카르트의 코기토는 근대 철학의 한계이자 문제의 출발점으로 지적받고 있다. 후설은 데카르트에게서 드러나지 않았던 의식의 지향성을 밝혀낸다. 주지하듯이 현상학적 사유의 기초를 구성하는 것은—우리의 사유가 늘 대상으로 삼는, 그리고 그러한 의미에서 항상 거기에 이미 주어져 있는 자연적 현실을 괄호에 묶는 사유의 조작—즉, 판단중지를 통하여 사유를 사유 그 자체로 되돌리는 현상학적 환원의 과정이다. 후설은 이를 통하여 우리 의식이 지향하는 '대상' 대신에 무언가를 지향하는 우리의 '의식 그 자체Cogitatio'를 새로운 성찰의 대상으로 확립시킨다.

후설은 모든 선입견으로부터 자유로우며 미리 정해진 태도가 없는 순수한 의식의 상태에 이르기를 원했다. 자연적 태도에서 생겨나는 사물의 즉자적 실존을 괄호로 묶는 것—이것이 바로 환원réduction의 기능이다—그리하여 사물은 그것이 순수한 의식에 의해 제시되는 의미로 환원된다. 그것은 좁은 의미에서 의식 체험에 대한 반성, 곧 체험의 체험으로서, 의식의 본질 구조를 분석하고 기술하기 위한 방법적 조치라고 할 수 있다. 그것은 자연적 인식에서 분리된 상태로 있는 지각과 지각된 대상에 대하여 연결을 시도하는 것이다. 일단 괄호로 묶는 조치를 취함으로써, 그 자체로 존재하는 것이 아니라 의식 상관적인 것으로 그 존재의 가치가 변경되는 것이다.

우리 모두는 우리가 잘 알고 있는 것을 너무 자명한 것으로 받아들이고 있다. 그리하여 주어진 세계를 수락한 후 그 속에서 느끼고, 평가하며 주위 세계에 가치를 부여하고 나름대로 매진하며 소박하게 살아간다. 그런데 자명하다는 것은 의심 없이 확신하는 것을 말한다. 의식적으로 검토된 바가 없이 확신하는 삶을 후설은 자연적 태도라고 한다. 주위 세계를 자명한 것으로 받아들이는 자연적 태도는 그 자체로 확실한 것이자 선험적인 것으로 당연시하게 되어 우리는 그것을 의식적으로 검증하며 살려고 하지 않는다.

후설은 자연적 태도에서는 인지의 대상이 인지적 행위 속에 포함되어 있지 않다고 말한다. 우리에게 주어진 사물들은 그 자체로 우리의 주변 세계에 위치 지어진 것이다. 자연적 태도에서는 내가 나의 인식 행위 속에서 그것을 대상으로 설정하는 의식 행위와 관계없이 스스로 존재하는 것으로 간주하게 된다. 주위 세계에 대한 자연적 태도로 인해 우리는 원하지도 않은 선입견의 포로가 되어 고정관념에 사로잡히게까지 된다.

소설가 존 스타인벡John Steinbeck과 생물학자 에드워드 리켓Edward Ricketts이 멕시코의 코르테즈해海에서 바다생활에 대해 쓴 논픽션 책에서 자신들이 선입견의 지배를 받는다는 점을 밝히고 있다.

"우리가 보고, 기록하고, 구축한 모든 것들은 모든 지식의 틀이 뒤틀리는 것처럼 왜곡되곤 한다. 첫째는 우리 시대와 종족의 집단적 압력과 시대적 흐름 때문이고, 둘째는 우리들 각자가 가진 개별적 성향 때문이다."

이처럼 사람의 사고는 생각을 시작하기 전에 이미 일정한 방향과 태도 또는 입각점이나 관점을 가지고 있다.

그렇기 때문에 우리의 시선을 의식의 지향적 관계에 주목할 필요가 있다. 그러려면 우리는 자연적 태도에 대한 믿음에 대해 판단을 중지하고, 말하자면 그것이 옳은지 그른지 판단을 유보하고 지향적 관계에 시선을 집중해야 한다. 이때 취해지는 조치가 바로 현상학적 환원이다.

생각할 때 무엇이 중요한가를 관찰하는 우리의 행위를 살펴보면 우리 자신이 갖고 있는 정신적 편견과 개인적인 경험에 의해 확실히 영향을 받고 있다는 것을 알 수 있다. 우리는 목적을 위해 꾸며낸 현실이 아닌 현실 그 자체를 제대로 보아야 한다. 그야말로 환원은 주체 쪽에서 근본적인 태도를 바꾸는 것이다. 현상학적 환원은 세계와의 친숙함으로 인해 자명한 사고에 처해 있는 자연적 태도에서 현상학적 태도로 향하는 일단의 조치인 것이다.

이것은 자연적 태도와 연관된 세계에 대한 부정도 의심도 아닌 세계 그 자체를 단호하게 넘어서겠다는 결의처럼 보인다. 현상학적 환원을 통해서 어떠한 것도 당연한 것으로 간주하지 않으며, 어떠한 것도 미리 주어진 것으로 받아들이지 않겠다는 것이다. 이렇게 함으로써 비로소 현상이 자기를 드러내고 자신을 보여준다. 태도를 바꾸는 환원은 삶의 방향과 행동을 그 근본 형식에 있어서 결정짓는 강력한 힘을 발휘한다.

의식작용의 특성은 '~을 향하고 있는', 즉 지향성이다. 현상이 그런 '의식에 나타남'을 의미하는 이상 그것은 심리적인 것의 '존재'라고 할 수 있으며, "드러남 그 자체"인 것이다. 김우창은 릴케Rainer Maria Rilke가 동물원에 가서 동물을 보고 쓴 「표범der panther」에서 현상의 한 사태를 떠올리고 있다. 이 시는 세계의 사물을 바라봄에 있어서 주관을 최소화하고 사물은 있는 그대로 인식하고자 하는 현상학적 환원을 통해서 쓴 대표적인 작품이라고 할 수 있다.

창살을 넘나들기에 지친 그의 눈길은
이제 아무것도 지니지 아니한다.
그에게는 천 개의 창살이 있고 천개의 창살
너머에는 어떠한 세계도 없는 것과 같다.

날렵하고 센 걸음걸이의 살풋한 거닒은
움츠러들어 작은 맴을 돌고, 그것은
커다란 의지가 마비되어 멈춘 중심을
두고 회전하는 힘의 춤과 같다.

때로 눈동자의 장막이 소리 없이
열리고-그럴 때면 영상은 안으로 들어,
사지의 팽팽한 고요 속으로 흘러가다
심장에 이르러 멈추어 스러진다.

이 시는 사물을 있는 그대로 볼 수 있는 시각적 직관을 완성하는 것이 얼마나 어려운 것인가를 알려주는 작품이다. 관찰의 결과를 현상 그대로 적고자 노력한 시인의 「표범」에서 드러나는 것은 그가 본 표범의 존재의 본질적 규정이다. 이것은 동물원에 표범을 포획하여 놓고 표범의 가죽을 구경거리로 삼는 상투적인 관점과 그 속에 숨어 있는 일체의 현실적 이해관계로부터 스스로를 단절하는 환원의 기율과 절제를 통해서야 가능했다고 할 수 있다. 이 자기 절제를 하고 나서야 시인의 본질 직관은 밖에 있는 타자에게로 나아갈 수 있게 된다.

릴케의 시를 이야기하는 데에 있어서, '사물시'라는 말이 있다고 한다. 사물을 있는 그대로 그려내려는 시를 말한다. 사물의 있음을 있는 대로 인지할 수 있게 하는 것은 시의 한 기능이다. 그러면서 상투적인 개념에 싸여 있는 사물이 아니라 잠시나마 있는 그대로의 사물을 느끼게 하는 시는 사물들이 이루고 있는 원초적인 질서를 시사한다. 김우창은 「표범」 시를 통하여 현상은 사물의 빛이면서 정신적인 밝음을 그리고 투명한 질서의 세계라는 것을 시사한다.

후설에게 현상은 존재에 대립되는 것이 아니며, 우리에게 있어 사물 자체와 대립되는 사물도 아니다. 현상은 시시한 실재나 나타남이 아니며, 단순한 표상도 아니다. 흔히 언급되는 것처럼 모든 의식이나 지식이 하나의 대상이나 내용을 지닌다는 데서 비롯되는 진부함과는 무관하다.

후설의 현상학은 사물을 개념으로 고정되기 이전의 현상으로 파악하기 위해 의식의 전前 반성적 영역이라는 새로운 영역을 개척했다. 릴케가 「표정」이라는 짧은 글에서 전반성적 영역에서의 의식작용의 한 예를 보여준다.

"나는 사물의 본질을 파악하고자 아침에 눈을 뜨는 순간부터 잠들 때까지 계속해서 주위를 두리번거린다. 가끔 기분이 좋지 않을 때에도 게

으름을 피우지 않고 열심히 주위를 살핀다."

후설에게 '지향성'은 의식이 존재하는 방식이다. 이 지향성 개념은 주체와 대상, 사유와 존재 간의 새로운 관계를 특징짓고, 이 둘을 분리시킬 수 없는 본질적인 연결을 특징짓는다. 즉, 에고ego-코기토cogito-코기타툼cogitatum, 즉 '자아-사유-사유 대상'의 관계를 이끌어낸다. 현상학적 사유의 기초는 코기토에 있다. 그것은 사유하는 자아와 자아에 의해서 사유된 사유 대상을 굳건하게 이어주고 있는 코기토에 의해 밑받침되고 있는 것이다.

로댕A. Rodin이 작품 「칼레의 시민」을 작업했던 과정을 추측해보면 코기토의 작용을 이해할 수 있다. 로댕은 "용감하게 사지로 향하는 영웅들의 영광스러운 위용을 나타내는 평범하고도 흔해빠진 기념비에는 만족할 수 없었고, 죽음을 앞에 둔 여섯 사람의 인간적인 깊은 심정에 중점을 두고 극적인 표정을 잡아내고자 했다"고 한다. 그는 구체적인 현실 안에서 자명한 현실에 갇히지 않고 무언가 새로운 의미 세계를 열어나간다는 것을 작품 「칼레의 시민」을 통해서 보여준다. 예술은 사용된 재료나 재현된 모습의 문제가 아니라 현실을 마주하는 이들이 이전과 다른 세계를 어떻게 열어가는가가 중요하다.

그런 점에서 코기토는 사유 기술이 아니라 다른 무엇의 진리와 관계한다. 후설 현상학의 가장 중요한 쟁점은 진정으로 존재하는 것이 무엇인가, 즉 진리가 무엇인가 하는 것이다. 파치Enzo Paci는 이렇게 말한다.

"현상학적 환원의 후원하에서, 과학과 지식은 '새로운 의미를 획득한다. 이것은 더 이상 객관성 그 자체의 증명이 아니다. 오히려 이것은 실천의식consciousness of praxis이며, 이러한 의식의 지향적 방향이며, 진리의 적극적 의미이며, 세간적인 것의 판단 정지, 다시 말하면 소여의 것과 상응하는 진리의 판단 정지 속에서 이러한 새로운 의미를 실현하려는 노력이다'."

코기토는 의식의 지향성을 구조화한 것이기에 언제나 어떤 대상으로 지향되어 있는 의식이고, 그런 한에서 대상과 분리될 수 없고 이해될 수도 없다. 다시 말해 코기토에 나타나는 한에서만 현상이고 대상이며 의식의 지향성 속에 구조화된 것이다. 예를 들어 관찰한 것과 관찰된 것을 특정한 방식으로 표현하는 것은 의식의 지향성이 하는 일이다. 그렇기 때문에 세계가 현상으로 나타난다고 하는 것은 의식의 지향성 속에 구조화된 것이다.

세계라는 존재란 더 이상 현존이나 현존의 실재성이 아니라 세계에 관한 존재 의미이며—이 세계의 의미가 코기토에 의해 지향된 사유 대상 cogitatum 속에 귀속된다는 점을 이해할 수 있게 된다. 다시 말해 코기토는 바로 무엇"의" 의식으로서 지향된 구조 속에 "의미"의 사유 대상을 은닉한다. 후설은 이 코기토를 중심에 놓고 주제화함과 동시에 의식의 지향적 구조를 기반으로 한 현상학적 환원을 수행함으로써 사유의 엄밀함을 주장하는 인문과학으로의 길을 열어준다.

초월적 이성

이성에 대한 정의와 해석은 단순하지 않으며 한 가지 의미만 있는 것이 아니다. 플라톤에게 이성적 행위는 규칙에 따른 행위였으며, 아리스토텔레스에게 이것은 진정한 전제로부터 진실한 결론을 얻는 것을 보장해주는 논리학의 인식으로 승화된다. 데카르트는 더욱 강하게 이성의 이념을 논리적으로 가다듬고, 뚜렷한 직관적 기초에 입각한 연역을 지주로 하는 이성적 행위로 간주했다. 칸트는 이성의 범위와 한계를 밝히는 작업을 통해서 스스로를 '이성의 측량자'로 자임하고 나선다.

칸트보다 데카르트의 영감을 받아들인 후설은 데카르트적인 회의와 방법을 끌고 와서 자신의 초월적 현상학을 완성한다. 현상학적 태도는 적어도 의심의 태도이다. 우리가 아무 의심 없이 자명한 것으로 믿거나 알고 있는 것이 과연 참인가 하는 의문이 들 때가 있다. 이런 의심은 불가피하다. 하지만 의심을 위한 의심이 아니라 무엇을 의심하는지에 대한 명백한 방향이 있어야만 한다. 무엇을 의심하는 것인가? 의심은 항상 무엇을 의심하는 것으로 진행되어야 한다. 자연적 태도를 통해 성립되는 확신을 의심하는 것이다.

거기에서 더 나아가 후설은 현상학적 환원을 통해 일종의 초월을 말하고 있다. 일상적인 한국어에서 초월은 '초월적 명상', '초월의식'이란 말로 쓰이는 경우, '육체의 속박을 벗어나' '시공간을 떠나서 불가사의한 신비경'으로 들어가는 의식을 말한다. 그러나 초월은 넘어감, 즉 이행을 말한다. '초월하다'는 단지 '경험 세계를 넘어서다'라는 뜻뿐만 아니라, 더 일반적으로는 '어떤 영역의 한계를 넘어서다'를 뜻한다. 초월적이란 구체적으로 "보다 높은 단계의 대상적 의미를 향해 앞서 주어진 대상적 의미를 넘어서는"이라는 의미를 지닌다.

존재하는 것 모두는 그것이 존재한다는 이유 하나만으로도 분명히 누구에게는 이해의 대상이 된다. 삶의 어느 한 순간을 살펴보아도 우리는 우리에게 직접적으로 주어진 것만을 존재하는 것이라 생각하지 않고 그것을 초월하여 그보다 더 많은 것을 사념思念하면서 새로운 의미를 파악할 수 있는데, 바로 이처럼 직접적으로 주어진 것을 초월하여 새로운 의미를 파악하려고 한다.

세계를 구성할 수 있는 초월적 이성의 능력은 삶의 자기 변화를 가리킨다. 그것은 좀 더 높은 실현과 성취의 모습에 이르고자, 자기를 증대하고자 스스로 달라지기를 멈추지 않는 움직임을 가리킨다. 김우창은 이성을 고정된 것이 아니라 움직임으로 파악한다. 주체성의 움직임 속에서 이성의 움직임이 실현된다. 주체적인 탐구 속에서만 이성적인 것 그리고 보편적인 것이 드러나게 되는 것이다. 삶의 큰 바탕이 이성과 함께 스스로 자기 변화하고 자기 성취하는 쉼 없는 움직임이라면, 삶 그 자체가 초월적인 것일 수밖에 없다.

후설은 언어활동을 하는 우리에게 초월할 수 있는 능력이 있다고 선언한다. 메를로퐁티는 "우리는 언어 안에서 태어나는 것처럼 이성 안에서 태어난다"라고 말한다. 메를로퐁티의 이 말은, 이성의 존재 방식에 중요한 시사를 준다. 인간에 대한 규정인 '이성적 동물'은 그리스어에서 유래했는데, 본래는 '언어 능력이 있는 생명체'라는 뜻이라고 한다.

세계가 존재한다는 것은 언어에 의존하는 것이 아니다. 언어가 없어도 세계는 존재한다. 언어의 역할은 소여로서의 '환경세계Umwelt'로부터 '거리'를 확보하고, 그것을 인간에게 의미를 갖는 '세계Welt'로 구조화하는 것이다. 김춘수의 시 「꽃」이 언어와 세계의 관계를 잘 보여주고 있다.

내가 그의 이름을 불러주기 전에는
그는 다만 하나의 몸짓에 지나지 않았다.

내가 그의 이름을 불러주었을 때,
그는 나에게로 와서
꽃이 되었다.

내가 그의 이름을 불러준 것처럼
나의 이 빛깔과 향기에 알맞은

누가 나의 이름을 불러다오.

그에게로 가서 나도

그의 꽃이 되고 싶다.

우리들은 모두

무엇이 되고 싶다.

너는 나에게 나는 너에게

잊혀지지 않는 하나의 눈짓이 되고 싶다.

이 시에서 알 수 있듯이 언어를 습득하는 것은 동시에 분절화되고 구조화된 '세계'와의 근원적인 관계를 습득하는 것이라고 할 수 있다. 세계와의 관계 맺음은 인간 존재의 언어적 능력에 의한 근본 충동이라고 할 수 있다. 언어의 사용이 사유의 발달에 획기적인 전환점이었음은 두말할 나위가 없다. 언어를 사용함으로써 사유의 성분들이 분해되고 재조립되며, 그럼으로써 사유의 과정이 명료하게 자각되고 통제된다. 이렇게 언어적으로 사유함으로써 단순한 의식이 언어화한 의식, 사유 중심의 의식인 이성으로 바뀌어간 것이다.

그런 점에서 언어 능력은 이성의 조건이기는 하지만 이성 그 자체는 아니다. 그리고 이성의 조건과 이성은 결정적으로 다르다. 따라서 언어 혹은 언어 능력은 이성이 존재한다는 사실에 대한 증명이 될 수는 없다. '백 번 듣는 것이 한 번 보는 것만 못하다'라는 속담에서 알 수 있듯이 말과 생각은 그 기원에서부터 분리되어 있다고 할 수 있다. 그러나 생각과 말은 현실에서는 서로 교차하면서 언어 기능과 사고 기능을 각각 발달시킨다. 오히려 이성은 언어 안에서 그리고 언어를 통해 성취된다고 할 수 있다.

『신약성서』「요한복음서」의 첫머리에 놓여 있는 "태초에 말씀(로고스)이 있었다"라는 구절은 언어가 지닌 초월론적 기능의 근원성을 표현하고 있는 것으로도 해석할 수 있다. 초월론적 기능은 언어를 통해 대상에 의미를 부여하고 조정措定하는 작용을 한다. 물론 이것은 언어를 통한 '무로부터의 창조'를 주장하는 것이 아니다. 우리가 환경 속에서 만나게 되는 여러 사물을 언어의 그물로 건져 올려 분절화하는 기능을 말한다.

그런 의미에서 후설이 말하는 초월론적 의식의 '구성' 기능과 상응하는 것이라고 생각해도 좋을 것이다. 이때 구성은 창조나 제작 같은 것을 함의하는 것이 아니다. 우리는 종종 어떤 사진을 보고 그 사진 속의 사람이 누구인가를 지각하는 경우가 있는데, 이러한 사진지각 작용은 '더 많이 생각함' 속에서 나름의 새로운 대상적 의미를 파악하는 일종의 구성작용이다. 이는 지각의 지향성이 과거에서 이미 주어진 의미와 현재 주어진 의미를 종합하면서 더 높은 단계의 새로운 의미를 지향하면서 파악하기 때문이다.

초월론적 구성작용이란 우리가 우리에게 주어질 수 있는 일체의 대상을 경험하고 더 나아가 대상들의 의미가 자기 현시가 되도록 허용하는 과정이라고 할 수 있다. 언어를 사용하는 주체의 입장에서 말한다면, 그것을 '상징화 능력'이라고도 바꿔 말할 수 있다. 사람들이 흔히 말하는 바를 넘어서서 다른 어떤 것을 뜻하거나 의미하는 모든 작용이나 기능을 보일 때도 우리는 이런 활동을 '상징적'이라고 부른다. 이성의 초월적 기능은 사람들의 사고와 활동 속에, 전문적이고 예술적인 활동 속에, 모든 민족의 문화적·인종적 삶 속의 상징적 언어활동에 녹아들어 그 모든 삶 속에 편입된다.

후설은 이 세계에 대한 부정도 의심도 아닌 초월을 말하고 있다. 그는 현상학적 환원이란 조치를 취하여 이 능력을 더욱 정교하게 다듬어간다.

이성은 스스로를 초월한다. 그런 점에서 이성은 규정되는 것이라기보다는 규정하는 원리이며 규정되는 것을 초월해 있다.

달리 말하면 그때 그것은 비로소 있는 대로의 존재와 일치할 수 있다. 초월적 이성은 그 자체가 스스로를 넘어서면서 스스로를 확장하는 경향을 가지고 있다. 이런 경향은 어떤 공식에 담아 표현할 수 없다는 것 그리고 방법적으로 정의할 수 없다는 점에서도 초월적이다.

김우창은 말하기를, "이러한 내적인 외적인 힘—자아의 내면에서 일관된 자발적 힘이면서 동시에 세계를 이해하고 구성할 수 있는 힘으로서의 이성의 근원은, 되풀이하건대, 간단히 포착되는 원리라고만은 할 수 없다. 그것은 이성적으로 파악된 세계를 넘어 그것을 가능하게 하는 주체성의 힘이다." 이러한 이성의 능력은 삶의 방식을 구성하는 사유 속에서 어떤 역량으로 경험하게 한다. 그것은 초과하고 위반하는 능력으로서 기존의 오류를 가시화시키고 그에 대한 교정 가능성을 제안할 수 있다.

전체성과 초월 원리

넓은 세계는 특히 그것이 일체적인 무한성으로 이해될 때, 다시 말해 전체성으로 확산되는 무한성은 유한한 인간에게 초월성으로 나타나는 것이 당연하다. 초월 원리는 직접적으로 경험되는 세계에 대하여 전체로서의 배경과 구도를 조성하게 하는 반성적 사유에 관한 것이다. 사물을 전체와 매개하는 이성의 초월 원리는 여러 가지 방식으로 실현될 수 있다.

제한된 시간과 공간을 살아가는 사람이 자신의 한계를 넘어가는 어떤 역량을 경험하는 방식은 매우 다양하다. 추론을 통해 앎을 확장하는 학문, 또 다른 세계를 상정하는 종교, 이전의 사회가 이루어놓은 토대 위에서 지금의 문제를 직시하며 또 다른 사회로의 이행을 기획하는 개혁가적 삶 등이 그러하다.

또한 그런 경험들은 칸트적으로 말하자면 무목적의 목적성을 보여주는 어떤 심미적 형식으로 설명될 수밖에 없을 수도 있다. 예술작품의 체험 속에서 일어나는 '초월적 전율'의 효과는 삶으로부터의 도피가 아니라 온전한 삶에의 충동이라고 할 수 있다. 그것은 타인과 공유할 수 있는 공간을 창출하여 삶의 조화로운 통일을 이끌어간다.

어떠한 상황도 인간의 행동이나 의식의 초월 없이 또는 언어 없이 하나의 상황으로 구성되거나 정의될 수 없을 것이다. 김우창은 이성을 주어진 사실을 초월하는 하나의 초월의 원리로 이해한다. 그것은 끊임없이 현실 속에 있으면서 현실을 넘어서는 부정의 원리로 작용한다.

이제 우리는 한계를 설정하고 한계를 초월하는 작업을 통해 인식론적 해방 혹은 존재론적 사태 전개를 추동하는 이행에 주목한다. 학문과 종교, 개혁가적 삶과 심미적 형식 등의 모든 것이 실제의 사고에 있어서 변화나 변혁을 이룰 수 있다. 그런 경우는 초월적 의식 작용에 의해 일련의 사고 도약이 일어난 것이라고 할 수 있다.

인간은 자기 자신의 역사를 만든다. 그러나 자기 마음대로, 즉 자신이 선택한 상황하에서 만드는 것이 아니라 이미 존재하는, 주어진, 물려받은 상황하에서 만든다. 그런데 지나간 세대가 남겨놓은 전통과 유산은 살아 있는 세대들의 삶을 제약하는 경우가 허다하다. 이런 경우 살아 있는 세대가 자기 자신과 사물을 변혁하여 지금껏 존재한 적이 없는 무언가를 만들려고 한다. 그럴 때 초월은 문화-역사적 조건하에서 '스스로를 넘어가는' 역동적 삶의 세계에 대한 통찰 안에서 이루어진다.

그리하여 삶에 대한 개인적이고 단편화된 경험을 넘어 전체로의 온전한 삶에 대한 관점으로 이행할 수 있게 된다. 이때 삶의 이행에 의해 주어진 삶의 부분성이나 범속성이 전체적이고 고양된 이념으로 극복되었다고 할 수 있다. 초월적 이성은 그 바탕에 궁극적으로는 전체성이라고 부를 수 있는 배경에 비추어 진행된다.

초월적 이성이 지향하는 것은 인간의 전면적 해방이라고 해야 할 것이다. 이성이 갖는 초월성, 이 근원을 알 수 없는 '익명의 힘'은 한 개인으로 국한되지 않는다. 비록 그 힘의 체험과 표현은 개인을 통해 이루어지지만, 그 힘 자체는 개인을 넘어선다. 그것은 개인을 넘어선 초개인적인 의지를 요구하기도 한다.

김우창은 초월적 이성을 전체성을 지향하는 사유 속에 배치한다. 전체성이 만들어지는 일단의 조건은 부분과 부분의 연결이다. 그러나 여기의 부분은 추상화된 부분이 아니라 구체적 사물들이 모여 전체를 이루는 것이다. 그것은 단순히 집합으로서의 전체가 아니다. 구체적 사항들이 전체에 들어가는 것은 그것에 의하여 삼투된다는 것을 말한다. 전체는 반드시 구체를 넘어서 별개로 존재하지 않는다.

또한 김우창은 전체성 안에서 자기를 형성해가는 조화로운 삶을 어떤 '힘'으로 또는 '에너지'로 사유하고 있다. 그리고 전체 지향적으로 고양된 이념은 행동과 삶의 방식을 그 근본 형식에 있어서 결정짓는 강력한 힘을 발휘한다. 즉, 전체란 언제나 통일과 지속의 원리로서 주체를 요구한다. 그것은 인간이 세계 속에 살며 또 다른 인간과 같이 있다는 데에서 일어나는 어떤 주체성이다.

초월성의 장을 낳는 것은 개인의 심리가 아니다. 오히려 삶의 형태로 개인 속으로 흘러 들어온 익명의 힘이 '나'라는 개체를 낳는다고 할 수 있다. 개체적 의지라는 것도 의식되기 이전에 이미 참여하고 있고 또 의식적으로 참여할 수 있는 주체성이라고 할 수 있다. 후설 역시 이 익명의 힘에 주목했던 것이다. 현상학은 바로 우리의 삶의 세계에 밀착되어 있는 현상들에 주안점을 두고 있다. 그럼으로써 사유 고유의 영토를 확보하게 되는데, 그것이 의식 자체가 구성하는 초월성의 영역인 것이다. 변화의 가능성을 실현하는 사고의 도약 그 자체의 의식을 코기토 속에서 파악하게 됨으로써 초월적 이성이 성립한다.

자폐적 이성

아주 구체적인 주변 관계에서, "너, 사는 게 그 모양이니?"라고 힐문을 하는 경우가 있다. 이럴 때 대개가 "나라고 해서 그렇게 살고 싶겠냐고?"라는 비관적인 어조의 대답을 듣는다. 이런 말들이 오고가는 것은 사람이 살아가는 데에는 나름의 중심이 있어야 하기 때문이다. 그리고 그 중심은 자기가 서 있는 자리를 확인하기 위해 필요하다.

오늘날 자본주의 사회에서는 자아심리학이 대세를 이루어 이러한 필요에 응하고 있다. 심리학적 차원에서 사유를 사유로 성립시키는 조건은 자아에 의한, 자아에 대한 자아의 의식이다. 결국 이러한 의식은 자기가 하고 싶은 발언만을 하고 그것을 통해 자기가 원하는 현실만을 만드는 것과 다르지 않다. 이렇듯 자아에 갇힌 자폐적 이성은 임상적 실험에 의해서 '과학주의적'인 진실성을 획득하여 인간성의 진실성 척도가 되어버렸다.

자폐적 이성으로는 보편성의 지평으로 나아가지 못하여 '우물 안의 개구리' 신세가 될 뿐만 아니라 중심을 세우려는 삶의 지도는 이데올로기적 환상으로 빠져들곤 한다. 오히려 사회적으로 유통되는 담론이 제시하는 공리적 기능을 지닌 소유적 개인화에 이를 뿐이다. 보통의 사람들은 자폐적 이성에 갇혀 초월과 자유의 경지가 있다는 것조차 의식하지 못하고 산다. 한정된 시각에서 자기가 보고 싶은 것만을 보게 될 뿐이다.

자폐적 이성에 따르는 삶은 외부 세계가 자기실현의 장이 되지 못하고, 오히려 인간과 외부 세계의 관계를 지배하려는 것이 되고 만다. 그것은 인간의 가능성을 소진시키고 인간을 축소하는 삶의 형태인 것이다. 자폐적 이성은 인간에게 주어진 가능성의 박탈이며, 인간 존재의 왜소화이다. 존재의 왜소화는 보다 풍부한 삶을 영위할 수 있는 역동적 삶의 원천이 고갈되는 것을 의미한다.

자폐적 이성을 넘어서 삶의 중심을 잡기 위해서는 근본적으로 방해하는 통념 내지는 전제를 벗어나야 한다. 하지만 그 통념 내지는 전제를 하나하나 개별적으로 추적해서 제거하는 방법을 쓰려는 것은 아니다. 우리는 여러 방식으로 경험을 한다. 지각을 하기도 하고, 생각을 하기도 하고, 상상을 하기도 하고, 판단을 하기도 하고, 심지어 착각을 하기도 하고, 백일몽에 사로잡히기도 한다. 그러한 경험들을 할 때, 우리는 어딘가 이미 마련된 무대에 들어서 있는 것은 아닐까?

그런데 무언가를 의심하기 시작하는 그 순간부터 이미 마련된 무대의 자폐적 의식으로부터 벗어나기 위해 그 무대 전반을 문제 삼고 사유할 수 있는 여지를 마련해준다. 자폐적 의식의 순환을 조장하는 기존의 무대를 문제 삼는 그것이 초월성 의식의 발로이자 초월론적 태도의 단초라고 할 수 있다. 초월론적 태도는 자폐적 이성을 그 바탕에서부터 문제 삼을 수 있는 아주 특수한 새로운 하나의 태도라고 할 수 있다. 프랑크푸르트학파의 철학자들은 이성을 주어진 사실을 초월하는 하나의 초월의 원리로 이해한다. 그것은 끊임없이 현실 속에 있으면서 현실을 넘어서는 부정의 원리로 작용한다. 이렇게 볼 때 그들에게 이성의 기능은 무엇보다도 비판적인 것이었다.

그런데 중요한 것은 의식의 초월성이란 의식의 기원과 종점이 명명될 수 없는 미확정의 상태에서 움직이는 의식이라는 점이다. 이러한 사유의 힘은 간단히 포착될 수 있는 이성의 원리라고 할 수는 없다. 미확정 상태의 비완결적인 사유는 오히려 사유를 유연하게 할 수도 있다. 하지만 김우창은 이러한 미확정 상태에서 움직이는 이성에게 모든 것을 맡기는 것은 심히 불안한 일이라는 점을 지적한다. 이성의 작용은 현실에 있어서 덕목들—예를 들어 아리스토텔레스에 따르면 용기, 중용, 명예, 우의, 정의 등의 덕목들—의 여러 가지 도움을 필요로 한다는 것이다.

후설을 참고한다면, 오히려 이성 자체가 어떤 사태 그 자체와의 관계에서 부여되는 본질 직관이라는 불분명한 근원에 입각해 있다는 것만을 확인하게 된다. 면역학 연구로 노벨상을 수상한 샤를 니콜Charles Nicolle은 다음과 같이 말하고 있다.

"새로운 사실의 발견, 전진과 도약, 무지의 정복은 이성이 아니라 상상력과 직관이 하는 일이다. 그런데 상상력이나 직관은 예술가나 시인들과도 밀접한 관련을 맺고 있다. 현실로 이루어지는 꿈과, 무언가를 창조할 듯한 꿈은 같은 것이다."

이 말에서 언뜻 엿볼 수 있는 점이 있다면, 후설이 말한 바와 같이 논리적 이성의 밑에 초월적 구성의 근원이 놓여 있다는 것이다.

이에 반해 자아심리학에 포박된 자폐적 의식은 물질적·사회적 쓸모의 관점에서 우리가 무엇을 알아야만 하는지 그리고 어떻게 이해해야 하는지에 대해서 미리 제시할 뿐이다. 쓸모는 사람과 대상 세계와의 관계에서 가장 중요한 관점이다. 그것은 삶의 경영에 있어서 기본적인 것이라고 할 수 있다. 그리하여 우리는 자폐적 이성이 조성해놓은 현존 세계를 인공적 자연스러움으로 받아들이고 있다. 그리하여 이 세계는 유용성의 기준에 준하는 그러한 삶만을 당연시하게 된다.

하지만 자폐적 이성은 삶의 경영에서 근본적인 면이 있지만 그것은 삶의 제한적인 조건에 관련된 것이기도 하다. 그것이 주체와 대상을 이분법적으로 보는 사유의 시선을 거두어야 하는 까닭이기도 하다. 삶은 주체와 대상이 분화되기 이전의, 즉 일체의 것을 두루 감싸는 시공간적 지평에 이미 스며들어 있다.

김우창에 따르면, 후설 현상학의 핵심적인 선취는, 모든 인식에 있어서 철저하면서도 근원적인 정초에 대한 탐구라고 할 수 있다. 그가 말하고자 한 것은 자연화된 현존 세계를 초월하여 열리는 지평이 있다는 것이다. 그것은 자폐적 이성과는 차원을 달리하는 것인데, 거기로부터 시작하여 사실의 세계나 인간의 세계에서의 논리적 관계가 구성된다.

철저한 경험주의

세계를 구성하는 것들은 항상 잘 알려져 있는 것, 친숙한 것이고, 자명한 것이다. 세계와의 친숙함 속에서, 세계가 이미 항상 있다고 하는 자명함 속에서 우리는 살아가길 멈출 수 없는 존재이다. 철학은 삶에 겹쳐져있을 수밖에 없다. 세계를 이전과는 다르게 보려는 초월적 이성 역시 "철저한 경험주의"에 머물게 된다.

후설은 철학이 과학적 인식을 최종 목표로 하는 '엄밀학', 즉 '보다 고차적인 경험론'이 되어야 한다고 주장한다. 경험은 늘 누군가에 의해 체험된다. 경험은 체험할 수 있는 자양분이자 토대이다. 그러면서 경험은 부단히 초월된다. 경험은 고정된 기억이 아니라 무엇인가를 산출하는 밑거름이다. 그렇기 때문에 경험은 안내자이면서 동시에 새로운 것을 여는 개척자이기도 하다.

후설에게 체험된 세계란 이성으로부터 소외당하는 것이 절대로 아니다. 현상학에 따르면 의미란 반드시 주체 상관적이고, 대상과 주체가 맞물려 있는 차원에서 성립한다. 경험/체험의 차원에서만 의미라는 것이 의미가 있는 것이다. 체험은 제거될 수가 없다. 지각으로 체험되는 사실들은 습관적인 반복에 의한 것이기도 하고 혹은 기억에 저장되어 있는 반복에 의한 것이기도 하여 극히 개인적인 직접성을 가지고 있다는 것을 안다. 습관과 기억의 반복에 따른 체험은 이 삶의 세계의 어쩔 수 없는 지지물처럼 살아남는다.

내 주위에 있는 모든 것이 내게 보이는 그대로 주어져 있다고 믿는 소박한 자연적 태도에서는 대상을 직접 향하여 판단을 내린다. 후설은 이러한 판단을 현상학적 태도에서는 괄호 치기를 바랐다. 이것이 곧 판단중지이다. 이렇게 단적으로 존재한다고 믿고 있는 세계를 괄호 안에 넣고서, 나는 나의 시야를 존재하는 것을 의식하는 나의 체험으로 돌려야 한다.

현상학적 태도에서 문제가 되는 것은 의식하는, 체험하는 나 또는 초월론적인 나이며, 이러한 '나'의 위치가 후설 철학의 출발점이다. 일상에서 드물기는 하지만 사람들은 매일 듣는 샤워기의 물소리에서 전화벨 소리나 문자 메시지 전달음을 떠올리기도 한다. 즉, 체험이 그 고유성에 있어서 '어떤 것에 대한 의식임'이라는 것은 체험 속에 어떤 것이 들어 있고, 그 어떤 것을 의식하는 의식이 작동하고 있다는 것을 말한다.

신경해부학자였지만 미술에도 재능을 보인 산티아고 라몬이카할 Santiago Ramon y Cajal은 이렇게 말한다.

"만일 우리 연구가 자연사와 관련된 대상을 다루는 것이라면 관찰에는 스케치가 필수적으로 따라야 한다. 어떤 것을 묘사하는 일은 주의력을 훈련시키고 강화시키며 현상 전체를 보게 만든다. 그렇기 때문에 모름지기 뛰어난 관찰자라면 스케치에도 능숙해야 하며 이 점에는 이견이 있을 수 없다."

라몬이카할은 뇌와 척수 부위의 실물을 준비하거나 관찰하면서 오전을 보냈다. 그리고 점심식사 후에야 기억하고 있는 것을 그리곤 했다. 그가 기억에 의지해 그린 그림이 실물에서 본질을 포착했다고 생각했을 때가 되어서야 작업이 비로소 끝이 났다고 한다.

마티스H. Matisse는 학생들에게 자주 말하곤 했다.

가장 이상적인 것은 3층짜리 스튜디오를 갖는 것이다. 1층에서는 모델을 두어 그림수업을 하고, 2층으로 올라가면 아주 가끔 1층에 내려와 모델을 보고 가고, 3층에선 아예 모델을 보지 않고 그림수업을 하는 것이다.

이처럼 감각과 사유는 변이작용이 일어난다. 이 감각은 모든 사람이 함께 가지고 있는 감각이면서 동시에 특수한 이성적 작용을 통해 다듬어진 감각인 것이다.

체험의 우위성은 특정한 형태의 실존 방식을 이해할 수 있게 해준다. 김우창은 사람이 공간적 존재로서 원초적인 있음이 기본적인 실존 조건이라는 점을 강조한다. 사람은 공간 속에 산다. 그 공간은 알아볼 수 있는 것이라야 한다. 결국 그것은 생물학적 관점에서의 삶의 필요라고 할 수 있기 때문에 생명을 촉진하는 역할을 할 수 있어야 한다. 그런데 인간의 원초적 공간 체험을 이해할 만한 것으로 바꾸어주는 것이 예술의 양식화이다.

우리가 사는 현실의 핵심이 물건을 만지고 신체를 움직이는 공간에 있다는 것이다. 사람은 의식으로 세계에 존재하는 것보다 우선하여 몸으로서 존재한다는 것이다. 사람은 생존을 위해서 몸을 쓰는 법, 즉 기술과 기량을 익혀야 한다. 인간은 당장 공간에서 스스로의 방향을 정하고 일정한 방식으로 몸을 움직여가는 방법을 배워야 한다. 그때 몸가짐이 필요한 것이다. 의례와 예절로서의 몸가짐은 일상적 동작과 예술의 중간에 위치한 것으로 집단생활에서의 의사소통에 중요한 역할을 한다.

무용이나 행위예술에서의 안무는 감각과 함께, 예를 들면 뭔가가 깨달아지면서 완성된다. 몸짓 하나, 동작 하나에 의미가 응축되어 있다. 이런 경우에도 심미적 의미는 인간 의식의 가장 기본적인 형태인 감각 체험 속에서 이미 드러나기 시작할 것이다. 그 깨우침의 방식에서 알 수 있듯이 그것은 구체적인 동작들로 지시된다. 그 깨우침을 가져오는 감각의 복잡한 변용을 통해 그 뭔가가 무용술이나 동작들의 안무로 심미적인 의미를 드러낸 것이라고 할 수 있다.

김우창에게 있어서 문학 영역은 물론이거니와 삶 전반에 걸쳐 체험 lived experience은 세계의 기본적인 가능성을 이룬다. 존재하는 모든 것은 누군가의 체험이 제시되는 의미로 기술될 수 있어야 한다. 특히 문학적 진술에 있어서 체험은 그 진실성 여부를 따지는 데 시금석과 같다. 체험의 공유에서 오는 감동이 없이 문학작품에 대한 온전한 이해는 이루어질 수 없다고 할 것이다.

궁금한 것은 헬렌 켈러는 보거나 듣지 못하는 세계를 어떻게 이해할 수 있었는가 하는 것이다. 사실 우리가 눈과 코, 귀, 입, 피부를 통해 직접 지각할 수 있는 범위는 초라하리만큼 제한적이다. 그런데 현상학은 우리를 일종의 초월적 봄 내지는 초월적 체험으로 초대한다. 체험을 초월한다는 것은 어떤 구체적인 경험에 대하여 하필이면 바로 그렇게 경험할 수밖에 없도록 하는 요인들이 무엇인가를 찾아가는 것이다.

모든 지각, 체험과 사고는 일정한 환경 안에서—많은 경우 감추어져 있는 환경 안에서 일어난다는 것이다. 지각심리학은 우리의 모든 지각 행위가 "형상figure과 그 배경background"의 구조를 가지고 있다고 말한다. 그것은 마치 높은 나무에 올라가 자신이 살던 동네 전체를 조망하는 체험과 유사하다. 나무 위에 걸터앉아 주변 환경을 먼 시야로까지 바라보는 경우, 그때의 시각에서 원근법적 열림이 촉발하는 형상은 전체성으로의 초월적 체험이라고 할 수 있다.

당연히 이때의 초월적 체험은 평소 일상적 위치에서 대상들을 협소하게 보아왔던 한계들을 넘어서는 체험인 것이다. 예를 들면 대리석(질료)이 하나의 꼴(형상)을 얻는 것처럼, 우리의 외부 세계에 대한 감각적 체험은, 가장 기초적인 경우에 있어서도, 지각작용에 의하여 모든 실체가 질료와 형상과의 통일을 통하여 이루어지는 것에 의존한다.

그런데 지각의 초월적 체험에서 무한히 변용하는 형상에 대하여 김우창은 다음과 같이 말한다. 참으로 기하학적 원형의 변조에 불과한 것인가. 또는 기하학적 형상은 경험적으로 드러나는 형상적 사실들의 추상화이며 일반화인가. 아니면 형상계는 기하학적 도형이나 좋은 형태gestalt에 수렴하면서도 그에 고정되지는 않고 무수한 경험적 현실 속에 투영되는 형상이 어른거리는 곳인가. 어느 쪽이든지 사람의 지각적 체험은 언제나 새로운 양상을 드러내고 그것을 풍부하게 한다. 세계에 대한 체험은 늘 새로운 사건으로 드러난다.

후설은 의식의 지향성이란 것이 예비되어 있는 여러 행위적 통로의 총체로서의 커다란 배경을 바탕으로 하여 가능해진다고 생각하였다. 이 배경은 관념적 성격을 가지고 있다. 지각의 체험은 그에 선행하는 어떤 관념적 구도의 현실화로 인해 가능해진다고 보기 때문이다.

아감벤Giorgio Agamben에 따르면, 사실 체험 안에서의 내적인 경험은 시작도 끝도 없는 '의식의 흐름'으로 드러나는데, 이 흐름은 순수하게 질적인 특성을 가지는 것이므로 멈출 수도 측정할 수도 없다는 것이다. 초월적 체험은 삶의 조건을 이루는 원초적 바탕을 체험하는 섬광 같은 순간이기도 하다. 그 순간을 파악하는 사고의 힘이 직관이라고 할 수 있다.

작가들은 직관을 자신의 마음 자체를 갑작스럽게 기습하는, 어떤 방식으로도 파악할 수 없는 영감에 비유하기도 하였다. 하이데거도 우리의 체험은 그것에 선행하는 어떤 바탕 위에서 일어난다고 생각하였다. 그것은 궁극적으로 존재의 열림에 이어진다. 초월적 체험은 평면적 삶에서 입체적 삶의 가능성으로 넘어가는 존재론적 차원 이동이라 할 수 있다.

하여튼 그 순간은 기존의 해오던 삶의 방식의 한계에 대한 자각과 더불어 얼마든지 변화 가능한 테두리의 개방 가능성을 존재론적으로 체험함으로써 주체 활동의 초월적 성격을 깨닫게 된다. 테두리를 조망함으로써 비로소 초월적 이성의 사유운동이 시작되는 원천을 경험하게 된다.

존재론적 물음

후설 현상학은 우리 시대의 과학주의와 실증주의 이데올로기를 떠받치고 있는 주장들을 뒤엎는다. 이 놀라운 전복은 주시해볼 만한 것이다. 우리는 무의식적으로 당대의 상투적인 사고의 형식을 받아들이고 있다. 언제나 이미 거기에 있다고 하는 친숙성과 자명한 세계에 대한 암묵적 이해 속에서 우리는 산다. 조금도 의심의 여지가 없는 자연적인 태도를 취하고 있는 것이다.

실증주의 역시 이미 있어왔던 존재자들을 전제로 하기 때문에 자명성과 일상성 그리고 자연적인 태도 등을 넘어서는 것이 아니다. 매스미디어의 발달과 지식 정보화가 넘쳐 나면서 그러한 경향은 점점 심화되고 있다. 점점 깊어지는 자연적 태도의 습관성을 극복하는 것이 필요하다.

이를 위하여 후설이 추구한 것은 현상학적·초월론적 환원의 탐구 방법이다. 마치 철광석이 없이는 철이 불가능한 것처럼 자연적 태도 없이 초월론적 태도 역시 불가능한 것이다. 후설이 추구한 탐구 방법에 의해 초월적 영역이라는 사고의 지평이 열리면서 '사고가 존재한다'라고 언명하게 된다. 사고의 초월적 지평에서는 이미 사고된 것이 앞으로 사고되어야 할 것, 아직 사고되지 않은 것에 대해 있을 수 있는 괴리와 불균형을 감당해야 하는 사고과정이 기다리고 있다. 그것은 자연적 태도에서 이행하여 초월론적 태도로 나아가는 것을 말하는 것이기도 하다.

후설이 탐구를 불확실한 창조적 세계로 나아가도록 초월적인 방향으로 밀어 넣는다면, 의식과 현상의 우발적인 변화에 직면하는 그 주체는 진리 발견을 위한 자기 수정의 길에 들어선 것이다. 그것은 자기중심적인 자폐적 이성의 국면과 단절하는 탈자脫自적인 초월적 이성의 국면으로의 이행 중이라고 할 수도 있을 것이다.

우리는 우리의 경험 세계와 관련해서 새로운 태도를 취하며, 새로운 의식을 드러냄으로써 새로운 경험의 장을 연다. 이제 이 의식의 지향성은 한 개인으로 국한되지 않는다. 그 의식의 체험과 표현은 개인을 통해서 이루어지지만, 그 의식 자체는 개인을 넘어선다. 그리하여 이 의식은 직접적인 의미 부여자로, 세계에 대한 의미의 원천으로 '보이게' 된다. 단지 이 의식의 지향성은 너무 자주 잠재적인 것으로 머물러 있고, 나타나기 위해서는 수많은 노력과 다양한 전복을 요구받을 뿐이다.

후설이 데카르트에서 전범을 구했을 때 그는 철학의 절대적 시원을 '나는 존재한다'에 두고 있다. 현상학적 탐구는 필연성도 방향성도 목적도 없는 국면에서 사유하는 자기 해방적 요구에 부응함으로써 이루어진다. 현상학은 인간으로 하여금 인간 자신과 마주하면서 노출되는 자기의 존재 상태를 보게 하는 작용에까지 이른다. 이 지점에서 "너는 누구냐?"가 아니라 "너는 뭐가 되려고 하는 거지?"라는 물음이 성립한다.

"너는 누구냐?"라는 질문은 이미 타자에게 복종하는 "나는 누구냐?"라는 물음으로 응답하게 된다. 반면에 나 아닌 나 자신의 실존을 문제 삼는 그 극단에서 후설은 우리로 하여금 초월자를 맞이하게 한다. 초월자는 사고가 그 자신으로부터 시작한다는 것을 제시하는 기능, 즉 초월적 이성의 기능을 갖는다.

앞에서 보았다시피 현상학이 탐구를 초월적인 방향으로 밀어 넣는다면, 그 물음의 방향이 존재 일반에 대한 이론인 존재론을 요구하게 된다는 점은 분명해 보인다. 그것은 하이데거M. Heidegger의 입장에서 보면, 철저하게 존재론적 탐문을 가능하게 한다. 김우창이 강조하는 것은, 존재론적 물음을 가능하게 하는 새로운 이성 이해, 인간 존재 전체와 관계하는 존재론적 지평에서의 이성 개념으로 그 전환이 필요하다는 것이다.

그렇다면 존재는 무엇을 의미하는가? 하이데거에 따르면, 존재에 대한 물음을 던지고 있다는 것 자체가 우리는 항상 이미 존재 이해 속에서 움직이며 살고 있다는 사실을 확인시켜준다고 한다. 즉, 세계에 대한 전체적인 이해 안에서 존재자들과 구체적으로 관계하면서 살고 있다는 것을 의미한다. 그러나 김우창에 따르면, 이 물음의 의미는 그 자체로 분명하지가 않다고 한다. 단, 존재의 의미에 대한 물음은 '삶의 의미'에 대한 물음을 가리키는 것이 아니라 존재론적인 물음이다.

그것은 인간이 자신의 존재에서부터 자신을 이해하고, 그렇게 자리할 수 있도록 이끌어가는 물음이다. 그 물음으로 깨달음을 얻고 존재론적 변화를 꾀하는 바로 그 길로 나아가도록 재촉하게 된다. 하이데거의 존재론적 탐문은 존재의 열림으로 이어진다. 존재의 열림은 커다란 배경을 바탕으로 해서만 가능하다. 앞에서 언급한 에밀 졸라가 대장장이를 바라본 체험이나 로댕의 「칼레의 시민」은 존재의 열림을 보여준 예로 적당하다. 하이데거의 존재의 열림은 후설의 '환원'에 비견할 만하다. 존재에 대한 보다 명시적인 파악을 가능하게 하는 존재자의 세계에 대한 괄호 치기와 같은 것이 나타나게 된다.

우리는 있는 존재를 알아들을 뿐이지 그것을 창조하는 것은 아니다. 진리란 있는 것을 참으로 알아듣는 것이다. 우리 인간은 존재를 창조한 지위에 있는 것이 아니기 때문이다. 존재와 사유가 만나는 존재의 열림은 인간 자신과 존재자들의 고유한 진리 자체를 경험하기 위한 조건이다. 가려져 있던 것을 드러나게 만드는 사유 자체가 하이데거가 말하는 진리이다.

우리가 자연을 어떻게 이해했는가가 중요한 것이 아니라 자연의 참모습이 어떤가가 중요하다. 진리는 우리가 생각한 것에 기초하는 것이 아니라 참으로 있는 것에 따를 뿐이다. 우리가 생각한 것은 그냥 우리가 생각한 것에 지나지 않을 때가 많다. 하지만 참으로 있는 것은 우리가 그것을 어떻게 알아듣든 우리의 이해 능력에 관계없이 항상 참된 그 모습을 드러낸다.

존재론적 진리는 우리를 자유롭게 한다. 이 진리는 자유로운 존재로서의 사유의 가능성, 즉 드러냄의 방법, 열어 밝힘 내지는 해명의 방법 및 해석의 방법 등을 일컫는 것이다. 그런데 그것들은 모두 삶의 큰 테두리 혹은 바탕과의 관계 속에서 드러나게 하는 과정의 사유일 뿐이라는 점에서 초월적인 것이다. 하지만 드러남은 감춤 가운데 작은 사건에 불과하다. 그렇기 때문에 존재의 진리를 개방하는 초월적 이성의 드러남은 희귀한 것이라고 할 수 있다. 그러나 그 희귀한 한 번의 사유가 진리의 평생 깨달음에 이르게 할 수도 있다. 하여튼 현상의 직접성과 사실성은 이 드러남의 열림 작용을 통해서만 입증된다.

이제 이성은 단순히 자연에 대한 도구적 이성을 넘어 스스로의 작동 원리를 되돌아 바라볼 수 있는 초월적 이성으로서의 자격을 명실상부 획득하게 된 것이다. 또한 인간의 이성에 대해 근대 철학이 규정한 인식 이성을 넘어서는 존재론적 이성에 대한 새로운 모색이 시작된다. 그것은 근대의 인식 이성 이해에 의해 망각되고 감추어져왔던, 이성에 내재한 또 다른 부분을 회복하는 작업을 의미한다. 이성에 대한 이해의 전환과 함께 이를 하이데거는 "철학의 시작"이라고 불렀다. 이것이 바로 철학에 있어 무한한 과업으로 남겨진 세계의 의미와 이성의 의미에 대한 의식에 이르러야 하는 이유이다.

초월론적 발생

체험은 새로움으로 향하는 움직임으로 펼쳐질 수 있다. 시인이 자신의 체험을 언어로 묘사하는 작업은 점차 간결해지고 일종의 시 형태로 응집되면서 각각의 단어는 보다 큰 외연과 중요성을 갖게 된다. 예술가나 과학자들은 창조적인 탐구를 하는 과정에서 아이디어가 자신들을 찾아온다고 한다.

이런 경우를 두고 지금까지 축적된 경험에 대해 의식의 초월론적 기능이 작용한 것이라고 말할 수 있다. 그 아이디어와 드잡이를 하며 씨름했을 때 비로소 일종의 존재론적 이해가 성취된다고 할 수 있다. 이것은 대개 더 낮은 단계의 대상적 통일체에 대한 경험을 토대로 더 높은 단계의 대상적 통일체에 대한 경험으로 이행해가는 과정으로서, 다름 아닌 초월론적 발생에 관한 것이다.

인간은 자신이 지닌 근본적인 이해 지평 안에서만 다른 일상의 행위에 의미를 부여하며, 그에 따라 구체적 삶을 이끌어가게 된다. 생물학적이면서 문화적인 존재인 인간의 구체적 삶은 자신의 인식론적 한계와 실존적인 모순, 죽음과 한계 상황을 넘어서려는 내재적 초월에의 의지와 노력에서부터 시작된다.

후설의 경우 초월론적이라는 것은 어떤 구체적인 경험을 한다고 할 때, 하필이면 바로 그렇게 경험할 수밖에 없도록 하는 요인들이 무엇인가를 찾아가는 작업의 성격을 일컫는 것이었고, 그러한 작업을 통해 드러난 활동이나 기능이 갖는 성격을 일컫는 것이었다.

이것은 레고 놀이에 비유할 수 있다. 레고 놀이는 주어진 조각을 자유롭게 맞춰 여러 가능한 형태를 만들 수 있다. 그러나 그 형태는 주어진 조각과 별개로 이루어지지 않는다. 주어진 조건에 근거해 그것을 넘어서는 형태로 다시 태어나는 것이다. 이처럼 레고 놀이에 비유하는 것은 그것이 제한된 층위를 떠날 수는 없지만, 그 안에서 제한된 조건을 초월하는 층위를 만들어낼 수 있기 때문이다. 초월론적인 발생적 체험은 단지 산속에서 광석을 캐내듯이 숨겨진 것을 단순히 끄집어내는 일이 아니다.

초월론적 발생은 인간 자신과 자신의 삶이 지니는 내적 세계에 관계되는 층위에 관한 것이다. 초월은 어떤 선험적 세계를 향하는 것이거나 초월 세계를 전제하는 것이 아니기에 내재적이다. 이를 초월하되 내재하는 것이기에 내재적 초월성으로 개념화할 수 있다. 초월성을 내재화한다는 말은 그런 지평을 현재에 가져와 지금 여기서 결단한다는 의미이다. 이것은 특정한 종교를 주장하는 것도 아니며, 어떤 구체적 이데올로기를 제창하는 것은 더더욱 아니다.

소위 창조적인 작업을 할 때 과학자나 수학자, 예술가(작곡가, 작가, 조각가 등)들은 우리가 '생각을 위한 도구'라고 부르는 공통된 연장을 사용한다. 이 도구들 속에는 정서적 느낌, 시각적 이미지, 몸의 감각, 재현 가능한 패턴, 유추 등이 포함된다. 그리고 상상을 동원한 모든 사람은 이 생각도구를 가지고 얻어낸 주관적인 통찰을 객관적으로 표현하기 위해 공식적인 언어로 변환(번역)하며, 그리하여 그들의 생각은 다른 사람들의 마음속에 새로운 생각을 불러일으키게 된다. 초월론적 발생이라는 것은 객관적인 것과 주관적인 것 그 어디에도 속한다고 할 수 없는, 즉 그 둘 다를 넘어서는 존재론적 체험으로 고양할 수 있게 하는 것이다.

또한 초월론적 발생은 시간을 앞으로 당기거나 뒤로 돌릴 수 있는 조건이기도 하다. '지는 꽃'을 인생에 대한 상징으로 보면, '꽃과 더불어 지는 인생의 아름다움'이라는 시간의 경과를 보는 미학 역시 초월론적인 것이다. 죽음으로 향하는 시간의 흐름에 의식을 맡기며, 꽃이 시들 것이라는 미래가 지금 여기 들어와 현재를 이끌며, 이 미래에 대한 공감이 하나의 연대감을 이끌어낸다.

이 외에도 체험의 초월론적 발생은 서사적 형식으로 세계의 모습을 받아낼 수 있다. 이야기를 통해서 삶의 구체적인 계기들은 일정한 모양을 갖추고 앞뒤가 맞는 내용이 된다. 중요한 것은 이야기가 재구성해내는 전체성이다. 전체는 반드시 구체를 넘어서 존재하지 않는다. 이 과정에서 공유되는 경험의 질과 깊이와 폭이 우리 삶을 확장시키고 성숙하게 한다. 우리는 초월론적 조건하에서의 체험의 의미, 그것은 다 설명될 수 없지만 시간을 두고 공유되어야 하는 것으로서, 그 근본적 합리성 안에서 세계를 보는 법을 배우게 된다. 실제로, 모든 환원, 모든 괄호치기에도 불구하고, 체험은 종국에 이르러 있는 그대로 현전하며 특별히 체험 및 의식의 일차적이고 파괴할 수 없는 연결 속에 존재한다. 이처럼 지금까지 축적된 경험들은 앞으로 있을 경험에 대해서도 초월적 역할을 하게 된다.

내적인 힘이면서 세계를 이해하고 구성하는 힘의 근원인 초월적 체험을 통해서, 이전과는 다르게 살고 다르게 볼 수 있게 되는 것이다. 이데 올로기적 사고의 폐단은 구체적 현실을 경시한다는 것, 그리하여 정치한 사고와 감정의 변별 작용에 대하여 자기중심적인 자폐적 이성에 빠지게 한다는 데에 있다. 모든 도식적 사고는 현실과 사고를 동시에 단순화한 다. 우리가 알고 있듯이 푸코에게서 철학의 역할은 숨겨진 진실을 발견하는 일이 아니라, 바로 보이는 바를 가시화하는 일, "달리 말해서 지극히 가까이 있는 바를, 지극히 즉각적인 바를, 우리에게 밀접하게 연결되어 우리가 지각하지 못하는 바를 보여주는 일 (……) 우리가 보는 바를 보여주는 일"이라고 했다. 우리는 작은 진실들, 경험적인 특이성들을 안다. 우리는 현상의 계열들에 작용해 영향을 미친다. 우리는 그것들을 연구하고 다룰 수 있다.

우리는 여러 실수와 방황을 인정하면서 자기 자신이 처한 구체적인 상황 속에서 요령 있게 곤경을 헤쳐나간다. 그것은 사람들이 현재성 속에서 살기 때문이다. 메를로퐁티의 표현을 빌리자면, 인간 존재는 사실적인 상황을 그 나름대로 되잡아 변형시키는 실존 활동 그 자체이며, 이것을 그는 초월이라 부른다.

현상학적 의미에서 본다는 것은 또는 서술한다는 것은, 바로 사물의 자기 현시 작용을 체험한다는 것을 말한다. 우리는 이러한 체험을 마음의 눈으로 본다고 한다. 그것은 의식이 자신의 마음의 눈 이외에 어떠한 외면적 도구나 규칙의 편리성에 의존하지 않으면서 사물의 드러남을 체험하는 것이다.

그것은 이미지들의 논리 작업인 형상화를 일컫는 것이기도 하다. 우리의 외부 세계에 대한 감각적 체험은, 가장 기초적인 경우에 있어서도, 지각작용에 의하여 객관적인 세계에 대한 의미 있는 형상의 인지가 된다. 그러나 그것이 지각되는 것은 형상적 구성을 통해서이다. 현상학적으로 말하여 의식의 지향성에 대응하여 나타나는 현상은 언제나 질료와 형상의 종합으로서만 의식의 지평에 나타난다.

이 의식의 봄과 체험은 직접적인 의미 부여자로—다시 말해 세계는 이 세계에 의미를 부여하는 의식에게 자기 자신을 주거나 자기 자신을 드러낸다. 그것은 찰나와 조우하는 어떤 영원한 것이라고 할 수도 있다. 그 경이로운 감각으로 당황스러워서 "왜 이것일까?"하고 중얼거리는 순간이 온다고도 한다. 초월적 체험은 일종의 철학적 순간이라고 할 수 있다.

하이데거에게 철학적 순간에 해당되는 초월적 체험은 존재에 대한 경이감이라고 한다. 그에 의하면, 존재에 대한 경이적인 감각은 세상 만물이 드러나면서 동시에 스스로를 감추는 까닭에 생겨난다는 것이다. 존재의 열림과 관계하는 '사유의 사실'은, 그것의 드러남과 감춤의 초월적 움직임을 통해서 형상화하는 존재에 대해 어떤 신비로운 경이감을 느끼게까지 한다. 존재의 열림을 형상화하는 것은 현실적인 순간을 유지하려는 일종의 전략이며 경이감은 그것을 위한 추진력이라고 할 수 있다.

김우창은 존재의 경이감을 불러일으키는 초월론적 발생의 조건을 '형이상학적 테두리'라고 한다. 경이감은 삶에 깊이 관계되어 있으면서 삶의 전체에 대한 느낌이기에 그것은 형이상학적인 것으로 느껴지는 것이다. 사람이 존재 이해를 향하는 동기를 가진 한, 형이상학적 테두리에 바탕을 둔 의미 지평은 어디에나 스며 있다고 할 수 있다.

그런데 시인과 과학자의 의미 지평이 다를 수밖에 없는 것은 두 사람 모두 세계 이해 및 서술 양식의 차이와 상관관계를 이루기 때문이다. 예를 들어 어떤 시인이 세계에 대한 범신론적 이념의 성향을 갖는다면 어떤 과학자는 세계에 대한 코스모스적 이념의 형이상학적 테두리를 지닐 수 있다.

동물들은 환경 안에서 적응하며 살아간다. 하지만 인간은 환경만이 아니라 그것을 훨씬 넘어서 세계를 알고 있다. 우리는 이 세계의 거주자로서 주변에서 벌어지는 것들을 흡수하고 그 경험을 통해 배울 수 있는 능력을 스스로 간직하고 있지만, 이 세계와 그 나타남의 초월론적 발생 과정에서 작동하는 존재의 깊이에 대한 느낌 역시 현실적인 의미를 갖는다. 존재의 깊이에 대한 우리의 느낌은 삶의 형이상학적 테두리를 감지하게 하는 기능을 가지고 있다. 그러한 의미에서 우리의 감각적 삶을 온전히 유지하면서 의미의 초월적 지평에서 사유하고 행동하는 법을 배우는 것은 극히 중요한 일이다.

사고의 사고

사고 속에서 사고된 것

이미 앞에서 후설과 하이데거 그리고 김우창을 통해서 알아보았듯이 '사고가 존재한다'는 것은, 즉 사고는 초월론적 발생을 통해서 존재한다는 것이다. 사유는 자연에 대한 이해와 설명을 자연과학에 맡기고, 새로운 사유의 영토를 확보하게 되는데, 그것은 의식 그 자체가 구성하는 초월성의 영역인 것이다.

김우창은 "사유 세계에서의 의식 문제의 핵심은, 의식은 '무엇에 대한 의식'이면서 '무엇에 대한 의식의 의식'이라는 데 있다. 인간은 무엇을 생각하면서 무엇을 생각하는 생각 그 자체를 또 생각하기 때문이다. 이 이유 때문에 의식 작용의 주체와 객체의 관계는 복잡하며 그것의 해부는 매우 어려운 지적 구조를 요청하는 것이 되고 만다. 그러한 일의 대표적인 성과의 하나가 바로 후설의 '의식의 현상학'인 것이다. 인간의 자기반성과 자기 초월의 근거가 '무엇을 생각한다는 것에 대한 생각'이기에 의식의 환원을 포함한 현상학의 작업은 귀한 뜻을 가지고 있다"고 말한다.

여기서 '무엇을 생각한다는 것에 대한 생각'은 사변적 공상이 아니며 사고 속에서 사고된 것이 무엇인가를 탐문하면서 사유의 가능성을 실험하는 것이다. 그것은 인과의 법칙에 담을 수 없는 두드러진 어떤 현상을 만나게 되어 의식이 의식을 의식하고, 사고가 사고를 지향하는 것이다. 사고의 사고는 삶의 자연스러운 계기를 주체화하는 것이다.

누구나 살면서 경험한 적이 있을 것이다. 길거리에서 사람을 만났을 때, 어떤 경우는 지나고 나서 '저 사람 내가 본 얼굴 같은데……' 하다가 조금 더 지나, '아, 그전에 만난 현 아무개구나' 하는 생각이 드는 경우가 있다. 이런 일은 일상생활에서 늘 일어난다. 그런 일상적 경험에서 일어나는 의식 작용이 '사고의 사고'인 것이다. 사고의 사고가 일어나는 내면의 공간이 있다고 전제한다면, 이 내면 공간으로의 회귀를 통해 우리는 잊었던 것을 다시 생각해낼 뿐만 아니라 많은 것을 새롭게 인식하고 날카롭게 판단하며 합리적으로 숙고하게 되어 심지어 너그러운 마음까지 갖게 된다.

이성이 단순히 대상에 투여되는 지향임을 넘어서 자신의 지향성마저 사유의 대상으로 삼을 수 있다는 것은 현상학의 개가라 할 수 있다. 사고가 존재한다는 것을 설정함으로써 누구든 세계를 경험하는 것이 어떻게 가능한가를 이해할 수 있는 길이 열린다고 할 수 있다. 후설의 표현을 따른다면, 사고는 의식의 지향성 구조로 존재한다. 현상학은 어떻게 그것이 일어나는지를 탐구한다.

김우창은 사제 간의 관계에 대한 예를 통해서 설명한다. 내가 스승을 존경한다고 할 때, 스승과 나 사이에 敬의 사고가 존재한다고 할 수 있다. 한자 敬은 주의 집중의 상태를 말한다. 주의 집중하는 마음의 상태가 완전히 나에게 머물면 산만하여 상념에 빠질 것이고, 그렇다고 타자로 건너가게 되면 일종의 최면이나 환각 상태로 변질될 수도 있다. 그러므로 스승과 나 사이에서 어느 쪽으로도 치우치지 않으면서 주의 집중하는 경의 사고가 존재한다고 할 수 있다.

경의 사고는 경험의 대상과 경험 그 자체 간의 상관관계에 주의를 기울이는 현상학적 환원의 한 예라고 할 수 있다. 현상학적 환원을 통해서 우리는 사제 간의 세계를 개시할 수 있게 된다. 그것은 사제 간의 상호주관적으로 접근 가능한 구조들을 개시하는 것을 목표로 삼기 때문에, 이것들의 분석은 현상학적으로 조율되어 모든 주체에 의한 수정과 통제에 열려 있다.

따라서 사고가 존재한다고 한다면 그것은 '사고의 사고'가 가능해야 한다는 것을 통해 확인해야 한다. 사고의 사고가 가능하지 않다면 사고가 존재한다고 할 수 없기 때문이다. 그렇다고 해도 사고의 사고를 한다는 것이 자신에 대한 반성적 관계를 설정하거나 사고의 조건들에 대하여 사고할 수 있어야 한다는 것은 아니다. 사고의 존재를 통해 객관성을 획득하고자 하는 것이 아니기 때문이다.

주관과 객관의 이분법하에서는, 예컨대 〈나 → 사물〉의 자연적 시선에 대하여 〈나 → 〈나 → 사물〉〉의 또 다른 의식작용을 통해 객관화하기 위한 반성적 사고 작용이 일어난다. 이때 인식 주체는 자신을 인식하기 위해 언제나 자기 밖으로 나가 거기에서 자신을 살피는 것이 된다. 예를 들어, 사물을 경험하는 의식과 이 의식을 기억하는 의식이 별도로 존재할 수 있다.

객관성을 확보하려는 반성적 시선은 하나의 자아가 다른 자아를 인식, 판단, 지각의 대상으로 전유하는 시선의 분리를 구조적으로 요구한다. 그것은 결국 〈나 → 사물〉을 구성하는 상황 인식으로부터 유리되는 행위와 다르지 않다. 그것은 현실성이 없는 일이다. 또한 주관과 객관의 이분법을 전제한다면, 모든 의미는 인간들로부터 생겨날 것이며 〈나에 대한〉 모든 의미는 〈나〉로부터 생겨날 수밖에 없다.

그것은 이 〈나〉가 대상을 자기 앞에 세우고 나서 다시 보여주고, 다시 제시하는 재현 행위의 양태인 것이다. 이 〈나〉가 향유하는 존재론적 탁월성은 재현의 주체, 즉 작가 또는 예술 창작자의 특권 속에서 더욱 뚜렷이 해석해볼 수 있을 것이다. 이런 경우, 부단한 자기반성을 통해 자신에게로 회귀하는 내성적 자아의 형성으로 나아가 결국은 세계에 닿을 수 없으면서도 자기 확신적 심경의 변화에로 귀착할 뿐이다.

그런데 우리가 문제로 삼으려는 것은 내 사고가 무엇을 사고하는가가 아니라, 세계라는 현상을 맞이하는 의식(사고) 속에서 사고된 것이 무엇인가이다. 이것을 식별하는 것은 그리 쉬운 일이 아니다. 이것을 굳이 구분해본다면, 무엇을 사고하는가는 '사고에 대한 사고'라면, '사고의 사고'는 의식(사고) 속에서 사고된 것이 무엇인가를 살피는 것이다. 우리가 익숙한 학문 체계에서는 사고가 무엇을 사고하는가라는 대상 실재에 대한 질문을 먼저 하는 것을 당연시하기 때문이다. 그것은 학자가 사고하는 것이다.

일상적으로 사람의 사고에는 삶을 규제하는 테두리가 있다. 그런데 정말로 생각을 새롭게 하기 위해서는 이 테두리를 벗어날 수 있어야 한다. 그런 점에서 '사고의 사고'는 사유의 실천이라고 할 수 있다. '사고의 사고'는 사고 속에서 사고된 것이 그 속에 미지의 가능성을 배태하고 있다.

그렇기 때문에 사고의 사고는 사고된 것의 내재적 일관성을 전제로 하면서 동시에 삶의 테두리를 의식하는 사고 행위의 임계점까지 밀고 나가는 것이 필요하다. 그것은 주관과 객관을 넘어서는 새로운 생성을 분만하고 있는 사고의 잠재력이다. 이 잠재력은 한 번만이 아니라 그리고 지금만이 아니라 사유하는 한 무한히 지속되는 무한의 운동이다. 그것은 일종의 인식론적 해방이자 개인에서 비개인적인, 탈자적인 존재 이행이라고 할 수 있다.

감각은 세계와 주체가 만나는 지점이다. 테두리를 넘어서려는 사고는 우선 현상 그 자체를 감각적 존재로 해방시킨다. 감각의 해방은 삶의 왜

소함을 벗어나 전면적이고 충만하게 만나는 삶의 양식으로 들어서게 한다. 이 과정에서 자유로운 존재감을 구현하게 된다. 그리고 항상 스스로를 앞서가는 탈-정태적이면서 비-동일적인 사유의 흐름은 대안적 삶의 탐색과정이기도 하다.

사고의 사고는 일종의 사고 이행을 일컫는 것이다. 그것은 사고의 확장과 상승을 이끌어내는 초월적 차원에 대한 문제 인식이기도 하다. 이성 중심주의적 전통에서 초월은 보통 감성적인 것에서 초감성적인 것으로 나아가는 운동으로 정의된다. 이성적 질서를 핵심으로 하는 기하학적 법칙의 세계—더 좋은 예는 비유클리드 기하학이다—의 순수한 형식은 직접적 경험의 세계에서 주어지는 것이 아니다.

그런데 많은 사람들이 오해하는 것처럼 초월적 사유는—관념론적 전통에서 보여주었다시피—삶의 현실적 맥락을 단번에 뛰어넘는 단순한 이탈이나 분리되는 사유와 같은 것이 아니다. 관념론적 전통에서 비롯하는 오해를 불식시키면서 사고가 존재한다는 것을 보이려고 한다면, 사고의 사고가 성립함을 존재론적으로도 확인해야 한다.

사고의 사고가 삶의 원리로까지 전이된다면—물론 삶의 일부로 단련된 수행적 기능이 전제되어야 하지만— 후설의 현상학을 인식론적 차원에 머물지 않고 초월적이며 존재론적인 의미로까지 밀고 나간 것이다. 사고의 사고가 인간의 존재론적 뿌리에 대한 의식에 관계된 것이라면 '현상학적 존재론'의 단초가 된다고 볼 수 있다.

김우창은 후설이 제시한 초월성 개념이 품고 있는 사유의 영역들과 존재론적 사태들을 탐색한다. 이성 자체는 대상적 법칙의 합리성으로 환원될 수 없다는 것과 그리하여 인간을 예측할 수 없는 존재라는 생각에 이르게 한다. 그리하여 김우창은 후설의 본질 직관과 의식의 초월적 특성을 염두에 두고 '움직이는 이성'이라는 개념을 창안하여 전유한다. 그러면서 그 이성을 숨은 이성과 드러난 이성 등으로 표현하면서 초월적 이성에 의한 인식론적 해방을 초학제적 차원에서 시도하고 있다. 그런데 이러한 작업은 은폐 성향 및 왜곡 성향이 나타나게 된 전제들을 검토하고, 더 이상 이러한 전제들에 입각하여 의식현상을 고찰하지 말아야겠다는 의지적인 결단을 통해서만 가능하다.

자기 초월적 존재

인간은 시공간적으로 제약된 감성적인 현상 세계에서는 물리 인과의 자연법칙의 지배를 받는다. 그런 세계에 있으면서도 세계를 뛰어넘을 수 있는 존재가 인간이다. 사람이 스스로를 넘어선다는 것은 쉽게 말하여 큰 관점에서 스스로를 파악하고 또 산다는 말이다. 가장 분명한 예는 종교와 같은 초월적 원리에 자신의 삶을 순응시키는 것이다. 어떠한 삶이나 초월의 동기를 포함하고 있다. 우리가 삶을 산다는 것 자체가 즉자적인 상태에서 벗어나 기획하면서 살려고 하는 것도, 인간의 성장과 관계하는 신진대사도 이미 스스로를 넘어서는 것이다.

김우창은 초월을 주로 부분과 전체의 관계에서 해석하고 있다. 일반적으로 부분과 전체의 관계를 설명할 때, 부분적인 것들을 서로 이어서 소통하게 하고, 그런 소통의 맥락 속에서 전체와 중첩시키는 것이라고 한다. 그런데 김우창은 전체가 부분의 총화라는 것은 진상의 일면에 불과하다고 지적한다. 전체는 부분에 앞서 미리 주어지고 부분을 결정한다는 것이다. 그렇다면 전체가 없는 곳에 부분만이 있는 수 없는 일이다.

그렇다면 현실 그것, 그 전체에 이르는 것이 어떠한 의미를 갖는 것인가를 물어볼 필요가 있다. 사람은 어찌하여 있는 대로의 현실 그리고 그 전체를 알고자 하는 것인가? 제일 간단한 답은 현실의 전체적 파악이 생명 보존과 안전 그리고 그것을 위한 전략을 위해서 필요하다는 것이다. 사실의 정확한 파악이 없이는 사람이 직면하는 현실에 대하여 적절하게 반응하고 그에 작용하는 일은 불가능할 수밖에 없다.

전체성에 대한 생각은 전통적 철학자인 플라톤에게까지 거슬러 올라간다. 플라톤에 의하면, 철학자란 전체를 위하여 부분적인 것을 연결시키거나 결합하여 볼 줄 아는 인간을 의미한다. 철학자의 목표는 전체를 보는 것이며(칸트, 헤겔), 그러므로 철학자는 세계와 인간의 기원이나 마지막 목적에 대한 질문에 대답하려고 했다.

그러나 김우창이 추구하는 전체화를 지향하는 초월적 사유는 단순히 전체를 연결할 수 있는 관념들의 재구성에 불과한 것이 아니다. 삶의 세계에서 초월이란 개인의 단편화된 경험을 넘어 전체로서의 온전한 삶의 방식으로 이행하는 것이다. 그러므로 삶의 전체화는 역사적이며 가변적인 것으로서 종결 없는 과정, 즉 기원도 목적도 없는 그런 과정일 수밖에 없다. 삶의 전체를 스스로 형성해간다는 것은 인식론적으로나 존재론적으로나 사람이 가진 근본적인 요구 중의 하나이다. 범속하고 초라한 현실의 삶을 넘어서려는 또는 인간의 진정한 해방을 위한 초월에의 의지가 있기 때문이다.

김우창은 이렇듯 전체성을 지향하면서 더 큰 것에 대한 요구를 하게 되는 인간의 성향을 형이상학적 본성이라고 말한다. 그것은 보다 큰 질서의 원리를 통하여 정신으로 일깨워지고, 세계에로, 창조적 삶으로 나아간다. 그러나 이것은 반드시 스스로의 동기에 의하여서만 그렇게 되는 것은 아니다. 큰 질서 자체가 그것을 촉구하는 것이다.

또는 달리 말하면, 세계와의 관계 맺음은 인간 존재의 근본 충동이 되게끔 되어 있다. 그리하여 전체는 절대적 요청이며 선택이라는 면을 갖고 있다. 사람은 이성의 부름에 의하여, 정신의 세계로, 이성의 세계로, 보편적 질서로 나아간다. 그러나 삶은 늘 이 선택되는 전체를 초월한다. 따라서 그것이 어떤 종류의 것이든지 간에 선택되고 요청되는 전체성은 끊임없는 비판에 의하여 보완 수정되고 또 부정 지양되어야 하는 것일 것이다.

증기기관의 발달과 더불어 19세기 초반경에 철골 건축이 최초로 시도 되는데, 이에 대한 벤야민W. Benjamin의 그로테스크한 반응이 흥미롭다. 그것은 당시 사람들이 철골 건축 속에서 어떠한 무제한의 가능성을 보았 는지를 전체 지향의 이미지로 보여준다. 그것은 그랑빌의 1844년 작품집 『또 다른 세계』에 수록되어 있는 것으로, 자신이 우주의 어느 지점에 있 는지를 알고 싶어 하는 동화 속의 꼬마 요정 코볼트의 모험을 이야기하 고 있다.

끝에서 끝이 한눈에 들어오지 않으며 행성을 교각 삼아 다리가 훌 륭하게 다듬어진 아스팔트 거리가 되어 하나의 전체를 다른 전체와 잇 고 있다. 토성에는 33만 3,000개의 기둥이 서 있다. 거기서 우리의 꼬 마 요정은 이 행성의 테두리가 행성 주위를 두르고 있는 발코니에 불 과한 것과 토성 주민들이 그곳에서 외부의 신선한 공기를 마시는 것을 보았다.

우리는 형이상학적 본성에 따라 특정 대상에 머물지 않고 궁극적으 로는 그 대상을 초월하는 다른 '그 무엇'으로 향한다고 할 수 있다. 라캉 J. Lacan에 따른다면, 형이상학적 본성은 '대타자the Other'를 향한 것이다. 인간이 자연의 거대함이나 신의 존재에 대하여 근원적으로 의식하게 되 는 것도 역시 형이상학적 본성에 해당한다고 볼 수 있다.

인간의 형이상학적 본성은 환경 조건에 대한 필요에 반응하는 것을 넘어서 전체적인 연관성의 원리를 요청하고 있는 것이다. 이러한 인간을 자기 초월적인 존재라고 할 수 있다. 인간의 초월이란, 인간이 활동을 통하여 초주관적이고 초개인적으로 됨을 의미한다. 그것은 자기에서 자기로의 존재 이전이라 할 수 있다. 존재 이전과 관련하여 "너 자신을 보아라, 너 자신을 관찰하여라, 자기 자신에게 시선을 돌려라" 등의 표현들이 있다. 존재 이전된 자기는 습관이나 에토스에 있어서 이전의 자기와는 달라진 새로운 형태의 자기 초월적 존재인 것이다. 이렇게 형이상학적 테두리에 접근하려는 초월적 차원에의 지향은 일종의 존재론적 이해이다.

초월은 형이상학적 본성의 자연스러운 충동에서 저절로 상정된다. 형이상학적 테두리에 접근하려는 초월적 지평 체험은 삶의 의미연관 전체성이 드러나는 이념적인 것에 대한 사유를 하게 된다. 그러면서 자기 자신의 체험적 깨달음을 통하여 존재 방식에 대한 총체적 이해에 도달하게 한다. 그것은 추론의 결과라기보다는 감각이나 지각의 체험으로서 오면서도 단순한 사실성의 인정을 넘어서 이념적 성격을 가지고 있다.

이념은 그 자체로서 추상적이다. 따라서 이념은 현실 세계에 직접 나타날 수 없다. 이 세계에서는 단지 물질적, 감각적 현상만이 경험이나 직관의 대상이 될 수 있기 때문이다. 이념적인 것은 그에 대응하는 경험적 대상이 없기에 언어와 같은 상징적 매개 수단—대표적인 예를 든다면, 예술작품을 통해 간접적으로 표현할 수밖에 없다. 따라서 이념이 언어화되려면 언어에 투영된 시대의 역사적 특수성들에 자신을 맞춰야 한다.

이념의 역사적 초월성이 시대의 고유한 역사적 특성을 지닌 틀 안에서 특성화되는 것이다. 그러다 보면 이념의 역사적 초월성을 담지해야 할 개인이 이념의 역사적 상징 형식에 갇혀 이를 쉽게 망각할 수도 있다. 그리하여 단순히 물질적 욕망의 담지자로 되거나, 혹은 권력의 지배의지가 포함된 욕망을 추구하는 것에 빠져들곤 한다.

시대적 이데올로기로부터 일정한 거리를 유지하면서 독자적이고 비판적인 입장을 가지려면 일단 초월적 차원으로의 도약이 필요하다. 그래서 '너 자신을 알라'는 '네가 너 자신에 대하여 알고 있는 것을 비판하라'가 되며, '너를 움직이고 있는 것이 무엇인지를 알라'가 된다. 초월적 사유는 그 사고의 사고 가능성을 통하여 인식론적 해방을 견인하고 존재론적 사태의 전개를 추동하는 장을 낳고 확장하게 한다.

이때 존재론적으로 사고되어야 하는 것은 앞으로 도래할 인간의 모습에 의한 현재 있는 인간의 극복이라고 할 수 있다. 그것은 일종의 희망의 원칙을 낳는다. 희망 역시 아직 존재하지 않는 것에 대한 요구이자 바람이기 때문이다. 에른스트 블로흐의 말대로 희망은 "아직 존재하지 않는 것의 존재론"이다. 인간은 자기 초월적 존재이기 때문에 인간에게 성취된 것, 이룩한 것, 도달한 것을 모두 뛰어넘을 것을 요구한다.

그러나 극복되어야 할 인간의 모습은 존재론적 균열을 일으킨다. 그것은 물질적인 한계를 넘어서 형이상학적 테두리를 추구하는 초월적 움직임이거나, 실체적 현상들에서 이념적인 것을 도출하려고 하기 때문이다. 그런 사고와 활동은 자폐적인 도구적 이성에 대하여 해체적 태도를 취할 수도 있다. 이런 경우 "무엇을 했느냐고 묻기보다는 어떻게 했느냐?"고 묻게 된다. 삶의 세계가 변화하도록 압박하는 그 존재론적 균열은 끊임없이 자기를 넘어서는 이행의 에너지를 창출하는 근원으로서 초월적 사유를 촉발하면서도 제약하는 환경이다.

사건과 이성

우리가 사는 이 세계, 아니 이 우주는 온통 존재하는 것으로 충만해 있다. 이 우주는 존재의 사건으로 시작되어 끊임없이 존재의 사건 속에서 존재하고 있다. 우리 주위를 둘러보아도 우리는 온통 존재하는 것에 둘러싸여 있으며 그야말로 존재 사건의 한가운데 존재하고 있다. 이렇게 우주는 존재 사건의 소용돌이에 놓여 있다.

사건은 무엇인가가 벌어지고 있는 존재의 사태이다. 어떤 사건이 벌어지고 있다고 할 때, 그것은 우리의 계획과 능력의 밖에서 우리의 자의와 처분권의 밖에서 일어나고 있는, 인간에게 닥쳐오고 있는 어떤 것을 일컫는다. 사건은 나의 눈앞에서 펼쳐지고 벌어지며, 그리하여 발생하는 순간에만 존재하고, 곧 존재하지 않게 된다. 사건이란 하나의 상황 속에 던져져 있는 존재의 모습이다. 그 상황에서 관계들이 변화하는 사태이기 때문에 잘 정리된 인과적 관계로 사건의 그 내용을 일반화하여 설명할 수가 없는 경우라고 할 수 있다.

이성도 역시 오직 사건으로만 존재한다. 사건으로 사유한다는 것은 생성, 운동을 사유하는 것이므로 당연히 이성 역시 움직이는 이성으로 사유하게 된다. 현실 속에서 움직이는 이성은 단순히 관념적 성찰로 밝혀지는 것이 아니다. 그것은 구체적인 생존의 과정에서 나타난다. 생존과 얽혀 있는 이성은 인간이 알 수 있는 상황 가운데 그 어떤 것으로부터 벗어날 수 없으며, 그 상황 속에서, 그 상황과 매우 긴밀하게 연결된 채로 작동한다. 그것은 마치 동물들이 자신의 생명을 지키기 위해 매일같이 긴장 속에 주위를 주시하며 살고 있는 것과 같다.

이성은 매일같이 사건에 대해 열린 채로 대기하고 있어야 한다. 사건 속에서 경험될 수 있는 이성은 그렇게 움직임으로써만 현실적인 의미를 갖는다. 존 듀이John Dewey가 연구inquiry를 규정한 내용은 이러한 이성에 대한 시사점을 준다. "불확정적인 상황을 확정적인 것으로 바꿀 수 있도록 거기에 관계되는 구성 요소를 분명히 하여 본래의 상황을 통일된 단일체로 옮겨놓는 일"이라고 한다. 그렇다면 이성적으로 사고 가능하다는 것은 완전하게 사고 가능한 것일까, 부분적으로만 사고 가능한 것일까, 아니면 파편적으로 사고 가능한 것일까?

이러한 물음의 의도는 계몽적 근대 이성에 대한 낙관적 확신 속에 머무르지 않으려고 하는 것이다. 근대의 계몽적 이성이 추구하던 객관주의적, 실증주의적, 과학주의적 합리성에서 만족할 수 없다는 것이다. 그것은 이성이, 객관적인 것을 지향하면서도 주관적인 수준을 벗어나지 못하는 인간의 지적 능력으로는 완전하게 포착되지 않는다는 것을 의미하기도 한다.

듀이는 사건의 발단과 상황의 발생이라는 예로 극장에서 화재가 일어난 경우를 든다. 그때부터 우리의 탐색은 시작된다. 즉, 사건 그 자체는 우발적이다. 그런 특성을 지닌 사건일지라도 사건에 관여하는 사실들인 사물이나 언어 속에 아직 현실화되지 않은 채로, 즉 잠재적인 상태로 존속한다고 할 수 있다. 그래서 극장에서의 화재 사건은 언제라도 일어날 수 있다. 우리는 화재가 발생해야 비로소 그 사건의 체험을 통해 사물이나 대상으로부터뿐만 아니라 자기와의 관계에서도 의미가 생성된다.

대상과 관계하고 대상에 이르고자 대상을 향해 자신을 넘어서는 그 가능성이 후설 현상학에서는 바로 '지향성'이다. 다시 반복한다면, 지향성은 의식 그 자체의 바탕을, 의식의 나타내고 보여주는 힘을, 곧 현상성 자체를 규정한다. 따라서 의식은 그 자체로 앞에 놓임이다. 이 의식으로 인해 세계는 개인적 지각 능력과의 관계에서 늘 새로운 사건으로 드러난다. 지각의 사건적 체험 속에 이미 이성의 움직임이 있음에 주목할 필요가 있다.

사건 속에는 우리 눈에 보이는 자료들, 현상들을 넘어서서 그 현상을 그렇게 나타나게 하는 더 본질적인 것, 즉 이성적인 것이 스며 있다고 할 수 있다. 예를 들어, 안다는 건 늘 본다는 것이다. 본다는 건 보이는 걸 본다 함이다. 보이는 건 거기 우리 앞에 있는 것이다. 앞에 놓인 건 대상이다. 대상이 보이고 알려지는 건 그것이 앞에 놓인 한에서, 그것이 대상인 한에서다. 그렇기 때문에 우리는 오로지 반복되는 사건 속에 참여하는 한 개체로서 체험을 통해서 의미를 공유해나가는 도리밖에 없다.

사건에 대한 바흐친M. Bakhtin의 해석이 인상적이다. 사건의 러시아어 의미를 살펴보면, 어떤 무엇들이 함께 결합/현존함으로써 생겨나는 사태가 바로 사건이라는 것이다. 우리에게 특정한 의미를 지니는 어떤 사건은 언제나 시간과 공간이 특정하게 결합된 형태로만 그 모습을 드러내는 것이다. 그러한 사건은 인간의 내면과 외면세계의 구체적인 접촉과 관통의 순간으로서 지각과 사유를 서로 부딪치게 하여 일정한 의미 또는 이념이 형성되게 하는 현장이다.

한편 하이데거에 따르면, 이성의 어원인 '로고스logos'라는 것은 말 속에서 전달된다는 뜻이며, 보다 근원적으로는 어떤 것이 나타나도록 해준다는 의미라고 한다. 로고스는 '어떤 것을 어떤 것으로서' 보이도록 해주며, 그래서 현상을 지시하는 기능을 갖는다. 로고스(말)의 이러한 기능을 통해 사물은 은폐에서 벗어나 있는 그대로 밝혀지게 된다.

인간은 이성적 동물인 것이 아니라 인간의 이성이 상황에 지배받는다는 사실을 알게 되었다. 그런 점에서 이성의 존재 방식으로 사건과 이성의 조합은 어울린다. 사건은 사유와 존재를 대립시키는 것이 아니라, 오히려 그것들 사이의 간극 속에 우리의 사유와 감각, 행위들을 위치 짓는다.

푸코M. Foucault의 표현을 빌리자면, 이것은 '문제화problematization'에 해당한다고 볼 수 있다. 푸코의 문제화는 명백한 대상에 관한 것이고, 어떤 사건을 참이나 거짓의 역할을 수행하도록 끌어들이는 실천들이며, 사건 자체를 그래서 사유의 대상으로 만드는 실천들인 것이다. 문제화의 사고 실천을 통해서 인간은 스스로를 사고 행위로부터 분리시킬 수 있으며, 사고 그 자체를 대상화할 수도 있고, 사고 그 자체의 문제점을 비판해볼 수도 있는 것이다.

김우창 역시 이성은 사건적으로만 드러나는 것이라고 하면서 새로운 합리주의의 등장을 암시한다. 이성의 움직임이 시공간적 특수성 속에서 어떻게 작용하는지를 해명하고자 한다. 그는 인간으로부터 존재를 '이성의 사건'—즉, 우리에게 드러난 이 현상 세계의 특징을 그것이 인간과 복잡하게 이루어진 의미연관을 통하여 드러내려고 한다.

이때 물음이 성립한다. 물음은 닫혀 있던 사안을 재맥락화하여 의식의 지평을 열게 한다. 사안에 대해 물음을 던짐으로써 선택적으로 한정된 지각 현상 속에는 이미 구체적인 의식 그 자체의 흐름인 이성의 움직임에 주목하게 된다. 이것은 더 나아가 존재에 대한 물음으로 확장되어야 한다. 김우창은 실존적 사건에 개입하는 이성의 움직임이야말로 원초적인 이성이라고 한다. 이러한 이성은 상황과 그에 대한 이해 전략으로 개입하지 않을 수 없으며, 필연적으로 의미를 부여하는 의식에 속한다.

사건과 진리

사건적인 이성 혹은 이성의 사건이 설정하는 문제틀을, 하이데거의 말을 참고한다면, "오로지 사유될 것의 요구에 부응하는 것을 통해서만 남아 있게 되는 사유의 가능성"이라고 할 수 있다. 그렇다면 이때 '사유될 것'이란 무엇인가? 그것은 일정한 사정이나 사건에 고유한 것으로서 발생하는 것이며, 우리의 감각 또는 지각의 작용에 이미 들어와 있다. 그래서 '사유될 것'이란 다른 말로 표현하면, 진리가 사건적 성격을 가지면서 의식의 지평에 나타난다고 할 수 있다.

사건적인 이성은—사유의 가능성으로서 그 잠재력을 순수하고 온전하게 보존하고 있는 것인데—사람들이 지니고 있는 근원적인 사유의 능력이라고 할 수 있다. 그것은 실천을 사유할 수 있는 능력이라고 할 수 있다. 사건적 이성은 실천 이전의 심급이 아니라 실천 성취의 심급, 곧 일반적인 활동 방식의 매번 특수한 성취의 심급인 것이다. 진정한 이성의 근원은 그 방법적 효율성을 넘어가는 실천의 심급으로부터 나오는 것이다.

그런데 실천의 심급에서는 합리성이나 이성이 순수하게 그 자체로 존재하는 경우와 다른 동기, 특히 권력과 이익에 연결된 관계에 이어져 움직이는 경우를 나누어 생각하는 것이 필요하다. 아도르노와 호르크하이머Adorno & Horkheimer의 유명한 책『계몽의 변증법』이후—도구적 이성이라는 주제는 유명한 것이 되었지만—실제 이성의 도구화는 그 성격상 필연적인 것이 아니라 그것이 다른 목적의 도구나 수단이 됨으로써 그렇게된다는 것을 상기할 필요가 있다.

물론 순수한 이성의 상태에 이른다는 것도 삶의 모든 것에 적합한 것으로서의 진리이어야 한다. 그런 경우에 진리가 권력과 이익 그리고 삶의 크고 작은 의지에 이어져 있는 한, 쉽게 획득할 수 없는 것일 것이다. 다만 있을 수 있는 것은 우리 앞에 놓여 있는 합리성 또는 이성의 표현에 대한 끊임없는 반성일 뿐이라고 할 수 있다. 반성은 이성의 작용을 끊임없이 새로 열리는 공간으로 나아가게 할 수 있다.

후설에 의하면, 세계는 이 세계에 의미를 부여하는 의식에게 자기 자신을 선사한다고 한다. 이때 '의미를 부여하는 의식'은 단순한 방법이나 기술 그 이상의 것이며, 그것의 적합한 표현이 바로 '사건적인 이성'이라고 할 수 있다. 사건 속에서 근원적 이성이 태어나고 그것의 움직임 그 자체로 자기를 형성해나갈 것이며, 바로 그 안에서 일정한 형태의 이념적인 것이 생동하게 된다. 이성적 사건의 의식 안에서 지향된 이념적인 것이 드러난다고 하는 것은 그것 자체로 이미 무한한 자기 변형과 자기 실행의 가능성을 자신 안에 충전하고 있는 상태이다.

하이데거의 말인 "시기에 따라 자기를 변형시켜가는 사유의 가능성"도 그런 의미라고 할 수 있다. 이성의 사건적 존재 방식에 대해서 바디우 A. Badiou를 참고할 만하다. 바디우에 따르면, 사건은 특정 상황 속의 한 요소로 규정된다. 사건은 그 자체로 현실의 창조는 아니지만, 어떤 가능성의 창조이자 어떤 가능성을 열어젖힌다. 사건은 알려지지 않았던 가능성이 실존한다는 것을 우리에게 가리킨다. 그래서 사건은 '다른 것이 출현하는 모든 것'이라고 할 수 있는데, 모든 것은 장소이자 동시에 시간이다.

사건은 항상 상황에 내재적이면서 새로운 것의 출현을 보장하는 기제이고 그와 동시에 진리가 생산되는 장소이다. 진리가 출몰하려면 사건이 있어야 한다. 사건이라는 단절은 일상 활동의 구조 속에서 사물들이 의미화의 연쇄를 벗어나게 만들어, 사물 스스로 모습을 드러내는 근본적 환경이라고 할 수 있다. 바디우가 말하는 진리는 사건의 진리이고 만일 사건이 없다면 우리는 그 속에서 아무런 진리도 발견할 수 없다고 할 수 있다.

이성의 사건을 통해 진리를 체험하게 되면, 언제나 세계의 새로운 양상이 드러나게 되며, 또한 우리는 그것을 풍부하게 한다. 이성의 사건 개념을 통하여 우연적 체험과 그 체험의 필연적 의미 사이의 결합이 가능해지기 때문이다. 더욱이 사건적인 이성을 세계를 향해 투사하게 되어 관념론을 넘어서게 된다. 그것은 사건적 이성 덕분에 대상은 우리에게 주어질 수 있기 때문이다.

따라서 그 조건으로 우리는 사건이 창출한 대상과 관계할 수 있으며, 대상을 경험할 수 있다. 그렇게 됨으로써 우리는 삶의 방식과 제도에 대해 질문할 수 있게 된다. 이제 인식론에서 중요한 것은 "진리는 무엇인가"라는 물음 속에서 과학적 방법론과 이를 통해 도출될 수 있는 결과에 집착하는 것이 아니라 "진리는 어디에서 판명될 수 있는가"하는 주체의 실천에 주목하게 하는 윤리적인 문제라고 할 수 있다.

김우창은 중요한 것은 진리를 찾는 정신이 지속되는가 하는 것이라고 강조한다. 진리는 하나의 관점에서 포착되는 것이 아니라 끊임없이 접근되면서 접근되지 않는 이상적 목표이다. 중요한 것은 진리를 소유했다는 확신보다도 그것을 향한 쉼 없는 노력이다.

진리는 그것이 일정한 사건 속에서 발생하기에 우리의 감각 또는 지각에서 이미 작용하고 있다. 그것이 지각되는 것은 현상학적 환원이라는 조치를 통해 성취된 형상적 구성이다. 그것은 최종적으로 제 나름대로 제시할 수 있는 본질적인 측면을 직관적으로 파악해낸 것이다. 우리의 지각 체험의 형성에, 진리의 깨달음에서 그리고 윤리적 실천에서, 그것의 인간적 의미를 살리는 것은 이 진리를 찾고 있는 정신의 지속이다.

사건과 주체

이 세계에 던져진 인간은 이 세계에 자신을 적응시키고, 또 자신의 목적과 관심을 세계에 적극적으로 투사한다. 그런 삶들을 보면 여러 사안들이 삶 속에서 반복된다는 것을 알게 된다. 그러한 반복으로 인해 삶의 관성이란 것이 형성되기도 한다. 관성화된 삶이 일상화함으로써 단순화되지만 한편으로는 일종의 편의도 제공받는다.

인간의 생존을 제약하는 역사와 사회는 인간이 그 자신을 만든 결과이며 거기에는 인간의 노력 여하에 따라 인간 자신을 새롭게 만들 가능성이 잠재되어 있다. 인간은 단지 생존하려는 욕망의 충족에 의해 마감되는 것이 아니다. 근본적으로 인간은 바로 자기 자신이 되고자 하는 그런 존재에의 욕구를 지닌다. 셰익스피어가 말한 것과 같이 인간의 삶은 존재할 것인가(to be) 아니면 상실될 것인가(not to be)를 결단하지 않으면 안 된다. 자신이 원하는 것이 될 것인가, 아니면 되지 못할 것인가를 결정하는 것보다 더 근본적인 문제나 절박함은 없다.

이런 문제의식하에서 주체라는 개념이 성립된다. 주체라는 개념은 자유나 창조의 개념과 불가분의 관계에 있다. 이는 대체로 인간의 역사적, 사회적 삶의 소산을 조건으로 하면서 자신을 창조하는 능력이나 활동과 연관된다. 삶은 시공간적으로 한없이 열려 있는 역동적인 지평이다. 인간은 우연한 조건들에 그냥 던져져 있을 뿐이다. 따라서 그 사람의 구체적인 존재 의미는 현장적으로 발생하는 사건과 상황을 통해서만 알 수 있다.

김우창은 자기의 상황에 대한 참된 의식을 추구할 수 있는 초월적 주체의 가능성에 초점을 맞추고 있다. 그것은 질적으로 다른 삶의 방식을 추구하고자 하는 필요에 의해서 그리고 근본적으로는 진정한 인간이 되려는 욕구에 의해서 불가피하게 일어나는 것이다. 모든 것은 사건을 통해 제안된 어떤 가능성이 세계 안에서 포착되고 검토되며, 통합되고 펼쳐지는 방식에 달려 있다.

갑자기 사람들이, 때로는 많은 사람들이 다른 가능성이 있다고 생각하기 시작한다. 사람들은 그것에 대해 토론하기 위해 집결하고, 새로운 움직임이 생겨날 수 있다. 이때 우리는 아주 새로운 상황을 향해 현재의 상황을 넘어서는 과정에서, 현재의 상황에 대한 전체적 이해를 획득함으로써 초월적 주체가 되는 것이다.

그렇기 때문에 사건과 주체의 관계는 주체와 대상의 관계와는 다른 것이다. 사건 속에서 주체는 매 순간 그곳에서 사물이 겪는 변화와 연결된 개별자적인 관계 속에 있을 수 있다. 그때 주체와 대상의 관계에서는 "내가 주체인 경우에 당신은 대상이 되든지, 내가 대상이 되는 경우 당신이 주체"인 양자택일적 태도를 취할 수밖에 없다. 사건의 상황 설정과 판단은 일반적인 관점만이 아니라 당사자의 입장과 처지가 고려될 수밖에 없기에 그것은 개별자적인 관계 속에 놓여 있다. 거기에는 타당한 판단을 가능하게 하는 공통된 논리가 전제되어 있지 않은 관계이다.

김우창은 미지의 삶을 열어나가는 활동들은 개별자의 창조적 실험에 의존한다는 것에 주목한다. 모든 존재─특히 생명을 가진 존재가 그 나름의 독자성을 가지고 있다는 개별성에 대한 이해는 존재의 직접성에 대한 직관이면서 동시에 존재의 존재 방식에 대한 실존적 이해이다. 실존은 대상화할 수 없기에 오직 사건으로만 이해될 수 있다.

삶의 창조적 실험을 하는 동안 주체는 사건 속에서 자신의 행위를 헤아리는 가운데 자신을 알게 된다. 사건적 주체의 개별성은 삶의 역정이 쌓인 내용이기에 누구에 의해서든 대상화될 수가 없는 실존 그 자체이다. 이런 사건적 주체가 출현하는 경우, 후설의 지향적 의식과 관련하여 생각해본다면, 의식 그 자체의 구성 과정을 통하여 세계를 사건적인 이성으로 드러낼 수 있다.

사건에 주목하게 되는 것은 발생한 상황에서 이미 있어왔던 속박들의 설정으로부터 벗어날 수 있는 잠재적 계기들이 드러난다는 점이다. 그 상황에서 우리는 누군가를 만나게 된다. 우리와 그 사람 사이에서, 그 사람과 우리 사이에서, 개인적이고 경험적인 실존 속에서 예측할 수 없는 뜻밖의 가능성이 열리는 일이 일어난다. 그것은 이미 정해진 형식이 아니라 끊임없이 새로운 형식화의 동인으로 스스로를 새롭게 드러내며 나아가는 움직임이다. 판단의 향방이 미리 정해진 것이 아니기 때문에 상황의 다양성과 예측 불가능성에 맞아 들어갈 수 있다.

주체적인 것

개체적 존재로서의 인간

인간은 태어났을 때 완전한 존재가 아님은 말할 필요도 없다. 동물에 비하여 더할 나위 없이 불완전한 상태에 있는 존재이다. 이것은 육체적인 면에서 물론 그렇지만 정신적으로도 그러하다. 기본적인 삶의 수단의 확보를 위한 생물학적 기능도 지능의 발달을 기다려 보다 완전해진다.

지능은 많은 가능성을 가진 감춰진 힘이다. 지능은 먹이와 피신처를 찾는 데에 한정되지 않는다. 그런데 지능이 여러 가지의 진로를 의미하는 한, 그것은 불확실성의 원인이 된다. 그리고 그것이 움직이고 있는 곳에서 세계 자체가 불확실한 것이 된다. 그러면서 그것은 자기와 세계의 새로운 가능성으로 열린다. 지능이 사람의 삶에 중요한 기능을 수행하게 되어 있다고 한다면, 사람과 사람의 삶의 장으로서의 세계와의 관계는 지능의 매개를 통하여 다양하고 복잡한 것이 된다. 지능은 이러한 과정에서 지적 능력이 된다.

인간은 성장하여 비로소 완성되는 존재이다. 이 성장의 상당 부분은 생물학적 가능성과 사회의 문화적 퇴적이 마련해놓은 실천적 지침에 따라 저절로 현실로 나오는 과정이다. 그러면서도 인간의 성장에서 개체적으로 형성되는 부분이 있다는 것 또한 부정할 수 없다. 그것은 주어진 가능성들의 조합 형태가 될 수도 있고 새로운 발견이 될 수도 있다.

근대의 인간이 자신을 독립된 개체로 인식하게 된 것은 그때까지의 공동사회가 붕괴되면서 생겨난 결과이다. 인간이 자신을 공동체와 구별된 단독자, 나뉠 수 없는 개체로 이해할 때 문제가 되는 것은 자신만의 인식과 도덕적 판단 기준이다. 이것이 보편적·객관적으로 앞서 존재하는 원리와 권위, 공동체적 권위의 판단이 아닌 개별성의 문제이다.

개별성은 특수한 외적인 규정성들로 환원될 수 없다. 개별성은 한 개체적 인간이 자신의 개인사적 역정 속에서 거쳐나가는 무수한 체험들을 통해서 성립한다. 그와 함께 그 개별성 안에서 보편성을 담지할 수 있는 어떤 원리를 필요로 하게 된다. 보편성은 모든 인간 존재에 해당하는 것이다. 모든 인간 존재에게서 관철되고 있는 인류의 공통적 속성이 보편성이다. 이러한 보편성으로 인해 모든 인간은 특수한 상황에 처할 때 모두 동일하게 특수한 방식으로 행동한다.

진정한 보편주의는 모든 인간이 사이의 동등성에 입각해 서로의 진실한 욕망을 서로가 존중하고 보호하는 것일 수밖에 없다. 그러한 보편주의는 어떤 초월적이고 숭고한 이념에 따른 것일 수 없고 오직 인간의 자연적 존재를 있는 그대로 받아들임으로써만 성립할 수 있다. 인간적 보편성은 인간이 자연적 존재이기 때문에 가능하다.

보편성-특수성-개별성 범주는 모든 현상, 모든 형태의 존재자들에 적용된다. 이제 문제가 되는 것은 한 개체적 인간 내부에서 교착交錯되는 보편성-특수성-개별성이다. 개체적 인간의 내부에서 보편성-특수성-개별성의 변증법적 전개를 특징짓는 것은 그 운동이 개별성으로 귀착하여 진정한 자기 자신을 되찾는다는 것이다. 그리하여 중요한 것은 보편성이 출발점, 특수성이 매개항, 개별성이 종착점을 이룬다는 것이다.

인간 생존의 가장 근본적인 사실의 하나는, 그가 사회 속에서 산다는 사실과 함께, 개체로서 태어나서 세계를 새로 살듯이 산다는 사실이다. 김우창은 개체적 존재로서의 인간의 특성에 관심을 갖는다. 모든 개체는 새로이 태어나서 새로운 욕망과 필요에 따라 삶을 살아가고자 한다. 그런 개체의 삶은 그의 삶에 맞게 세상을 고칠 필요에 대한 동기를 가질 수 있다.

개체가 개체적이라는 것은 그것이 일반적·합리적 공식으로 환원되지 않는 개체만의 유일한 궤적을 구현하기 때문이다. 또한 개체는 개체가 속하는 일반적 종의 견본이 아니다. 그리하여 개체가 세계를 구성하거나 재구성한다면, 그것은 일반적 법칙의 실례를 제공한다는 의미를 넘어가는, 또는 단순히 이성이나 합리성으로만 설명되지 않는 새로운 가능성을 시사한다.

무엇보다도 그 새로움은 스스로만의 삶이 곧 하나의 전범이 된다는 사실로 나타난다. 그것은 이성적으로 파악된 세계를 넘어 그것을 가능하게 하는 주체성의 힘이다. 인간의 내적인 그리고 외적인 관계를 통괄할 수 있는 이성 자체가 사건적으로 출현하므로 대상적 법칙의 합리성으로 환원되지 않는다는 사실이 인간을 예측할 수 없는 존재가 되게 한다.

현실적으로 우선 관심이 되는 것은 자아와 세계의 창조적 개방성이 가지고 있는 위험이다. 개체의 관점에서 보면 이것은 인간을 불안한 존재가 되게 한다. 여기서 중요해지는 것은 어느 정도까지는 스스로 선택할 수 있는 행위이다. 이 선택은 일정한 원리에 의하여—삶의 필요와 그 충족의 수단을 적절하게 조정하는 원리에 따라 이루어져야 한다는 것이다. 그것은 전체적인 통괄의 원칙에 의하여 일관성을 얻어야 한다. 그리고 여기에서부터 자아라는 개념이 생겨난다.

어떤 경우에나 개체로서 존재한다는 것은 자기에 대한 의식을 가진 존재라는 것이다. 개체의 인간적 모습이 개인인 것이다. 개인의 독자성에서 출발하는 개체는 자신을 발견하고 형성하는 일을 운명으로 받아들이지 않을 수 없게 된다. 이것은 개체가 시간 속에 반복되지 않는 단 한 번의 사건—일정한 지속을 가진 사건으로 존재한다는 것을 상기시킨다.

이것은 더 간단한 차원에서 생명의 원리라고 할 수 있다. 어떤 한 유기체가 지닌 유전자의 분자적 세부 사항을 완전히 파악하더라도 그 유기체가 어떤 모습으로 형성될지는 예측할 수 없다. 나아가 같은 종 안에서 개체가 지닌 차이는 유전자와 발생 환경의 끊임없는 상호작용의 결과이다. 이것은 근본적으로 예측이 불가능하다.

모든 생명 발현의 통상적 과정은 개체와 전체의 변증법적 전개를 통하여 개체의 형상적 완성 과정을 보여주는 것이라 할 수 있다. 가장 아름다운 꽃의 형상은 그것이 하나의 개체로서의 꽃에, 그리고 단 한 송이에 구현됨으로써 현실이 된다. 모든 생명체는 각 유기체에 고유한 원형의 구현이지만, 동시에 그러한 구현은 다른 종들을 포함한 생태적 환경 전체이기도 하다.

김우창은 말한다. 어떤 경우에 있어서나 개체가 개체로서 존재한다는 것은 삶의 한 방식으로서 사람에게 주어진 가능성이다. 그러나 동시에 그것은 스스로 창조한 것이다. 스스로를 형성한다는 것은, 주로 성장의 과정의 문제라고 할 수도 있지만, 더 확대하여, 삶의 전체를 스스로 형성해간다는 것을 말한다. 그것은 변화를 목적으로 구성하고, 재구성하고 관찰하는 활동이라고 할 수 있다. 삶의 전체와 변화를 추구하는 이 활동은 세계로의 열림이면서 세계의 전체에 대한 어떤 원형적 경험이다. 그것을 범례성이라고 한다.

범례는 구체적 보편성을 담보하고 있다. 그것은 개체적 생존의 고유한 역사적 전개를 허용하면서, 그 안에서 일어나는 개체적 역사의 맥락에 늘 삼투하는 고양과 초월의 지평을 보여준다. 문화가 역사적 공간인 것은 계승 가능한 범례를 지녔기 때문이다. 범례가 많을수록 문화는 역동적이고 풍요로워진다.

인간이 모여 살다 보면 어떤 삶의 유형과 형식이 생기는 것이지만, 모든 삶의 형식이 문화적으로 존중되는 것은 아니다. 후대에 전승할 수 있는 범례적 형식만이, 혹은 그것을 계승하는 후대와의 관계 안에서만 삶의 형식은 문화적 가치를 지닌다. 문화의 역사란 범례의 계승과 단절 혹은 변형의 역사이다.

헤세의 말을 인용하여, 사람은 "자신의 길"을 만드는 존재이다. 그러면서 "개체적인 삶 하나하나는 자연이 시험하는 독특하고 값비싼 실험이다." 그리하여 "한 사람 한 사람은 자신 이상의 것이다. 개인은 세계의 현상이 저런 방식이 아니라 꼭 이런 방식으로 교차하게 된, 유일하고 특별한 그리고 의미심장한 교차점이다."

삶의 장소성

어떤 개체든 사회 안으로 들어가야 한다. 사회가 그의 이름을 불러주어야 하며, 그에게 자리를 만들어주어야 비로소 주체의 위치를 갖게 된다. 물리적으로 말해서 사회는 하나의 장소이기 때문에, 주체의 개념은 장소 의존적이다. 우리는 특정한 장소를 벗어나는 순간 실종자가 되어버리기도 한다.

장소는 우리의 경험을 결정한다. 나의 '이곳'은 그들의 '저곳'이다. 나의 '지금'이 그들의 '지금'과 완전히 일치하지 않는다. 나의 계획들은 타인들과 다르며, 심지어는 서로 충돌을 일으키기까지 한다. 그러나 중요한 것은, 이 세상에서의 나의 의미와 그들의 의미에는 교류가 이루어지고 있으며, 현실에 대한 공통된 의미를 공유하고 있다는 사실을 알고 있다는 점이다.

하이데거에게 진정한 존재란 장소에 뿌리내리는 존재이다. 개체적 인간의 독자성에서 출발하여 자신을 발견하고 주체를 형성하는 유일한 방식은 "장소 안에" 있는 것이다. 지금 이 자리의 나는 나의 과거와 나의 미래, 다른 장소의 나와 일체하며 또 그것에 의하여 영향을 받고 결정된다. 윤리의 어원인 에토스ethos는 사회적 풍습을 말하지만 또한 '거처' 또는 '거주지'를 의미한다고 한다. 거주는 무엇보다도 '존재의 방식'을 의미한다.

넓은 의미에서 장소가 거주 개념과 유사하다면, 하이데거의 사고를 발전시킴으로써, 단순히 지도 위의 점을 나타내는 위치로서의 장소라는 단순 개념으로부터 벗어날 필요가 있다. 그리스적 의미에서의 '시간', 즉 크로노스chronos도 본질상 토포스topos에 상응한다. 토포스는 어떤 것이 속하는 장소Ort이다. 토포스가 사건이 일어나는 장소를 주재한다면 크로노스는 그 사건이 발생한 '그때'와 '언제'를 주재한다. 장소 철학자로서 에드워드 케이시Edward Casey는 "산다는 것은 국지적으로 사는 것이다. 그리고 안다는 것은 무엇보다도 사람이 존재하고 있는 장소를 아는 것이다"라고 주장했다.

그런 점에서 장소성은 사람에게 기본적인 실존 조건이다. 삶의 필요에 따라 일정한 방향으로 자기 스스로를 형성하고 확장시켜가는 물질적 자원의 원천적 토대가 장소성이기도 하다. 인간 실존의 장소론적 사유는 궁극적으로는 사회적인 것에 심리적인 것을 복속시키는 사회심리학적 접근이 아니다.

인간은 거주함으로써 사물 곁에서, 그 속에서 세계를 보살필 수 있는 것이다. 지엽적이고 제한된 구역에 거주함으로써 스스로 행동의 장을 설정하고 자기와의 관계 속에서 주체가 출현하게 되는 것이다. 개체적 존재로서 인간은 끊임없이 형성되는 과정에 있고, 그러면서 관찰하고 비교하고, 평가하고, 선택하고, 결정하고, 개입하고, 맞서며, 선택권을 행사할 수 있다는 바로 그 이유 때문에 주체적 존재이다.

아우구스티누스의 말에 따르면, "나에게 나보다 가까운 것이 무엇이겠는가? 나의 애씀은 여기 이곳에서이고 나 자신에서이다. 나는 가파르고 너무 많은 땀을 흘리는 땅이 되었다." 이 표현에 나와 있는 것은, 참다운 삶을 위한 아우구스티누스의 노력은 바로 이 순간 이 장소에 집중되어 있고, 또 자신의 내면에 대한 탐색에 있다는 것이다.

사람들은 주변 세계를 경험하고 보다 풍요롭게 상징적 창조 행위를 하게 되는데, 이때 그 경험하는 삶의 느낌을 자기 안으로 가져온다. 그것은 하나의 추론의 결과라기보다는 감각이나 지각의 체험으로서 개인적 실존을 확인하는 방향으로 작용한다. 프랑스의 한 환경학자가 한 얘기를 인용하자면, 고양이는 여차하면 뛰어나갈 수 있는 가능성이 있는 자리에만 앉는다고 한다. 궁지에 몰려서 도저히 빠져나갈 수 없는 데가 아니라, 빠져나갈 수 있도록 앞에 조망이 있는 곳을 택하여 앉는다는 것이다.

그러니까 고양이는 늘 일정한 영토를 의식 속에 가지고 있는 것으로 볼 수 있다. 본능적으로 그렇다는 것이다. 사람도 말하자면 동물적 본성으로 일정한 테두리 안에서 살고, 그 안에서 자기가 적절하게 마음을 조정하면 살 수 있어야 한다. 의식을 가진 동물인 인간에게 이 테두리를 주는 것이 관습이라는 것이다.

이때 구역화된 장소성은 개인의 상징적 창조 행위를 가능하게 하는 윤리나 관습의 자원을 제공해준다. 우리가 공동의 세계를 바라보고 있으며 또 공동의 세계를 구축하고 있기 때문에 윤리나 관습의 자원을 제공받을 수 있는 것이다. 공동세계의 윤리와 관습이 일종의 문화적 압력으로 가해지는 이 시공간의 제약은 제한이고 결정이면서 동시에 가능성이고 잠재력이다. 그렇다고 이 공동의 세계란 것이 따로 주어져 있다고 생각할 수는 없다.

공동의 세계는 수시로 상징적 창조 행위를 통하여 스스로 구축되는 것이다. 상징적 창조 행위는 인간의 실존양식을 보다 큰 전체성 속에, 즉 '나'라는 존재를 역사와 공동체 속에 위치시킨다. 상징적 창조 능력을 지닌 주체는 역사적으로 전승된 상황을 재구성한다. 이때 보다 원초적인 것은 장소에서 발생하는 인간 실존에 일어나는 이성적 사건이라고 할 수 있다. 다시 말해 이성이 인간 실존에 깊이 관계한다는 것이 장소성을 통해 확인된다. 장소성은 이성의 초월론적 발생조건이며 환경으로서 상황을 재구성하는 선택적 행동의 장에서 지각 체험을 고양시킨다.

우리에게 이것은 현실 세계를 변화시킬 수 있는 힘에 대한 느낌으로 다가온다. 물론 상황을 재구성한다는 것은 여러 선택적 행동을 해야 하므로 쉬운 일은 아니다. 거기에는 이해관계들이 상충하기 때문이다. 그럼에도 불구하고 과거를 실천의 제약조건으로 보면서도 미래를 창조의 영역으로 삼아 현재를 그 준비를 위한 투쟁의 장으로 본다.

장소와 주체

하이데거는 앞에서 논한 개체적 존재로서 인간의 '있음'을 문제 삼는다. 인간은 바로 '있음(존재)'이 끊임없이 문제가 된다. 그런데 인간의 '있음'은 지금 여기에 있음으로 고정시킬 수 없다. 그래서 하이데거가 말하려고 하는 바가 인간의 거기-있음(현존재, Dasein)이다. 각자로서 어떻게 있어야 혹은 존재해야 하는가 하는 것이 거기-있음이라는 문제로 제기

된다.

그런데 '거기에…'(Da) 때문에 하이데거의 장소론적 사유가 성립하는데, 알튀세르L. Althusser에 의해 하이데거는 '마주침의 유물론' 계승자로 언급된다. 하이데거의 'Da(거기)'는 '존재의 거기'라는 뜻이고, 존재가 자기 자신을 드러내는 현장이라는 뜻이다. 다시 말해 인간이 존재를 드러내는 대신에, 존재가 스스로를 열어주고 자기 자신을 선사하는 '열림의 권역(Da)'인 것이다.

혹은 '숲 속의 빈터Lichtung'라는 표현을 쓰기도 하는데, 이것은 나무를 잘라내어 만든 공터이다. 나무가 빼곡히 우거진 수풀 가운데서는 이런저런 사물들이 보이지 않지만 숲 속의 빈터에 들어서면 모든 사물들이 훤하게 그 모습을 드러내는 것과 같은 것은 일종의 이성적 사건—하이데거의 표현을 빌리자면, 존재의 열림이 발생하는 것이다. 기형도의 시 「소리의 뼈」에서 존재의 열림이 발생하는 장면을 떠올리게 한다.

김 교수님이 새로운 학설을 발표했다

소리에도 뼈가 있다는 것이다

모두 그 말을 웃어넘겼다, 몇몇 학자들은

잠시 즐거운 시간을 제공한 김 교수의 유머에 감사했다

학장의 강력한 경고에도 불구하고

교수님은 일 학기 강의를 개설했다

호기심 많은 학생들이 장난삼아 신청했다

한 학기 내내 그는

모든 수업 시간마다 침묵하는

무서운 고집을 보여주었다

참지 못한 학생들이, 소리의 뼈란 무엇일까

각자 일가견을 피력했다

이군은 그것이 침묵일 거라고 말했다

박군은 그것을 숨은 의미라 보았다

또 누군가는 그것의 개념은 중요하지 않다고 했다.

모든 고정관념에 대한 비판에 접근하기 위하여 채택된

방법론적 비유라는 것이었다

그의 견해는 너무 난해하여 곧 묵살되었다

그러나 어쨌든

그다음 학기부터 우리들의 귀는

모든 소리들을 훨씬 더 잘 듣게 되었다.

통상적으로 강의실에서는 교수가 강의하면 학생들은 필기하는 행위들이 이루어진다. 그것은 교수와 학생에게 부여된 역할과 기능을 상호 간에 충실히 수행하는 것이다. 그런데 김 교수의 침묵으로 인해 학생들은 새로운 상황에 처하게 된다. 관행적으로 당연시해오던 학생들의 태도에 변화가 일어난 것이다. 이 시에서 김 교수의 침묵은 숲 속의 빈터와 같은 역할을 한 것이다.

이렇듯 존재의 열림은 '트임의 장소Lichtung'를 통해서 은폐되었던 의미들이 드러나는 시초의 사건이자 찰나의 순간이다. 하이데거의 생각에 따르면, 존재가 열리는 밝게 트인 장소가 있어야 그 속으로 '이성의 빛'이 들어올 수 있다. 따라서 문제는 이성의 빛이 아니라 존재의 열림이다. '트임의 장소'에는 예전과 같은 그런 식으로는 결코 그 자리에 존재하지 않았던 세계가—그 속에서 자기를 열어놓는 그런 하나의 존재 사건이 발생하는 것을 경험하게 된다.

이렇게 하이데거는 이성적 사건이 배태하고 있는 존재 진리의 가능성을 장소론적 사유 속으로 수렴시켜간다. 그것은 마치 작품 속에 그 화가가 처해 있는 역사적 상황, 그가 맺고 있는 인간들과의 관계, 그의 초월적 존재에 대한 믿음 등 그 모든 것이 담겨 있는 것과 같다. 자기 형성의 원천을 공유하는 장소성은—그곳에서의 스스로의 경험과 정체성을 표현해내고 공적 경험으로 축적시키는 행위가 이루어지는데—이성의 사건이 창출되는 것이기도 하다.

알튀세르에 따르면, 유물론자는 미국 서부 영화의 주인공처럼 항상 「달리는 기차」를 타는 사람이다. 주인공은 그 기차의 출발점이나 종착역을 모른 채 타고 나서 바로 그 차 칸에서 예기치 않게 우발적인 방식으로 마주치는 상황과 일들에 관여하게 된다. 이처럼 마주침의 유물론은 존재의 그 장소에 주목함으로써 모든 유물론에 대한 고전적 기준들에서 벗어난다. 기원에 관한 질문, 세계의 원인과 목적에 관한 질문은 거부된다.

그것은 사건의 유물론적 특성과 일치한다. 알튀세르는 하이데거를 유물론적으로 재정위하여 인간주의의 터널에 갇힌 주체의 범주를 구원한다. 기원도 목적도 없는 사건적 주체의 출현과 그의 삶의 방식은 하나의 실존 형식이고, 자기의 드러냄이며, 진실 게임의 활동 모델이라고 할 수 있다. 사건의 유물론적 특성—돌발사고, 우회, 분기分岐, 회귀, 우연, 오류 등으로 인해 우리는 경험 세계와 관련해서 새로운 태도를 취하며, 새로운 의식을 드러냄으로써 새로운 존재 이해의 장을 연다.

이러한 의미로 이해된 의식의 본질적인 특징은 앞서 살펴보았듯이 그것이 지향성을 지니고 있다는 데에 있으면서 장소성을 갖춘 사고라는 점이다. 후설에게 있어 지향성은 의식의 본질이다. 지향적 의식에 대하여 장소성은 배경이자 바탕을 이룬다고 할 수 있다. 장소성 때문에 의식된 대상이 현상으로 출현할 수 있는 것이다. '무엇에 관한 의식'이라는 지향성에 대한 규정에서 알 수 있듯이, 의식의 대상이 없는 의식은 없으며,

의식작용이 없는 의식의 대상도 우리에게는 경험되지 않는다. 이는 지향성이 의식의 존재에 필요충분조건임을 또한 의미한다.

이 양자의 상관관계에 대하여 후설은 주체의 의미 구성작용을 노에시스noesis라 하고 이 노에시스를 통해 드러나는 의미를 노에마타noemata 혹은 노에마라고 한다. 노에시스적 계기 혹은 노에시스는 의식의 작용적 측면을, 그리고 노에마적 계기 혹은 노에마는 의식의 그 작용된 대상적 측면을 나타낸다. 지각, 믿음, 욕망함, 두려워함, 의심함 등은 항상 어떤 것—그 어떤 것이 마음 바깥에 있는 대상이든 아니든 간에—에 대한 심적 상태이다. 이를 후설의 용어로 옮기자면, '노에시스는 노에마에 대한 의식작용이다'가 된다. 의식의 지향성은 그것의 내용인 노에마를 취하는 지성적 활동에서 성립한다.

지향성은 노에시스와 노에마의 양 측면을 본질적으로 지닌다. 의식의 다양한 지향적 구조가 노에시스와 노에마 사이의 구별을 포함한 채 드러나게 하는 것은 오직 현상학적 환원을 통해서만이라는 것이다. 노에시스-노에마의 상관관계로 이해된 지향성은 다양한 차원과 다양한 유형의 사태 자체라 할 수 있다. 지향성의 구조는 노에시스와 노에마의 상관관계하에서의 초월론적 구성작용, 즉 실제 주어진 것보다 더 많이 생각하는, 혹은 더 높은 단계의 새로운 의미를 지향하면서 파악하는 것을 의미하는 것으로 이해되어야 한다.

물론 후설의 현상학적 연구는 사유 또는 지향성으로서의 사유가 구성해낸 것들, 즉 노에마타의 구조에 집중되었다. 그러나 사실 그의 큰 관심은 그에 맞서는 노에시스 또는 주체의 움직임이었다고 할 수 있다. 노에시스는 사건 창출적인 역동적 주체의 움직임이라고 할 수 있다. 주체의 활동적 움직임은 상호적인 것이기 때문에 원인-결과의 관계가 성립하기보다는 능동-수동의 관계가 성립한다고 볼 수 있다.

존재론적 참여

앞에서 살펴보았다시피, 후설의 현상학은 노에시스-노에마의 상관관계, 특히 주체의 움직임인 노에시스라는 개념을 통해 이미 존재론적 참여를 예견하고 있다. 후설의 지향적 의식은 존재론적 참여를 통해서 자기 밖으로 외출한다. 모든 이해 행위는 존재론적 참여를 통해 사태 혹은 사건 자체와 만남으로써 이루어진다. 이제는 존재론적 참여가 이루어지는 그 자체의 과정으로부터 의미가 발견되고 생성된다는 것을 말한다.

마이클 폴라니Michael Polanyi에 따르면, 이해는 자의적 행위도 수동적 경험도 아니며 그것은 보편타당성을 주장하는 책임 있는 행위이다. 그것은 일정한 조건 아래서 특정한 방식으로 행동하고자 하는 신념에 찬 결의이기도 하다. 신념은 우리의 욕망을 인도하고 행위를 가다듬게 하여 존재론적 참여를 독려한다.

인간은 지금 여기에 자리한 존재다. 하이데거에 따르면, 인간은 이 세계에 내던져진 존재이지만 자신의 실존을 기획하고 그것을 넘어서는 존재이다. 인간은 존재론적 참여를 통해서 자신의 조건성을 넘어설 수 있는, 근본적으로 초월적인 존재이다. 그 존재는 지금 여기에 자리하면서, 존재하는 모든 존재자의 의미를 탐색하는 사유의 철저함 속에서만 존재한다. 새로운 이성이라 할 수 있는 사건적 이성 혹은 이성의 사건 속에서 일어나는 사고의 사고 가능성은 존재론적 참여가 없이는 불가능하다. 사건이 발생하는 현장에 있는 모든 것이—그 현장에 참여하고 있는 사람들과 놓인 사물들, 그들 사이에 오고가는 말들, 시선들, 무/의식과 욕망의 흐름 등이 존재론적 참여를 촉발시킨다.

사건 속에서는 객관적인 관찰자로 있을 수 있는 여지가 허락되지 않는다. 그렇기 때문에 객관적인 이성이 아니라 사건적인 이성인 것이다. 객관적인 이성은 과거의 것을 과거의 것으로 놔두지만 사건적 이성은 과거의 것을 과거의 것으로만이 아니라 현재 지금 여기의 것으로 새롭게 사고하도록 한다. 마주하는 일들을 늘 달리 이해하고 해석하면서 자기를 늘 달리 실현해가는 주체의 움직임을 기대할 수 있다.

김우창에 따르면, 해체 철학 이전의 초기에 후설에 관심을 가졌던 데리다J. Derrida가 「생성과 구조Genèse et structure」라는 글에서 밝히고 있는 것은 바로 이 점이다. 의식이 지향하는 대상의 세계와의 관계에서 이념의 결정체라고 할 수 있는 의미는 반드시 어떤 논리적 구조에서 오는 것도 아니고 심리에서 생성되는 것도 아니다. 그것은 주관을 넘어가는 어떤 일반성을 가지면서도 동시에 주체의 활동에 밀접하게 관계되는 어떤 것이다.

인간은 사회 환경 속에서 수행되는 살아 있는 움직임 혹은 행위를 통해 자신의 욕구를 충족한다. 살아 있는 움직임은 반작용이 아니라 작용이며 외부의 자극에 대한 반응이 아니라 문제 해결이다. 그리고 이 일단의 움직임이 인간 활동을 특징짓는다. 동물의 행동과 마찬가지로 인간의 활동도 정신이 조정한다. 하지만 이때 정신은 의식이라는 형태를 취한다. 현상학에서 의식은 반드시 무엇에 대한 의식으로 존재한다. 개인적 주체의 활동도 이와 비슷하게 활동의 대상에 대응하여 존재한다.

인간 활동의 살아 있는 움직임이 기계적 움직임mechanical movement과 가장 다른 핵심 속성은, 단순히 적응을 위해 시·공간 속에서 몸을 변형하는 것이 아니라 시·공간을 초월해 지배력을 행사한다는 사실이다. 주체의 작용은 바로 세계로의 자기 초월을 뜻한다. 주체적 작용의 초월적 성격으로 인해 의식은 정신의 일반적 기능, 즉 현실의 심상 구축 및 그 심상을 기반으로 하는 탐험과 행위의 시험을 보유하고 있다.

개인은 본인의 활동에 대한 관념적 심상을 품기에, 마음속 깊은 곳에서 그 활동의 기반을 검토하고, 행동을 뒷받침하는 설계를 수정하며, 본인의 의도와 욕구, 감정을 관찰하고, 구체적 상황에 들어맞는 발언을 만들어낸다. 따라서 활동의 관념적인 심상은 그것이 실제로 실현되는 외적 차원과는 반대의 의미인, 활동의 내적 차원이라 부를 수 있다. 우리는 활동의 내적 차원을 활동의 외적 차원에 복속시키는 것이 아니라 활동의 내적 차원에 주목하려고 한다. 활동의 내적 차원에서는 자기 자신에 대해서 실행하는 행위 속에서 자신을 체험한다.

그런데 우리는 이성의 자폐성하에 놓여 있을 때, 표상들, 의견들, 상상적인 것들의 이데올로기적 공간 속에 머물게 된다. 그런 경우에 아무리 공론장이 조성되었다고 하더라도 성급한 확신과 가시적으로 쓸모 있는 대안만을 찾는다. 김우창은 우리 사회의 이데올로기적 특징을 다음과 같이 설명한다.

"서양 문명의 도전과 일본 제국주의의 지배로 인하여 우리는 민족을 삶의 가장 중요한 큰 틀로 생각하지 않을 수 없었다. 그 이후 비록 분단 상황에서나마, 국가 건설의 역사, 근대화는 국가와 사회의 실체를 하나의 단순한 직접적인 전체성으로 받아들이는 것을 요구하였다."

또한 "민주화 투쟁은, 그것이 표방하는 민주주의라는 명분에도 불구하고, 모든 투쟁이 그러하듯이, 집단 내의 개인이 아니라 집단의 중요성을 강조하는 정치적인 움직임이 되었다. 그리고 민주화 투쟁에 중요한 사회적 요소, 즉 계급적 갈등에서 분출되는 투쟁의 에너지와 그것의 이데올로기의 정당화도 집단의 중요성을 절대화하였다."

집단 이름으로 공모하는 자폐적 이성은 우리를 편협한 합리주의에 처하게 할 뿐 아니라 모든 존재하는 것들을 도구로 취급하는 대법관의 거만함이 피어나게 한다. 마음의 복잡한 역정으로부터 단절된 자폐적 이성에 근거한 신념과 정책은 결국 인간의 단편화, 사회의 단편화를 초래하기 쉽다. 더욱 심각한 것은 이성과 개인적 체험의 시험을 거치지 않을 경우 그것은 쉬운 독단론으로 전락한다는 것이다. 그러면서 자폐적 이성은 인간을 여러 가지 수단에 의해 조종될 수 있는 존재로 간주한다.

자유의 실천

자유는 모두에게 주어져 있다고 말할 수 있을지 몰라도 모두가 자유로울 수는 없다. 어디든 갈 수 있는 자유가 있다지만 누구나 떠날 수 있는 것은 아니기 때문이다. 그런 점에서 자유는 일종의 능력이다. 지그문트 바우만Zigmunt Bauman은 『자유Freedom』라는 저작에서, 자유라는 말은 면제 특권, 배타적 권리를 일컫는 것이며, 태생적 고귀함, 양육, 고상함, 관대함, 대범함 등과 동의어였다고 말한다. 이런 경우 자유는 본질적으로 부자유스러운 인간의 조건 속에서 누가 자유로운 권리를 지니는가 하는 문제에 초점이 맞추어진다.

더 이상 자유는 인간 자신의 참된 본질이 아니다. 그 어떤 것도 본성상 사람에게 자동적으로 자유를 보장해줄 수는 없다. 자유는 이미 설정되어 있고 한정된 조건 내에서 이에 대항해서 나타나는 운동이나 변화로 규정할 수 있다. 푸코에 따르면, 자유는 실천이다. 사람들의 자유는 결코 그것을 보장해주는 법이나 제도에 의해 확보되지 않는다. 오히려 그러한 법과 제도는 거의 모두 반대의 목적으로 쓰일 수도 있다. 이는 그것들이 모호하기 때문이 아니라, '자유'는 행사되어야만 하는 것이기 때문이다.

자유의 실천은 자신의 무지와 어두움에서 벗어나는 해방, 권위와 인습의 진부함으로부터의 벗어나는 주체의 활동이다. 소극적인 의미에서 자유는 모든 예속과 억압의 거부로 나타난다. 자유의 실천이 근본적으로 제기하는 바는 개체의 독자성, 위엄 그리고 자율에 대한 인정이다. 그것은 획득해야 하는 것이지, 이미 우리가 가지고 태어나는 것은 아니다. 자유의 실천과 관련하여 칸트에 주목할 필요가 있다. 칸트가 말하였듯이, "모든 개인은 그 자체가 목적인 것으로 대접되어야 한다"는 것을 염두에 두어야 한다. 즉, 모든 인간을 자유의 주체로 인정하자는 것이다.

그런데 자유는 항상 상호적이다. 어떤 사람도 외적인, 일방적 결정에 의해서, 혹은 특혜에 의해서 자유의 주체가 될 수는 없다. 말하자면 그렇게 해서는 해방될 수 없는 것이고, 오직 호혜적인 방식으로, 상호 인정에 의해서만 그렇게 될 수 있을 뿐이다. 그렇기 때문에 자유에는 인간들 간의 만남의 장소, 물리적인 공간이 필요하다.

한나 아렌트Hannah Arendt는 자유란 나 자신과의 대화가 아니라 타인과의 대화 속에서 스스로 깨닫는 것이라고 말한다. 자유로운 자는 이미 예속과 억압으로부터 해방된 자이며 그리고 이미 해방된 자들에게는 자신과 평등한 타자들을 만날 수 있는 공통의 장소인 자율적인 정치 공간이 필요하다. 자유는 정치라는 현상이 없이는 드러나지 않는다.

자유의 주체에 대한 이해는 개별적 존재의 자율성에 대한 것이다. 그 내용을 물질화시키는 권리들은 정의상 개인적인 권리들, 개인들의 권리들이다. 그러나 주어질 수 없으므로 쟁취되어야만 하고 그것들은 단지 집단적으로만 쟁취된다. 그 권리들의 본질은 개인들이 서로에게 부여하고 보장하는 권리라는 것이다. 이러한 생각이 확장된 것이 인권 사상이라고 말할 수 있다. 그러나 인권의 실현이 얼마나 복잡한 사회, 정치, 법률 제도의 발전을 필요로 하는가는 새삼스럽게 말할 필요도 없다.

그럼에도 불구하고 주체들이 서로를 위해 해방의 궁극적인 원천 및 준거가 되는 한에서가 아니라면, 즉 자유의 주체가 없이는 정치의 자율성도 없다. 정치의 자율성이란 것은 자유의 주체를 구성하는 개인들이 근본적인 권리들을 서로에게 부여함과 동시에 자유의 주체가 스스로 형성된다는 사실과 다름이 없다.

자유의 주체가 되는 것은, 아무런 조건이 필요 없으며, 인간인 것으로 충분하다. 그렇기 때문에 주체적인 것은 대상적으로 파악될 수 없는 것이 당연하다. 이런 주체에게는 스스로 할 수 있고 해야만 하는 것을 규정하는 작업으로 자유의 실천이 제시된다. 칸트에 따르면, 이러한 자유에 의해 주체가 스스로 도덕적 법칙을 수립할 수 있게 된다. 개인의 자유와 자율성의 강조는 사람을 저절로 도덕적 선택으로 유도하리라는 것이다.

칸트가 말한 정언적 지상명령—너의 행동의 격률이 보편적 법칙이 되기를 원하는 것처럼 행동하라는 규칙의 제안이 이에 해당된다. 이러한 의미로 이해된 자유의 주체들은 정의상 그들이 스스로를 그 안에 함축된 것으로 발견되는 보편적인 것의 담지자들이다. 이는 무엇보다도 그들이 보편적인 것의 요구를 지금 여기서 담지한다는 것을 말한다.

인간의 자유는 언제나 구체적인 상황 내에서의 자유일 것이고 이 자유가 현실적 의미를 가지려면, 그것은 물리적 환경을 포함한 사실적 조건에 제한된다. 실제 우리는 자유를 어떻게 경험할까? 자유는 다분히 기성 질서의 필연성을 내면화한 것에 불과하고 자유에의 첫 발자국은 이것을 외면으로 밀어내어 그것이 밖에서 부과된 것임을 깨우치는 데 있다고 할 수 있다.

그러니까 우리가 얻고자 하는 자유는 이미 있는 자유 속에서 얻어진다는 것이다. 푸코는 자유의 보장책은 자유라고 한다. 우리가 본래부터 자유를 경험한 것이 아니라면 새로운 자유를 원할 수조차 없기 때문이다. 그것은 부단히 자기 자신으로부터 벗어나서 어떻게 존재할 것인가를 탐색한다. 바꾸어 말하면 존재 가능성을 모색한다는 것이다.

자신이 처해 있는 상황 안에서 마주하는 현실과 더불어 무엇을 어떻게 하며 자기로 존재하는가, 즉 이전과 달리 내가 새롭게 어떻게 현현顯現하는가 하는 자기 형성의 문제가 대두된다. 인간은 그 스스로를 결정한다는 의미에서 자유이다. 이러한 자유의 관점에서 보면 인간의 생존을 제약하는 역사와 사회는 인간이 그 자신을 만든 결과이며 거기에는 인간의 노력 여하에 따라 인간 자신을 다시 새롭게 만들 가능성이 잠재되어 있다.

윤리-정치적 주체

우리가 인식하든 아니든 반드시 삶은 전체로부터 시작된다는 사실이다. 우리는 부분을 포함하는 삶의 전체성 속에 살고 있는 것이다. 우리는 세계를 변경하는 가운데서 세계를 알게 된다. 전체성을 역사적인 것, 가변적인 것으로 이해하고 있는 것은 그것을 지향하는 인간이 본질적으로 자유로운 존재라는 것과 밀접한 관계가 있다.

전체성은 개인적, 사회적 사실들의 산술적인 총화가 아니라 인간이 자유롭고 전인적인 주체로 자신을 형성하고 표현하려는 노력과 맞물려 있다. 따라서 우리의 사고도 미지의 삶의 영역을 자유롭게 열어놓는 전체지향적 성향을 가질 수밖에 없다. 전체성에 대한 지향은 주어진 상황을 조망하고 그것을 넘어설 수 있는 가능성을 탐색하는 것이다. 삶의 모든 관계에서 조화로운 통일성을 성립시키려는 노력을 거듭함으로써 인간은 자신의 보편적 자유를 실현하게 된다.

또한 그것은 궁극적으로 온전한 삶을 영위하기 위한 자유롭고, 합리적인 질서를 인간 사회에 건설하는 일이라는 점에서 정치적이다. 특히 정치와 도덕 그리고 진실 사이에는 불가피하게 모순과 갈등이 존재할 수밖에 없다. 집단적 도덕을 정치적 압력으로 활용하거나 진실을 은폐하고 조작하는 비도덕적인 정치 등을 최소화하고 참으로 보다 나은 삶을 향해 가는 데에 있어서 자유의 실천은 필수적이다. 그래야 자신의 삶이 살 만하다는 존재감을 느끼게 된다.

자유의 실천이 무기력의 감정을 전능함의 감정으로, 곧 "우리는 국가의 주인이다", "우리는 경제의 주인이다", 마지막으로 "우리는 세계의 주인이다" 같은 주의주의적 담론으로 대체하는 것을 의미하진 않는다. 이것보다 훨씬 더 직접적으로 우리의 능력 범위 안에 존재하는 것들이 있으며, 이것들은 항상 자유의 실천의 요체 자체로 존재해왔다. 그것들은 한편으로 권력에 대한 통제에 관한 문제이기도 하다.

푸코는 자유의 실천을 통한 윤리적 주체의 형성에 대한 분석을 하고 있다. 그는 외적인 속박과 사회적 필요성 그리고 경제적 요구로부터의 억압에서 해방되었다고 문제가 해결되는 것이 아니라고 주장한다. 그것은 전제 조건일 뿐이고, 여기서 더 나아가서 윤리적으로 자유가 실천되어야 식민화된 삶에서 벗어난 자신들만의 삶을 구현할 수 있다는 것이다.

푸코가 구별했던 것은 해방을 위한 행위와 해방 상태의 유지에서 나타나는 자유의 실천이 전개되는 매일매일의 방식이다. 그는 자유의 실천을 통해서 주체가 권력의 지배 상태에서 해방되어 어떻게 윤리적으로 구성되는지를 추적한다. 푸코는 이 작업을 통해서 자기가 무엇인지를 아는 것이 문제가 아니라 자기를 무엇으로 만들어갈 것인가가 중요하며, 이를 위해서는 복잡한 실존의 기술들과 절차가 필수적임을 강조했다.

우리나라가 해방된 이후 지금까지의 제반의 과정과 여건들을 가늠해 볼 때, 자유의 실천은 이데올로기주의에 포획되어 있었고 따라서 윤리적 주체의 형성 그 자체가 포기되어왔다고 볼 수 있다. 우리는 그야말로 이데올로기주의로 점철된 그리하여 과잉 정치화된 대결 국면에 자의 반 타의 반으로 동원되어 아직도 좌충우돌하고 있는 것이 아닐까? 이데올로기적 대결 국면에서 자폐적 이성은 집단의 이름으로 자기 정당성을 확보한다. 그것은 개인들의 이해관계가 집단적으로 공모하는 이성인 것이다. 집단이 커질수록 자폐적 이성의 이념성은 강화된다.

자유의 실천은 자기 목적을 자신이 하는 것이라는 점을 분명히 암시한다. 그것은 자기 자신과 관계하고 타인과 교류하는 자유로서 이것에 의해 '자유롭게 행위를 하는 존재'가 되어가는 것이다. 그것은 스스로를 발생시키며 유지하는 자치적 행위자로서 전적으로 주체의 내적 과정으로부터 형성되어야 한다. 자유의 실천은 자신의 내적 지향에 따라 자신을 넘어서는 과정으로서, 즉 이를 초월이되 내재적이므로 내재적 초월성이라고 할 수 있다.

김우창에 따르면, 진정으로 사람이 자유로운 상태는 이래도 저래도 좋다는 애매한 상태에 있는 것이 아니라 무엇이 참이며 무엇이 선한 것인가를 알고 그에 따라 주저 없이 행동하는 데에 있다고 한다. 이것은 실천적 선택의 어려움에도 불구하고 불가능한 것은 아니다. 도덕과 윤리에 있어서도, 비록 그것을 탐구하고 알아내려는 노력이 있어야 하지만, 분명한 것이 있다는 것은 틀림없다. 혹시 불분명한 것이 있다면, 선악의 기준에 문제가 있는 것이 아니라 주어진 기준을 가지고 구체적인 상황을 가려내는 사람의 능력과 노력에 문제가 있는 것이다.

대다수의 사람은 아주 작은, 구체적인 환경 속에서 살기 때문에 누구나 자기 충족적인 삶을 도모하기 마련이다. 자기 충족적인 삶이 가능하도록 인간 사회에서 조화롭고 온전한 삶의 질서를 수립하려면 윤리적 지평에서 정치적 주체가 형성되어야 한다. 윤리란 넓은 의미에서 인간이 삶에서 마주하게 되는 영역에서 형성되는 관계 일반을 가리킨다. 그런데 관계가 형성되는 과정에서 힘이 작용한다. 한 시점에서 세계에 영향을 미치고자 하는 윤리적 행동은 힘의 투쟁관계가 될 수가 있다. 이런 경우 세계 속에서 윤리의 존재 방식이 힘 또는 권력에 깊이 연결되어 있기 때문이다. 이 힘은 사회관계 속에서 쉽게 권력으로 전환된다.

윤리적 지평은 역사의 숨은 움직임과 일치할 때 비로소 힘을 얻는다. 역사가 어떻게 움직일지 모르는 불확실한 역사를 어떤 특정한 것으로 만드는 과정에서 윤리적 지평을 여는 정치적 활동이 필요하다. 그러나 역사는 성급한 소망이나 이데올로기적 신념이 부여하는 행동의 경로에 따라 움직이지 않는다.

그럼에도 불구하고 한 사회구성체의 경직된 짜임새에 대항하는 자유의 실천은 지속되어야 한다. 자유의 실천을 위한 투쟁은, 정의 구현을 위한 투쟁과 마찬가지로 적극적인 의미에서의 목표가 아니라 적극적인 의미의 목적을 달성될 수 있게 하는 조건 확보 투쟁이라고 할 수 있다. 그것은 정의 구현을 추구할 수 있는 공간을 열어주는 실천인 것이다.

그런 의미에서의 자유의 실천까지 이른다면 실제로는 "정치적 평등"을 통해서 각종 위계서열, 불평등, 특권들을 재설정하고자 하는 정치적 의지를 표출하게 된다. 결국 평등과 자유의 역설적 관계에 대한 모종의 문제 해결 방식을 제안하고 있는 것이다. 그것은 평등과 역설적 관계가 설정되는 상황 속에서 자유의 실천에 대해 열려 있는 것이라고 할 수 있다. 개개인의 윤리-정치적 선택은 궁극적으로는 불확실과 애매모호함의 영역으로 진입하는 실천이다.

이제 정치는 단순한 권력투쟁이나 이익의 공리주의적 분배 혹은 조정이 아니다. 이럴수록 윤리-정치적 행동에서 중요한 것은 현실 세계 전체의 원리를 바르게 인식하는 것이다. 그러면서 개개인은 삶의 복합적인 실존적 조건을 문제 삼으며 자기-통제와 자기-통치, 자기-훈련의 방법들을 창안해야 한다. 그것은 주체화에 관한 문제이다.

주체 활동으로서의 마음

주체의 활동이 갖는 근본 관심은 어떻게 살 것인가 하는 물음을 풀어 나가는 것이다. 그 물음에 대한 모색이 단편적인 고민이 아니고 나름대로 의미를 가지려면, 자기 결정의 전개이어야 한다. 자유의 주체에게 가해지는 제약의 원인들은 사실 무엇이든 그 자체로 부당한 것이며 그것의 폐지는 즉각 요구될 수 있다. 그렇게 할 때 비로소 윤리적 지평이 열린다. 윤리적 지평은 사고의 자율성을 그 방법상의 전제로 하면서 시작할 수 있다.

삶은 하나의 열린 실험이다. 이 실험이 어떻게 전개될지에 대해 누구도 그 결과를 예측하거나 독점할 수는 없다. 주체의 활동은 윤리적 지평이 열어주는 자율성에 기반을 두고 엄밀한 사고를 통해 스스로 생각하고 스스로 생각하게 하려는 마음의 자세를 가질 필요가 있다. 사람들은 각자가 자신의 삶을 살아야 하는 독립된 존재라는 사실이 모든 것의 기본이기 때문이다. 우리가 윤리적 토대를 갖출 때, 비로소 우리는 우리 자신을 결정하고 추구하고 선택하는 주체, 즉 우리 세계를 변혁시킬 수 있는 역사적 주체로 여길 수 있다.

마음은 인간의 모든 생명체적 조건과 상호작용하면서 이루어지며, 그렇게 주어진 상황에 근거해 작동하는 일체의 의식들이라고 할 수 있다. 마음은 다층적 평면으로 이루어져 있으며, 우리들의 사고는 대개의 경우 하나의 평면 위로 미끄러져 가는 것이라고 할 수 있다. 즉, 한 층에서 다른 층 또는 한 평면에서 다른 평면으로 건너갈 때 느낄 수 있는 의식작용 그 자체에 주목할 필요가 있다.

레오나르도 다빈치는 '마음을 일깨워 발명하는 방법'에 대해서 이렇게 말하고 있다.

"벽에 낀 얼룩이나 종류가 다른 돌들이 만들어내는 문양 속에서 하나의 장면을 떠올릴 수 있다. 산과 강, 바위, 나무와 평야, 넓은 계곡, 언덕으로 이루어진 풍경과의 유사성도 발견할 수 있다. 그런가 하면 전투 장면이나 움직이는 형상, 기이한 얼굴과 의상, 그 밖에 어떤 완벽한 형상으로도 환원될 수 있는 무한히 다른 대상들이 보일지도 모른다."

마음은 현실의 일부다. 일찍이 마음 그 자체를 하나의 탐구 대상으로 사고한 사람이 있다. 프랑스 역사학자 토크빌Tocqueville은 '마음의 습관 the habit of the heart'을 발견한다. 토크빌은 '마음의 습관'의 요체를 다듬어 가는 것에서 근대 산업사회의 극단적 갈등을 관리할 정치적, 사회적 지혜를 찾아냈던 것이다. 그에게 '마음의 습관'이란 개인의 욕심, 권리 주장을 제어하는 시민적 양심, 또는 교양이라고 부르는 무형의 자산이었던 것이다. 시민적 양심 혹은 교양을 어떻게 배양할 것인가가 제도개혁에 선행하고, 제도개혁은 다시 '마음의 습관'을 새로이 형성할 좋은 환경을 만들기도 한다.

주체의 활동에서 현실에 맞물려 돌아가는 마음은 내비게이션과 같은 기능을 할 수도 있다. 길을 간다는 것은 때로 무수한 시행착오를 겪기도 한다. 우리는 때로 '마음 가는 대로 맡긴다'라는 표현을 쓴다. 마음의 내비게이션 기능이 있다면 우리는 목적지를 찾아갈 수 있다. 하지만 내비게이션에 표시된 길이 없다면 우리는 어떻게든 길을 찾아 완성하지 않으면 안 된다. 그럴 경우 그 새로운 길은 내비게이션에 새롭게 등록될 것이다. 이처럼 마음은 현실과 맞물려 돌아가는 한 원리이다. 마음은 현실과 더불어 돌아가면서 현실을 만들어주고 또 거꾸로 현실에 의하여 결정된다.

건물을 지을 때 설계도를 갖고 작업을 하지만 현장에서는 마음의 끊임없는 판단이 필요하다. 그것은 설계도의 세부적인 것을 추적하는 것을 넘어서 설계도 전체의 통일성을 사고하는 것이다. 법 집행의 과정을 보더라도 법의 논리적 포섭의 관계만이 들어 있는 것이 아니다. 법을 넘어가는 법의 정신은 어디에서 오는 것인가 하는 물음도 역시 마음의 문제로 귀결된다. 마음은 사람의 모든 일에서 일에 수반하는 보이지 않는 매체이다. 아무리 작은 일상적인 작은 일이라도 그것이 없이는 바르게 되는 일은 하나도 없다. 그러나 동시에 그것은 깊은 구조를 가지고 있다.

이제 주체적인 것은 마음이어야 한다. 그리하여 주체적인 것에 대한 탐구를 마음속에서 확립할 수 있어야 한다. 우리가 주체의 활동과 밀접하게 관계된 마음을 상정할 경우, 그 마음은 형이상학적 실체(心, 魂, 靈)가 아니며, 심리적인 기관도 아니며, 대상에 대한 인식론적 능력도 아니다. 주체적인 것으로서의 마음은 현재를 만드는 실천으로서 삶의 흐름을 형성하는 마음인 것이다. 이런 마음이 있기에 자신을 반성할 수 있고, 존재로서의 자신을 알고, 존재하는 일에 개입하고, 변혁하고, 그에 대해 말하는 한편 조사하고, 비교하고, 평가하고, 가치를 부여하고, 결정하고, 단절하고 꿈까지 꿀 수 있다.

마음은 이성이 세계를 직관하고 사유하게 하는 소프트웨어이며, 이 소프트웨어는 육체라는 하드웨어와도 관계한다. 마음이 존재하는 것은 일단 그 내용을 채울 수 있는 몸이 존재하기 때문이다. 따라서 몸이 없으면 마음도 없다. 육체적으로 불편해질 때 우리는 문제가 있다는 걸 안다. 그리고 문제가 해결되면 몸이 편안해진다. 마음과 몸은 하나이다. 따라서 우리는 이러한 상호 연계성을 어떻게 이용하고 촉진시켜야 할지를 배워야 할 것이다.

주체 활동으로서의 마음은 몸을 위해 실용적이고 유용한 임무를 수행한다. 올바른 목표물에 대해 자동화된 반응이 실행되는 것을 조절하고, 새로운 반응을 예견하고 계획하며, 몸의 생존에 도움이 되는 모든 종류의 상황과 사물을 만들어내는 것이 마음의 임무다.

주체의 움직임에 관련된 감각은 운동감각이다. 평소의 의식 속에서는 운동감각들이 어떤 과정을 거쳐 이루어지는가를 알 수 없다. 추상표현주의의 대표적인 작가 폴록Jackson Pollock의 '액션 페인팅'은 운동감각의 과정적 흐름을 잘 보여준다. 그의 작업에서는 자신의 몸이 어떻게 움직이는가를 몸 자체에서 느끼게 한다. 그런 후 연이어 새롭게 이루어지는 자신의 몸 운동에 곧바로 정보를 적용하여 계속 운동을 해나가는 과정의 흐름이 기록된다. 폴록의 운동감각적 주체의 움직임이 캔버스 위에 심미적 형상으로 고스란히 드러나 그림으로 완성된다.

문화심리학자 비고츠키L. S. Vygotsky는 지각과 말하기 그리고 행동의 발달을 통합적으로 연구하여, "모든 사고는 무언가를 무언가와 연결하고자 하며 무언가와 무언가 사이의 관계를 확립하고자 한다. 모든 사고는 이동, 흐름, 발달을 가지고 있다. 한마디로 하면 사고는 모종의 기능에 기여하며 모종의 노동을 수행하고 모종의 문제를 해결한다"고 말한다. 이 말은 사고하는 것이 느끼는 것이고 느끼는 것이 사고라는 결론에 이르게 하여, 마음은 주체의 내적 활동으로서 스스로를 형성한다는 내용을 뒷받침한다.

잉여로서의 의식

작품을 저자의 '창작품'으로 여기는 경우에 모든 마음은 대상인 작품에 집중할 수 있다. 이것을 의식화할 때, 나와 대상 작품과의 관계는 일정한 표상으로 정착한다. 그러면서 이 표상은 마음의 내용을 이룬다. 김우창이 지적하는 바, 이 과정에서 잊히기 쉬운 것은 이 마음의 내용으로서의 표상은 일정한 대상을 마음이 겨냥한 데서 온 결과라는 사실이다. 그리고 우리는 이 겨냥하는 행위—다시 말하면 움직임으로서의 마음을 잊어버린다. 중요한 것은, 작품의 폐쇄적 권위에 의해 마음을 잊는 것이 아니라 독자의 주체적인 움직임을 이끌어내는 마음이 존재한다는 것이다.

현대 기호학의 구분을 끌어들여 다시 설명하자면, 외시의미denotation와 함축의미connotation의 차이로 설명할 수도 있다. 가령 '집'의 외시의미는 '사는 곳'이다. 반면 함축의미는 기호의 사용 문맥에서 발생하는, 따라서 사전에 기록되지 않는 주관적 의미를 가리킨다. 그 사람이 '집'에서 어떠한 문화적 경험을 했느냐에 따라 함축의미는 달라진다. 행복한 가정에서 자란 사람에게 집은 '낙원'을 의미하지만, 가정불화에 시달리며 성장한 사람에게는 '지옥'을 의미한다.

이와 같이 주어진 대상에 집중하여 'what'에 관계하는 외시의미를 부여하지만 그것을 넘어가는, 즉 'how'에 관계하는 행위를 의식화할 수 있어야 한다. 이 의식 속에서 대상은 다른 여러 가지 것에 비교되고 통합되어 함축의미를 산출한다. 함축의미는 '어떻게', '어떤 모습'으로 하는 형(形, form)의 요소가 사람들의 마음을 불러일으키는 인생의 묘미를 느끼게 하면서 실용성보다 한 차원 위에 있는 것이다.

마음과 마음의 대상과의 관계를 적절하게 유지하면서 그것에서 마음의 유연한 움직임을 잊지 않는 것이 중요하다. 놀이나 판타지도 삶에서 필요한 것이고 심각한 의미를 부여하기도 한다. 그러나 중요한 것은 놀이는 놀이로 알고 하고, 판타지는 판타지로 알고 해야 한다는 점이다. 그것이 현실을 대체할 수 있다고 생각하는 순간 마음의 유연한 움직임이 실종되어버린다. 미국의 시인 월리스 스티븐스Wallace Stevens는 낭만주의를 비판하기를, 낭만주의의 문제는 그 자체에 있는 것이 아니라 그것이 낭만주의라는 것, 현실을 떠난 놀이라는 것을 모르는 데서 생긴다고 하였다.

유연한 마음의 움직임이 사고의 회로를 이룰 때, 자신의 한계와 모순에도 불구하고 마음의 의식적 형성 노력을 주제화하여 자신이 지닌 지적 본성을 의식할 수 있다. 김우창은 이것을 '잉여로서의 의식'으로 설명한다. 사람의 지적 능력 또는 의식의 한 특징은 주어진 사항을 넘어간다는 데에 있다. 즉, 그것은 한 가지 목적의 일이 아니라 그에 비슷한 다른 일로 넘쳐 날 수 있는 잉여로서 존재한다.

잉여란 나머지 즉 넘쳐 남이고 그것은 주체의 활동과 연관 지을 수 있다. 주체의 활동은 자신을 넘어서는—즉 '자신이 무언가를 할 수 있다'는 잠재적인 능력과 그래서 '자신이 해야만 한다'는 존재감을 현실화하는 것을 통해 의식적 형성의 노력으로 승화된다. 운동 경기에서 선수들의 고유한 각자의 포지션이 있음에도 불구하고 실제 경기 중에는 자기가 맡은 역할의 '잉여'를 만들어낼 때, 그 선수는 창의적인 플레이를 했다고 한다. 이처럼 주체의 활동에서 잉여는 역할의 과잉 혹은 능력의 배가라고 할 수 있다.

그러기에 지금의 내가 다른 존재로 될 수 있는 능력인 존재론적 초월에 대한 열망이 없는 인간은 무의미한 존재일 것이다. 초월성은 잉여로서의 의식에 의한 존재 효과라고 할 수 있다. 주체적 활동에서 잉여의 발생으로 인해 생기는 '나 아닌 존재'가 될 능력이야말로 존재론적 초월의 본질이다.

내가 나 아닌 존재가 된다고 할 때 마음이 작용하는 방식은 예정된 것이 아니다. 그때의 사유와 감각 그리고 행동하는 방식 등이 집합적 형태로 구성된 마음의 작용 방식은 예측 불가능한 것일 수 있기 때문이다. 그런 점에서 의식의 초월적 속성은 원초적으로 '길을 튼다는 것, 길을 준비한다는 것'에 비유할 수 있다. 잉여를 의식화한 마음은 잠재성과 현실성을 오가며 작용할 뿐만 아니라, 앞뒤로 되돌아볼 수 있는 능력을 가지고 있다. 그리하여 삶에 하나의 통일성을 부여한다.

초월을 열망하는 잠재력으로서 주체의 움직임은 좀 더 민감한 지대, 좀 더 잠재성이 큰 지대, 좀 더 강렬한 지대일 따름이다. 그런 지대는 이성적 사건의 도래를 예단하게 한다. 이때 사건적인 이성은 마음에 생기를 부여하는 원리의 지위를 가진다고 할 수 있다. 사건과 이성의 결합은 마음이 움직이도록 추동한다. 즉, 마음에 생기를 주는 것이다. 마음의 움직임은 매 순간 행위들 속에 의미를 지니게 한다. 그것은 자신의 지적 행위에 주의를 기울이는 것이다.

이때 움직임은 일종의 힘이다. 그것은 단순히 삶의 의지로 표현될 수도 있고 권력에의 의지로 강화될 수도 있는 주관적인 의지의 지속성이라고 할 수도 있다. 이 힘은 지금 여기에서의 매 순간에 자신의 성취를 요구하고 있으므로 감각적 세계를 변형시키려는 활동의 의지인 것이다. 다시 말해 마음이 움직인다는 것은 자기가 자기에게 영향을 미쳐서 어떤 것을 하도록 유발하는 힘의 작용이다.

그것을 다른 말로 주체화라고 할 수 있다. "나는 무엇을 해야 할지 모르겠어"는 매 순간에 힘이 거기 있음을, 그 힘의 움직임을 스스로 의식하는 것이다. 이 힘에 대한 의식을 주제화하는 경우 주체의 활동을 견인할 수 있게 된다. 주체는 할 수 있음과 해야만 함의 열린 체계 안에 위치하게 된다. 주체의 활동은 마음속에서 살아가고 소멸하는 삶의 부분들과 같이 만들어지고 해체되면서 생성 중에 있는 총체의 복합적 구조라고 할 수 있다. 따라서 마음은 단지 있는 것이 아니라, 자신을 형성하는 것이다.

주체 구성적 활동의 본질은 불안정한 상태에도 불구하고 분주하게 되풀이하는 활동이다. 이는 부단한 자기 수양의 실천을 요한다. 연마된 마음은 대상 세계에 민감함을 유지하면서도, 거기에서 오는 압력 또 안으로부터 오는 강박에 대하여 초연할 수 있다. 초연은 방관이 아니라 사물 자체에 맞서서 사유를 자기화하는 마음을 연마하는 것이다. 그것은 현실적인 시험 과정에서 단련된 마음의 명상효과이다.

움직이는 마음을 정위하기 위해 마음을 연마하는 것은 삶의 역정에서 불가피한 것이다. 이러한 마음을 갖는다는 것은, 밖으로부터 오는 것에 대응하여 움직이면서 그것에 끊임없이 흔들리는 것이 아니라 그것을 하나로 엮어내는 마음을 갖는다는 것이다. 그러나 그 작업은 그리 쉽지 않은 일임에 틀림없다.

인문과학적 마음

인문과학의 윤리적 지평

후설 그리고 하이데거와 알튀세르 등을 참고하다 보니 김우창의 글에서 그 비중을 더해가는 것이 있다. 후설은 하나의 사물을 지각하는 것과 지각 행위 그 자체를 구분하여 '사고가 존재한다'는 것을 확립한다. 하이데거는 인식론적 물음, 즉 '어떻게 아는가?'의 문제에서 존재론적 물음 '이해하면서 존재하는 존재의 양태는 무엇인가?'의 문제로 이동한다. 그렇다면 김우창 인문과학에서 돋보이는 것은 초학문적 수준에서 윤리적 지평을 열고 있다는 것이라고 할 수 있다.

우리는 항상 존재하는 것 전체를 특정한 지평에서 탐구한다. 지평이란 것은 우리의 시야의 한계이지만 동시에 이 한계를 무한히 초월하는 것을 요구하기도 한다. 그렇기 때문에 윤리적 지평은 결코 완결되지 않는다. 또한 지평은 끝end을 뜻하는 것이 절대 아니다. 오히려 이것은 한계 설정과 더불어 동시에 한계를 부단히 초월하는 것을 의미한다는 점에서 소진점vanishing point을 뜻한다. 인간에게 지평은 정복의 대상이 아니라 한계의 대상인 것이다. 그런 점에서 김우창 인문과학의 윤리적 지평은 어떤 경우에도 마감될 수 없기에 초학제적 차원에서 무한히 확장될 수밖에 없다고 본다.

그러한 윤리적 지평을 틀 짓기 위해 김우창은 먼저 후설과 하이데거에 주목한다. 후설에서 시작한 현상학은 하이데거의 존재 사유를 거치면서 심화, 변형되는 국면을 맞는다. 후설의 초월 현상학은 인식론적 차원에서 지평의 기원을 추적한다면, 하이데거는 인식론적 지평에 선행하는 존재론적 지평에 물음을 던졌다고 할 수 있다.

후설의 작업은 자연스럽게 존재론에 대한 바탕이 되고 존재론을 향해 있다는 사실이 하이데거를 통해서 더욱 분명하게 한다. 물론 후설의 입장에서 보면, 하이데거가 자신의 초월 현상학적 입장을 존재자 간에 성립하는 지향성의 입장으로 한계 지어 간주함으로써, 후설이 말하는 초월론적 주관성이 갖는 의미를 충분히 길어낼 수 없었다고 할 것이다.

하이데거 역시 후설의 현상학에서 제기된 문제틀을 자신의 존재론에서 심화했다고 생각하면서 의식의 지향성을 존재론적으로 근거 지었다고 할 수 있다. 그리고 하이데거는 후설의 현상학을 근본적으로 다시 사유함으로써 확연히 다른 '현상학적 방법'을 제시한다고 생각했다.

그런데 하이데거적 인간은 무엇보다도 내면의 삶을 가지는 존재다. 그 인간은 독일 관념론의 전통을 이어주는 영혼이라는 개념을 존재론화한 것이라고 볼 수 있다. 그는 욕망, 필요, 권력, 토론을 모르는 내면적 존재인 것이다. 또한 하이데거의 사유는 고공비행하는 신비적 직관에 머물러 있음으로 해서 자신이 극복하고자 한 서양 형이상학으로부터 완전히 벗어나지 못하였다고 본다. 그런 점에서 데리다의 하이데거 비판은 참고할 만하다. 하여튼 하이데거의 작업은 서양 형이상학의 극복을 과제로 여전히 준비운동만을 하고 있을 뿐이다.

김우창은 하이데거의 형이상학에 대한 문제 설정을 과감하게 인문과학의 윤리적 지평으로 전위시킨다. 그곳에서 김우창은 후설과 하이데거의 개념들을 다듬어 전유하면서 인문과학적 윤리학의 초학문적 영역을 마련한다. 이러한 김우창의 작업이 적어도 후설에게는 현상학적 존재론의 근거를 확충해준다면, 하이데거의 존재 사유에도 윤리적 개방성의 징후를 탐색할 수 있는 발판을 마련해주고 있기도 하다.

한편, 우리나라에 수용된 근대 철학에서 두드러진 현상이기도 하지만, 인식론적 이성에 대한 협소한 이해로 인해 윤리학적 함의가 퇴색된 채로 이해되고 있다. 김우창의 『깊은 마음의 생태학』이 시도하고 있는 인문과학적 작업은 데카르트의 과학적 이성, 칸트의 비판이성 그리고 동양철학의 마음 등을 초과한다. 초과한다는 것은 배반하되 동시에 정초한다는 것과 같다. 특히 김우창은 데카르트의 자전적 형식의 글쓰기를 통해서 데카르트의 인식론적 이성으로부터 존재론적인 윤리적 사유를 독해해낸다. 그것은 인식론적 이성의 바탕에 깔린 윤리적 함량을 드러내려는 전초작업인 것이다.

베버의 사실과 가치를 대하는 연구 방법과 학문적 태도 그리고 롤스의 정의론을 통해서 칸트의 실천이성이 갖고 있는 도덕적 역량을 확장한다. 더 나아가 정치적 실천의 지평에서 정의와 책임의 문제도 제기한다. 이 외에도 김우창 인문과학의 윤리적 지평은 문학은 물론 자연과학의 신과학적 흐름 등 초학문적 수준에서 사유의 자원들을 섭렵한다. 그 과정은 철학으로부터 전위된 인문과학적 윤리학이라는 새 울타리를 구축함과 동시에 그 경계에서 사고의 엄밀함을 구현하는 모습이자 동시에 일종의 해석학을 실천하는 과정으로 보인다.

그런 점에서 김우창의 문제 인식은 현대 프랑스 철학에서 윤리적 전회를 주도하고 있는 푸코의 문제 설정과 맥을 같이한다고 본다. 그 이유는 푸코가 오늘날 정치의 주제가 윤리적이고 개인적인 것과 관련된다고 파악하고 있기 때문이다. 즉, 계급 간의 문제나 정권의 문제 등 거시적이고 근대적인 문제보다는 푸코의 기획은 윤리의 문제, 특히 자아의 윤리에 초점을 맞추고 있다.

푸코는 해방의 문제를 통해 윤리에 접근한다. 푸코의 관심은 해방/억압의 이분법에 기초하여 자기 자신의 무엇인가를 해방하는 것이 중요한 것이 아니라 새로운 주체성의 윤리적·정치적 생산 조건을 한정하는 문제에 관한 것이다. 다시 말해 주체의 윤리적 재구성, 즉 자기 형성의 문제이다. 우리는 이것이 인식론적 존재론적 차원에서 어떤 의미의 생산인지 문제를 제기할 수 있다.

푸코와 김우창은 자기 형성의 윤리적 기획을 동시대에서 사고하고 있다. 푸코의 기획은 인간 자신의 존재 의미를 형성하는 곳을 계보학적 문제틀에서, 고대의 철학적·도덕적 삶의 계율로서 '자기 배려'를 탐문하려고 한다면, 김우창의 『깊은 마음의 생태학』은 인문과학적 문제틀에서 실존의 존재론적 구조의 장 전체를 열어준다고 볼 수 있다. 이것은 해방을 위한 현실 인식과 자유의 실천의 준거점을 제공한다.

인문과학적 사고

만일 우리가 삶의 방식을 스스로 구성하려는 의도를 가지고 있다면, 자기 스스로 자유롭게 행위를 하는 주체로 확립할 수 있어야 한다. 또한 주체는 자유로운 존재이어야 하기 때문에 주체의 활동 그 자체로부터 주체적인 것을 포착할 수 있어야 한다. 『깊은 마음의 생태학』은 주체적인 것을 주체의 활동 그 내부로부터 해명하려는 인문과학적 윤리학의 지평을 정초하고 있다는 점이 중요하다.

『깊은 마음의 생태학』은 인간의 존재 전체와 관계하는 이성의 개념 전환을 요청하고 있다. 새로운 사회에 대한 전망과 비전을 사고할 수 있는 새로운 이성에 대한 이해가 절실한 시점이라는 것이다. 그런 점에서 『깊은 마음의 생태학』은 기존의 객관주의적이고 실증주의적인 학문 체계에서는 접근이 불가능한 미증유의 것이다. 이제 우리는 윤리-정치적 주체의 형성에 접근할 수 있는 인문과학적 거점을 확보했다고 할 수 있다. 또한 하이데거의 탈형이상학적 문제 설정 역시 현실에 착근할 수 있는 교두보가 마련된 것이라고 할 수 있다.

그렇다면 왜 여기에서 주체적인 것이 마음이어야 하는가? 주체적인 것이 물질적 조건들의 반영이라든가 또한 객체적인 것과의 변증법 속에 있는 것이라고 한다면 그것은 과거의 이론—실증적 과학주의가 추구하는 '……에 대한' 객관적 대상화의 이론—에서 벗어나지 못하게 된다. 『깊은 마음의 생태학』은 자연과학적 방법을 통해 모든 진리를 파악할 수 있다고 생각하는 일종의 철학적 입장으로서 실증주의를 비판하는 것이지 실증론적positivistic 접근의 고유한 권리를 근본적으로 배제하려는 것은 아니다.

실증주의는 사회학, 경제학, 역사학 등에서 작동하고 있는 과학주의적 관념을 특징지으며, 이것은 학자들이 사고하는 것이다. 반면에 인문과학적 사고는 사람들이 사고하는 것을 염두에 둔다. 사람들이란 그것이 조직된 단위인지 사회적 주체인지 집합인지 말할 수 없다. 오로지 자신의 구체적인 삶에 대한 문제 설정적 적합성에 따라 사고하는 사람들이라고 할 수 있다. 그들의 사고는 어떠한 방식으로도 객관적인 것에 귀속되지 않으면서 주체적인 것에 대한 내재적 접근이 가능해질 수 있다.

그렇게만 된다면 새롭게 열리는 윤리적 지평에서 사람들은 자유의 실천 그 자체를 사고할 수 있게 된다. 자유의 실천 속에서 사용하는 이 이성은 무엇인가? 그것의 역사적 효과는 무엇인가? 그 한계는 무엇이며, 그 위험은 무엇인가? 우리는 헌신적으로 자유의 실천을 하는 합리적 존재로 있을 수 있는가? 이러한 물음을 던진다는 것은 지금-여기에서의 실존의 의미를 매 순간 문제 삼는 삶을 사는 것이다. 우리는 이 질문들이 중심적인 문제인 동시에 아주 해결하기 어려운 문제라는 점을 명심하면서 가급적 가까이 머물러 있어야만 한다.

자유의 실천이 봉쇄된 자폐적 이성하에 놓이게 되면 합리성의 형식을 띤 비합리성에 빠져든다. 인종주의가 사회진화론의 현란한 합리성을 기반으로 정식화되었으며, 이는 다시 나치즘의 가장 지속적이면서도 강력한 요소 가운데 하나가 되었다는 사실을 기억할 필요가 있다. 아직도 우리는 바로 이러한 상황 속에 있으며, 이에 맞서 싸워야 한다. 자폐적 이성이 낳는 근대 문명의 산물들—우리를 평가하는 공식과 모형의 표준화 과정에 예속된 '정신의 관료화'에서 벗어나려면, 무엇보다도 주체의 힘을 길러야 한다.

진정으로 자의적인 의견과 신념에 매이지 않으려면, 공동체의 의견과 신념의 생산자로서의 자폐적 이성을 넘어가는 보다 엄정하고 근본적인 이성을 포함하는 마음을 필요로 한다. 김우창의 인문과학적 마음은 이데올로기주의 속에서 작동하는 이성의 자폐증을 공격하는 데 아주 적당한 개념이다. 자폐적 이성의 오류는 그것을 객관화시키기 전에 이미 우리를 구성하고 있다. 이미 그 오류를 체질화하고 있다.

자폐적 이성의 지배력으로부터 벗어나려면 무엇보다 마음의 깊은 곳에서 벌어지고 있는 내밀한 작용에 대한 어느 정도의 탐색이 필요하다. 자폐적 이성을 극복한다는 것은 대상화된 실재를 넘어서는 것은 물론, 존재 의미와 인간의 지적 능력에 대한 새로운 사유를 요청한다. 동시에 자유의 실천 속에서의 사고이어야 한다.

그러한 것들은 사람들이 지닌 사고의 능력인 사건적인 이성 혹은 이성의 사건과의 관계를 통해서 비로소 타당성을 지닌다. 이성적 사건과 관계하는 인문과학적 마음은 존재의 참여에 의해 내재적이며 초월적인 지평에서 그 모습을 드러낸다. 그것은 타자 및 실천과 단절하고 자기 자신으로 회귀하는 것이 아님을 분명하게 짚고 가야 할 필요가 있다. 인문과학적 마음은 외부 세계로부터 고립된 자신의 내면세계로 도피하는 것이 아니라 삶 속에서 보다 진실하면서도 보다 충만한 상태로 승화된 상태이다.

우리는 살면서 사회에서 정해놓은 삶의 길을 벗어나 스스로의 길을 가려고 할 때, 여러 가지 확신과 실천적 행동의 계획을 분석, 평가, 선택하는 일에 필요한 것은 성찰하는 마음이다. 성찰은 다만 반성적 사고를 의미하지 않는다. 성찰은 스스로 안에 되돌아봄의 공간을 만들고 그 공간에서 배치되는 여러 가능성을 검토할 수 있는 자유를 얻게 된다. 삶의 총체성에 근거해 자신의 현재를 성찰하고 이에 근거하여 지나간 역사와 경험을 해석한다. 그러면서 마음은 객관적 세계와 일치할 수 있어야 한다.

그러기 위하여 마음은 주어진 대로의 세계를 괄호 속에 넣고 회의와 부정의 과정을 거친다. 그런 후에 사물과 사건의 흐름의 복수성으로부터 스스로를 하나의 통일성으로 구성 또는 재구성하여야 한다. 성찰하는 마음은 삶의 사태를 규제하는 원리를 창출한다는 것을 의미한다. 그러나 이 모든 움직임의 밑에는 해체의 위협이 들어 있다. 그것은 방법적이면서도, 무화의 위협을 가진 것이다. 그리하여 해체의 밑에 놓여 있는 허무는 단순한 방법을 넘어간다. 여기에서 해체는 다시 창조로 움직여간다. 성찰은 해체와 창조에 따라 매 순간 변용을 요구받는다.

성찰의 마음을 갖는다는 것은 가까이 있는 것을 생각하면서, 그것을 넘어가는 넓은 사물의 진상을 살필 수 있다는 것이다. 성찰은 '체험'이다. 그것은 단순한 지적 유희나 실험이 아니라 특정한 역사적 조건이 형성한 사유의 환경 속에서 사유의 최대치, 즉 사유의 불가능성을 체험하는 것이다. 성찰적 체험의 징후는 사유를 통하여 현실을 잘 파악하고 현실을 잘 사는 것이 아니라 사유 속에서 존재론적 취약성이 드러나게 한다.

이런 경우 사유가 무능함을 드러냄과 동시에 사유되지 않은 것과의 부단한 성찰적 관계를 유지하게 하는 힘이 작용한다. 그것을 통해 깨달음을 얻고 존재론적 변화를 꾀한다. 이것은 초월성에 의한 성찰 과정에서 이루어진다. 이때 초월적 주체성의 창출을 요청받게 된다. 인간으로 실존하는 한 우리는 언제나 필연적으로 이런 사유를 하게 된다. 그것은 윤리적 지평 속에서 존재론적 해방의 길을 열어주고 그 길로 나아가도록 재촉한다. 달리 표현하면, 그것은 자신의 존재에서부터 자신을 이해하고, 그렇게 자리할 수 있도록 이끌어가는 것이다.

궁극적으로 마음은 그의 세계를 스스로 구성한다고 할 수도 있다. 그러나 물론 그것은 세계에 복종함으로써 가능하다. 그러면서 세계의 강박성을 괄호에 넣거나 해체한다. 동시에 해체하고 구성하는 마음 그것도 해체하고 구성해야 한다. 이것은 한없이 되풀이되는 회귀로서의 성찰의 과정을 요구한다. 이처럼 끝없는 회귀는 마음이 마음과 일체가 되고 물론 세계 또는 세계의 로고스와 일체가 되기 위한 작업이기 때문이다. 이 근접은 세계의 모든 것에 가까이 가면서 동시에 스스로의 복판에 서는 일이다. 이것은 불가능한 유토피아적 기획으로 보인다.

그러나 그것은 우리가 하는 일을 있는 그대로 이해하고자 하는 노력이며, 우리가 사는 삶을 사는 그대로, 분명하게 하려는 것 이외 다른 일이 아니라고 할 수 있다. 모든 것은 그것으로 끝나는 것이 아니며, 주체는 경험의 애매성을 존중하면서 그것을 통하여 스스로를 다져나간다. 그런 힘을 키우기 위한 방편으로 필요한 것이 인문과학적 인간 되기이다.

마음의 움직임

사람이 하는 모든 일에는 마음이 끼어들기 마련이다. 다른 사람과 소통하고 세상을 인식하는 데, 설사 의식하지 않고 있더라도 마음의 중개가 작용하고 있다. 특히 세상에 살면서 오랜만에 휴양지에서 삶을 즐기게 된다면, 나도 모르게 즐기는 자기를 느끼게 된다. 마음은 거의 있는지 없는지 모르는 존재이기에 잊고 살기 쉽다.

헤라클레이토스가 말했듯이, 흐르는 강물 속에서 우리는 절대 두 번 몸을 담그지 못한다. 세계는 실제로 헤라클레이토스의 흐름을 이룰 뿐인, 감각적이고 변화 가능하며 우발적인 출현으로 우리에게 주어진다. 우리의 삶은 강물처럼 아무것도 머물지 못하기 때문에 확고한 앎을 위한, 고정된 그 어떤 지레 점도 있을 수가 없다.

김우창은 후설의 장점이 의식의 주체성에 대한 분석을 시행했다는 점과 그것의 완벽한 객관적인 근거를 세우려고 했던 점이라고 말한다. 후설의 현상학에서 코기토와 코기타툼의 관계는 핵심적인 주제이다. 여기의 구분은 지각이나 인식의 현상이 마음의 움직임의 소산이라는 것을 시사한다.

의식의 초월적 작용을 탑재한 마음의 움직임이라는 것도 마음 스스로가 구성 기능을 갖는다. 따라서 마음은 단지 있는 것이 아니라 스스로를 형성한다는 것이다. 모든 살아 있는 것처럼, 마음의 지속상태는 서로 아무렇게나 흩어져서 분산되어 있지 않다. 마음은 방향성 있는 흐름을 지니며, 마음 안의 어떤 것은 그 흐름을 마음에 가두지 않고 잠재적 총체 안에 투사한다.

마음은 자신의 욕구와 감정에 대해 취사선택하고 이에 따라 행동한다. 이때 선택을 수행하는 것은 바로 마음의 핵심적 기능이다. 마음은 이 선택을 통하여 실천해가는 것이기도 하다. 하버드 대학의 심리학 교수인 루돌프 아른하임Rudolf Arnheim은 그의 저서 『시각적 사고』에서 "사고라고 부르는 인지작용은 지각 너머의, 지각보다 상위에 있는 정신적 과정이 아니라 지각 자체를 이루는 본질적 요소다"라고 적고 있다.

우리는 생활을 하다 보면, "지각 있는 사람이라면, 함부로 그런 일을 하지 않을 텐데"라고 말하는 경우가 있다. 여기서 사용된 '지각'은 '사리 판단을 할 줄 아는 능력'의 뜻으로, "이제야 철이 들었군"이라고 할 때의 '철'과 같은 의미를 가지고 있다. 자신이 나아갈 길을 선택하기 위해 판단하고 헤아리는 마음은 삶의 흐름을 관찰하면서 그 형식을 조율하고 조형한다.

그런데 마음의 움직임은 밖으로부터 주어지는 것이 아닐뿐더러 그렇다고 마음을 순수한 움직임으로만 이해한다면, 그것은 의미 있는 사건이 될 수가 없다. 칸트는 인간의 내적 경험, 전통적으로 영혼이라 부르는 영역에 관한 강력한 이해를 표현하여 마음의 초월론적 층위가 있음을 시사한다. 『실천이성비판』에서 "내 마음을 경외와 찬탄으로 채워주는 두 가지가 있다. 내 머리 위에서 반짝이는 밤하늘의 별과 내 마음속에 빛나는 도덕률이 그것"이라고 말하여 인간 자신과 자신의 삶이 지니는 내적 세계가 마음에 기초하고 있음을 알 수 있다.

우리에게 주어질 수 있는 일체의 것은 초월론적 구성작용에 의해 우리에게 의미 있는 경험으로 가능하게 된다. 인간의 실존에 관계하여 다양한 유형의 구성작용이 일어나는 마음의 움직임을 상정해볼 수 있다. 다양한 유형의 구성작용의 특징은 그러한 작용을 통해 그 어떤 대상은 지금까지 그것이 우리에게 지녀왔던 의미를 넘어서 새로운 의미를 지닌 대상으로서 경험될 수 있다는 데 있다.

마음의 움직임 그 자체가 어떤 실행을 통하여 어떤 성격의 체험의 질을 산출한다고 할 수 있다. 벤야민의 경우에도 사유-이미지라는 개념을 통하여 마음의 작용을 지각의 조직으로 설명하고 있다. 벤야민의 마음은 사유를 이미지화하고 이미지를 사유화하는 '지각의 변증법'으로 이해할 수 있다. 그는 의식에 구성적 기능을 갖고 있는 이미지의 지각을 끌어들인다. 지각은 자신이 수용한 바를 단순히 재현하는 것이 아니라 이미지를 매개로 삼아, 사유의 능동적인 구성과 대상에 대한 분석 및 비판을 병행한다. 벤야민은 마음에 대해 언어, 미메시스, 경험이 상관적이라는 점을 강조하였고, 마음을 사진의 음화陰畵에 비유함으로써 마음의 존재 방식에 대한 이해에 접근했다고 할 수 있다.

메를로퐁티Merleau-Ponty에 따르면, 감각sens은 방향sens을 가지고 있고 의미sens를 가지고 있다. 그러기에 그의 철학적 사고는 지각에 기초를 두고 있다. 메를로퐁티의 지각론을 논하는 자리에서 달마이어Fred R. Dallmayr가 한 말에 따르면, 지각되는 것은 지각하는 자가 완전히 지각할 수 없는 어떤 무엇을 항상 동반한다. 다시 말하면, 지각되는 것은, 시간적으로 볼 때 현재 이상의 어떤 것을, 또는 공간적으로 볼 때 여기에 주어진 것 이상의 어떤 것을 항상 동반한다. 여기서 주어진 것 이상의 "어떤 것"은 지각하는 자로부터 독립된 "그것"이다.

이것은 메를로퐁티에 의하면 객관성을 뜻한다. 동시에 지각되는 것은 항상 특정한 시각을 통해서 시간적 또는 공간적으로 나에게 주어진 "내 것", 즉 주관성을 갖는다. 다시 말하면 메를로퐁티의 지각의 세계는 주관, 즉 내 것과 객관, 즉 그것이 서로 역설적으로 만나는 세계이며, 이들이 불투명한 상태로 공존하는 세계이다.

김우창의 마음의 움직임이라는 표현 역시 사유가 지각의 문제임을 시사한다. 지각의 기본적인 특성은 운동성, 즉 움직임이다. 참고로, 움직임이라는 것은 움직임 그 자체를 요소로 갖는 것이지, 움직임이 형성되기 이전이나 이후에 식별될 수 있는 알갱이들이 있는 것은 아니다. 그런 점에서 마음은 그 자체의 움직임 원리다. 또한 김우창은 '감각적 복합체로서의 삶'이라는 표현을 쓰기도 한다. 삶 자체가 끊임없이 자기를 넘어가는 것인 한, 감각적 복합체로서의 삶은 그 자신 이외의 것을 지향한다. 그것은 사물과 세계를 향한 충동이다.

김우창은 마음의 움직임을 '잉여로서의 의식'과 관계 짓는다. 주어진 사항을 넘어간다는 점, 그리고 이 넘쳐 날 수 있는 잉여는 연결과 통일을 만들어낸다. 시시각각 생기하여 작동하는 의식들이 어떻게 서로에게 연결되는가를 말해주는 것이 잉여의 초월론적 발생이다. 이런 의식의 발생은 항상 다른 의식들과의 관계망 속에서만 성립하는 것으로 된다.

또한 잉여로서의 의식 그 자체는 끊임없이 그것을 넘어가는 움직임으로서만 존재한다. 즉, 의식은 항상 무언가를 일깨우는 의식임과 동시에 자신에 앞선 의식에 의해 일깨워진 의식이라는 것이다. 그것을 우리는 지적인 노력이라고 부르기도 한다. 마음은 지각이 수용한 바를 단순히 재현하는 것이 아니라 능동적인 구성을 통해 대상화된 세계와 거기에 일어나는 형상적 영감에 열려 있다는 것을 말한다.

카시러의 말을 빌리면 미적 사유의 가치는 연관의 풍부함에 있다고 한다. 인간이 공간 속에서 거주하는 한, 그것은 느닷없이 우리 마음을 사로잡고 새로운 동기와 힘을 주는 생동감으로 우리를 기다린다고 한다. 심미적인 것의 특징은 물질과 지각이 근원적으로 맞부딪치는 관계에서 의미 이전에 직접적으로 감각에 호소한다는 점이다. 심미성은 얼핏 무용한 가치처럼 보인다. 그러나 미의 생성 과정에 주목해보면, 아름다움이란 것도 우리가 마련한 장소에 주어진 잉여이다. 말하자면 우리도 모르는 새 채워지는 선물과 같은 것이다.

미국의 현대 무용가이자 안무가인 마크 모리스Mark Morris는 일상의 동작, 예를 들어 껌을 씹거나, 으쓱대며 걷거나, 농구장에서 십대 소년들이 공을 다루는 동작을 이용해 춤을 만들어왔다. 그는 우리의 모든 동작에 아름다움이 있고 모든 것에는 반드시 분명하지는 않아도 어떤 의미가 있다고 깨닫게 만든다. 마크 모리스는 아름다움이 곧잘 갑작스레 나타난다는 사실을, 즉 초월적 잉여로서 별안간 우리에게 다가와 주어진다는 사실을 알고 있었던 것 같다.

김우창이 말한 바와 같이 잉여로서의 의식의 움직임에 따라 삶을 형성한다면 이러한 특성은 삶을 전체적으로 사고할 수 있는 가능성을 지니고 있다는 의미이기도 하다. 잉여로서의 의식이 삶의 연결과 통일 그리고 일관성을 만들어내는 과정은 더 복잡할 것이기 때문에—이성이 중요한 것은 사실이지만—보다 넓게 이 원리를 마음이라고 한다.

잉여로서의 마음의 움직임은 삶의 지속성에 이어져 있는 것이면서, 대상 세계의 형성 원리에 정합한 것이라야 한다. 이 원리는 가장 간단하게는 합법칙적이고 합리적인 이성의 원리이다. 세계가 통제되고 이해되기 위해서는 과학적 이성도 필요하다. 이성이 중요한 원리인 것은 사실이지만 모든 것이 인간 존재의 근본적인 존재 방식에 관계한다는 점을 유념할 필요가 있다.

그런 점에서 보면, 마음의 초월론적 작용은 지각 세계의 대상을 구성하여 형상적 진리를 드러내게 할 수 있다. 김우창은 이러한 마음의 존재가 하나의 체계를 이루고 있는 것으로 생각한다. 형이상학적 명상, 만 가지 일과 사물을 비추는 부동심不動心의 상태, 객관성을 가능하게 하는 과학적 태도, 변화하는 세계 속에서의 일에 대한 판단력, 이러한 것들이 우리가 세계를 인식하고 감지하며 사회를 움직이는 데에 필요한 인문과학적 마음인 것이다.

그리고 이것들은 서로 연결되어 있다. 이 여러 상태를 일관하여 인문과학적 마음은 개개인의 것이면서 동시에 사회적 로고스로 존재한다. 개인은 이 사회적 로고스에 기여하며 이 로고스에서 스스로를 빌려온다. 인문과학은 이성적 측면 이상으로 존재론적 측면에서 이해되며, 인간의 마음에 기초해 이루어진다. 인문과학적 마음은 자신의 문제의식에서 비롯되며, 깨달음과 그것을 통한 존재의 도약을 지향한다. 이제 인문과학적 마음의 형성을 위한 세 가지 언표를 제안하려고 한다.

언표 I: 마음의 장소가 있다

사람은 자신의 마음을 통하여 스스로의 삶의 지속을 확인한다. 우리가 일상적으로 보고 느끼고 하는 모든 것이 마음을 움직이고 결국은 마음을 형성한다. '마음의 장소가 있다'는 것은 마음이 움직이는 공간이 생긴다는 것을 말한다. 장소는 맥락화된 공간, 즉 공간을 맥락화하는 실천에 의해 의미를 부여받은 공간인 셈이다. 좋은 산수만 보아도 마음에 공간이 생긴다고 한다. 북한산을 오르는 사람들 중에는 문수봉과 칼바위 그리고 백운대 세 곳 각각에서 느끼는 조망감이 서로 다르다고 한다.

이것은 외면과 내면이 이어져 있다는 것을 뜻한다. 내면 공간은 외적인 공간의 연장선상에 있는 것이다. 도시의 공간도 그러한 작용을 할 수 있고, 의식 절차에서의 사람과 물건들의 일정한 배치도 그러한 작용을 할 수 있다. 우리가 사는 길거리의 모습, 날로 대하는 또는 우연히 한 번쯤 접하게 된 사람들과의 교환이 우리 마음에 영향을 준다.

마음은 삶의 흐름을 타고 전개되면서 끊임없이 자신을 어떤 형태로든 체험의 질로 변형시킨다. 마음의 진행은 어떤 형태로든 마무리를 지향한다. 삶의 가장 내밀한 존재인 마음은 자기 촉발 속에서 삶의 지속성을 받아낸다. 마음의 공간은 눈앞에 놓인 사안으로부터 거리를 유지하면서, 자신의 삶을 받아낸 마음은 그 자체를 견디기도 하고 즐기기도 한다.

우리가 의식적으로 그런 것은 아니지만, 내면 공간을 가진다는 것은 합리적으로 생각할 수 있도록 되돌아볼 수 있는 여지를 준다. 그뿐만 아니라 당면한 사안과의 거리 속에서 이해관계를 넘어선, 세상의 너그러움에 대한 느낌이 일어날 수 있는 가능성이 열리는 것이다. 마음의 장소가 있다는 것은 자기를 넓히고 심화할 수 있는 함량을 키우는 것이라고 할 수 있다.

인간의 마음에 관한 유일하고도 간단한 정의란 없다. 철학사 속에서나마 인간의 본성과 관련하여 복잡하게 뒤얽혀 있는 사상들에서 마음에 관한 이해에 도움을 받을 수 있다. 이미 고대부터 플라톤과 아리스토텔레스는 인간을 영혼을 가진 존재로 보았으며, 자급자족이 가능한 공동체적 삶의 기능ergon과 관련하여 개개인에게 속한 고유한 기능이 잘 실현된 마음의 상태인 '아레테arete', 즉 '탁월함'을 강조한 바 있다.

근대 철학자 데카르트에 의해서 마음은 인식 가능한 구조로서 파악되기 시작한다. 마음은 사유와 존재 사이의 관계 대한 일반적인 원칙을 구성해낸다. 데카르트는 직관은 "순수하고 주의 깊은 마음이 행하는 의심할 바 없는 개념 작용이고, 그것은 오로지 이성의 빛으로부터 생긴다"고 단언한다. 직관의 작용이란 주어진 대상에 대한 마음의 적절한 반응이며, 마음이 직접 관계하는 대상을 관념이라고 한다. 그러면서 주의 깊은 마음은 훈련된 마음에 의해서 형성된다고 보았다.

마음의 상태를 일컫는 표현으로 '마음의 결'이라는 표현이 있다. 마음의 결은 정조情調라는 표현과 유사하다고 볼 수 있다. 정조는 칸트의 용어 'Stimmung'의 번역어이다. 이 용어는 '감정상태', '정서', '분위기' 등을 뜻하기도 하지만, 악기의 음이 완전히 '조율된 상태'를 뜻하기도 한다. 칸트는 이 용어를 사용하여, 이념 또는 자연의 합목적성을 지각할 때에 우리의 인식 능력들(상상력, 이해, 오성)은 그것을 인식하는 데에 최적의 상태로 '조율된다'는 의미를 전달하고자 하였다. 요컨대, 이 용어는 이념을 지향할 때의 마음의 상태를 설명하는 용어라는 것이다.

이처럼 마음의 결 또는 정조라는 마음의 상태는 우리의 인식의 이면에 깔려 있는 의미와 가치를 파악하기 위해 부단히 경주하는 '마음의 이념 지향성'을 의미한다고 볼 수 있다. 마음의 이념적 지향성이라는 말에는 마음의 정서적 상태로서 세계와의 화음을 조정하는 마음의 결이 존재한다는 것을 의미한다. 물론 거기에는 조화로운 화음도 있고 불협화음 또한 있을 수 있다.

실러도 인간 내면에 스스로 충동하는 힘들에 주목하였다. 인간의 충동에는 감각충동과 형식충동이 있다. 감각충동이란 인간의 물리적 현존에서 나오는 자연적 본능을 의미하고, 형식충동이란 인간의 이성적 본성에서 나오는데 감각충동에 형식을 부여하고자 하는 본능을 의미한다. 감각충동으로 가득 찬 인간이 아름다운 영혼의 인간으로 바뀌기 위해서 인간은 소재·감각을 지배·통제하는 형식충동에 익숙해져야 한다는 것이다. 이때 유희충동이 매개되어야 한다는 점을 강조한다.

마음의 장소에 대한 아이디어는 후설의 '초월' 개념에 의해서 새로운 전기를 맞는다. 후설은 초월론적이라는 말을 '모든 인식 형성의 궁극적인 시원으로 돌아가 거기에서 물어보려는 동기'와 '인식자가 자기 자신 및 자기가 인식하는 삶에 자기성찰을 더하려는 동기'를 지칭하는 것으로 사용한다. 후설에게 초월론적인 것은 '근원'이나 '토대를 세우는 것'을 의미한다. 후설이 제기한 근원과 토대에 관한 개념에 착안하여 마음의 장소를 창안하려고 한다.

그런데 후설이 돋보이는 점은 마음의 장소가 시원을 자기 안에 갖고 있는 절대적 존재가 아니라 그 역시 '구성된 존재'라는 것을 통찰한 데 있다. 이것은 본질 직관 능력, 논리적 추론 능력, 수학적 사유 능력, 과학적 탐구 능력, 예술적 심성, 종교적 심성, 도덕적 심성, 더 나아가 지각, 감각, 욕구, 감정, 기분, 본능, 충동 등 일체의 마음 활동을 지칭한다.

우리가 감각기관들을 통해서 받아들인 것들, 즉 일출과 일몰의 사진, 문과 창을 드로잉한 것, 글 같은 것들은 잉크나 은으로 얼룩져 있는 종이에 지나지 않는다. 이것들이 그 이름에 값하는 하나의 실재로 태어나는 것은 우리들의 내면인 마음속이다. 그리고 그것의 탄생은 이것들이 상징하는 감각적이고 정서적이며 경험적인 느낌들을 재창조해낼 수 있는 우리들의 마음을 어떻게 하는가에 달려 있다.

김우창에 따르면, 마음의 장소는 주관적인 것 이상으로—사람이 세계에 존재하는 어떤 방식, 실존의 어떤 양식으로 존재하는 것이다. 그것은 나와 내 앞에 펼쳐지는 세계와의 불가분의 관계에서 생겨나는 어떤 것이다. 그러면서 그것은 주관적인 현상은 아니다. 마음의 장소성은 단적으로 말해 세계 자체의 객관적 속성에 근원적으로 관계하는 것이다.

그것을 인간 실존에 드러나는 경험의 관점에서 보면 가장 원초적인 현실이다. 그곳에서 자유의 실천을 지탱하는 근원적인 사고의 힘을 대면할 수 있게 된다. 그러기 위하여 마음은 주어진 대로의 세계를 괄호 속에 넣고 회의와 부정의 과정을 거치면서 사물과 사건의 흐름의 복수성으로부터 스스로를 하나의 통일성으로 구성 또는 재구성하여야 한다.

한편 마음의 장소가 중요한 것은 올바른 삶 그 자체를 사고하는 주체의 활동에서 해방적 실천이 가능하다는 가설이 성립되는 곳도 바로 마음의 장소이기 때문이다. 마음의 장소는 '나는 누구인가?'라는 질문을 던지고 나서 자기 인식의 작업을 하는 곳이 아니다. 그보다는 오히려 자기 형성의 문제 설정이 이루어지는 곳, 즉 '나는 나를 무엇으로 만들어가야 하는가?'를 문제 삼는 곳이다. 푸코에 따르면, 고대에 자기와 자기를 분리시키는 것은 '인식'의 거리가 아니라 '현재의 자기'와 '생이라는 작품' 사이의 윤리적 거리였다고 한다. 푸코는 이를 일컬어 '실존의 미학'이라고 이름 지었다.

언표 Ⅱ: 마음은 사건과의 관계이다

사람의 마음에 대응하는 물질세계와 사회세계는 거대하고 복잡하고 끊임없이 유동적인 상태에 있다. 마음은 하나의 깨우침에 이르면서 동시에 이 세계의 만 가지 움직임과 함께 있어야 한다. 그보다도 근본적인 것은 개인적으로나 사회적으로나 인간의 실존적 필요에 대응할 수 있어야 한다. 그것은 이론적 차원에서만이 아니라, 실천적 차원에서 이념성 또는 형성적 요인의 가능성에 따라 움직이는 마음이라 할 수 있다.

마음은 주체의 구체적 준비와 행위를 의미하면서도 동시에 그것을 넘어가는 일반성을 가진 의식이다. 그것은 주어진 대상에 집중하면서 그것을 넘어가는 잉여를 의식화할 수 있어야 한다. 이 잉여 속에서 대상은 다른 여러 가지 것에 비교되고 통합된다. 그 모든 마음의 움직임들은 현실적 모험이 된다고 할 수 있다. 외적인 압력과 외면적 수단들을 넘어서려는 열림과 숙고의 과정을 계속적으로 체험함으로써 마음이 세속적인 삶에 대하여 어느 정도는 초연할 수 있을 때 비로소 진리의 인식에 다가갈 수 있는 이성적 사건과의 관계가 열린다고 본다.

김우창은 이성이 사건적으로만 드러날 수 있는데 인간의 능력으로는 그것을 제대로 인식할 수 없다는 신중한 입장을 취한다. 우리는 단지 여러 개념을 가지고 사태를 보고 연결시키려고 해야 한다. 그것은 어디까지나 자신이 직관적으로 느끼고 감각으로 사고하는 것을 더 분명하게 밝히는 과정이다. 중요한 것은 한편으로는 사태의 진상이고, 다른 한편으로는 개념들을 만들어내고 한 개념에서 다른 개념으로 움직여가는 사유의 주체라고 할 수 있다. 여러 개념을 뚫고 지나가는 사유의 움직임이 핵심인 것이다.

그런 점을 염두에 두면서 언표 I과는 달리 언표 II에서 우리는 삶에 있어서 이성적 사건 속에서 벌어지는 팽팽한 의미의 긴장에 집중함으로써 사태의 진실성을 확보하고자 한다. 이것을 객관적으로 잘 드러내는 것이 과학적 사고가 대표하는 이성이다. 그러나 과학의 이성은 사건적인 이성을 인간의 주관적 능력으로 가공한 것에 불과하다.

이러한 과학적 이성에 대하여, 보다 원초적인 것은 인간 실존에 일어나는 이성적 사건이라고 할 수 있다. 이 실존적 사건에 개입하는 이성이야말로 원초적인 이성이다. 적어도 인간에 속한 그 실존의 지점에서 기존의 질서 정연한 구조를 뛰어넘는 이성적 사건이 있을 수 있다는 것이다. 사람의 생물학적 속성에도, 어떤 스키마를 내장하고 있는 감성에도 그리고 인간의 모든 의미화 작업에도 원초적인 대로 그러한 요인들이 들어 있다.

다른 한편으로 마음의 움직임 속에서 인간과 더불어, 인간에게 그리고 인간을 통해 무언가 일어난다는 것을 전제하는 것이다. 그것이 바로 사건이다. 정확하게 사물이 아닌 무언가가 도래한다. 언표 II는 이성이 사건과의 관계를 통해서 인간 실존에 깊이 관계되어 있다는 것을 확인하자는 것이다. 사건은 언제나 상황과의 관련 속에 위치한다. 그리고 사건은 우리에게 무언가를 제안한다. 모든 것은 사건을 통해 제안된 이 가능성이 세계 안에서 포착되고 검토되며, 통합되고 펼쳐지는 방식에 달려 있다.

그것이 하나의 전체성이 되는 것도 이 순간에 있어서이다. 사실 우리가 세계를, 의식적으로 또는 암묵리에 하나의 전체로 이해하게 되는 것이 실존적 사건이다. 이는 세계의 가장 미시적인 것에조차도 세계 전체의 이미지가 표현되어 있다고 보는 것이다. 이때 세계는 미지의 전체로서 우리의 선택에 대하여 커다란 배경으로 나타난다. 여기서는 플라톤이 말한 이념적 본질이 감각적 형식으로 나타난다고 볼 수 있다.

인간 예수는 비록 '신적'이라는 형용사로 수식될 수 있지만 도덕성의 지고한 원칙을 담지한 육체적 형상일 뿐이다. 이성적인 것 또는 이념성은 이미 사람의 생물학적 연장성extension과 지속성 속에도 함축되어 있다. 예를 들어 벤야민이 괴테에게서 빌려온 원현상Urphänomen이라는 개념이 있다. 우리가 나뭇잎에서 풍부하고 다양한 식물 세계가 펼쳐지는 것을 경험한다. 이때 원현상은 "다양한 현상들의 밑바탕이 되는 가장 간단하고 근본적인 현상"으로 괴테 자연철학의 출발점이 되었다. 괴테가 생각하는 자연은 뉴턴과 데카르트처럼 인간과 구분되어 대상으로서 존재하는 것이 아니라 인간의 인식이 그 한 부분을 이루고 있는 것이었다.

원현상은 이데아의 세계에 머물러 있는 것이 아니라 현상을 통해 드러난다. 원현상은 마음속의 광경일 뿐인 것 같지만 때때로 현실로 주의 깊은 관찰자의 눈앞에 노출된다. 원현상은 시간 속에서 관찰된 무시간적 법칙 바로 그것이다. 그런 것이 존재하기에 원현상은 특수한 형식 속에서 무매개적으로 드러나는 일반이다. 그런 면에서 생물학적 생명의 본질을 드러내주는 원현상은 경험적으로 존재하는 것이라고 할 수 있다.

이처럼 원현상과 같은 이념적인 것들이 인간 실존에 가장 내밀한 본질적인 속성을 뜻한다고 전제함으로써 구체적이고 개별적인 사태 하나하나를 제대로 사유할 것을 주장할 수 있다. 여기서 이념은 개념들의 인과적 논리가 아닌 형상적이라는 것이다. 이것은 인식의 근본적인 토대가 초감각적인 현존인 이성에 있다고 전제한 계몽주의와는 거리를 둔다. 이것은 개별적이고 미시적인 것들을 개념적 표상을 능가하는 이념을 통해서 구제하고자 하는 의도를 갖는다. 그렇기 때문에 진리를 드러내기 위한 이념적 서술은 사건이라는 세속적인 익명 속에서 실현된다.

이때 핵심은 사건 속에 대립하는 성질 또는 논쟁의 잠재성이 있을 수밖에 없고—섣부른 조화로 봉합하는 것이 아니어야 하며—또 사태에 대한 진정한 서술은 대상의 객관성으로부터 가능하다는 것이다. 진리는 분과학문의 형식으로 인간의 인식에 의해 소유될 수 있는 대상이 아니라 인간의 인식을 항상 넘어서 있다. 이성적 사건을 통해 대상을 통합적으로 지각함으로써 진리가 드러날 수 있게 된다.

언표 Ⅲ: 마음의 사건 체험은 초월적이다

언표 Ⅲ은 마음의 장소에서 일어나는 사건과의 관계 체험을 다룬다. 그 체험의 특성은 초월적이라는 것이다. 마음의 장소가 초월론적 특성을 갖는다는 것은, 우리가 경험적으로 자명하고 또 자연스럽게 생각하는 것을 괄호를 쳐 넣는 현상학적 환원의 조치를 취함으로써—그것을 그렇게 받아들이도록 하는 인식론적 틀 자체를 비판하고 그 틀의 속박을 초월하여 인식론적 해방을 성취하려는 동기를 갖는다는 것이다.

초월은 순전히 넘어가는 과정일 뿐이다. 그것은 여기이면서 저기이기도 하고, 항상 스스로를 앞서간다. 그래서 비-자기동일적인 움직임과 자기전개의 초월적 운동에 의해 끊임없이 사물들을 넘어가고, 안과 밖, 주체와 객체의 이분법을 넘어선다. 그런데 초월에 대한 관념론적 편향을 벗어나기 위해서라도 체험의 초월성을 세 번째 언표로 다루는 것이 중요하다. 언표 Ⅲ을 통해서는 초월적 차원이 어떤 구체적이고 생동적인 경험의 장이라는 것을 강조하려고 한다. 강한 감각적 또는 지각적 인상은 다시 말해 감각적인 확신은 진실에 대한 중요한 징표이다. 그것은 한편으로 삶의 진리에 대한 기본으로서 개인의 체험이 중요하다는 것을 확인하는 것이기도 하다. 체험은 개인을 떠나서는 생각할 수 없기 때문이다. 물론 모든 감각이 삶의 진실에 대한 신뢰할 수 있는 증거가 되는 것은 아니다. 그것은 감각이면서도 감각을 초월하는 성격을 지닐 때 진실한 의미를 갖게 된다.

언표 Ⅲ의 또 다른 의미는 인간의 주체성을 초월적 사유와 결부시키려는 것이다. 초월적 영역은 삶의 전체성이 이해되고 해석될 수 있는 의미지평이다. 우리가 앞에서 다룬 초월은 전체성을 지향하는 형이상학적 테두리에 관한 것이었다. 이 외에도 과학적 발견과 같은 초감성적 초월성도 있고, 예술성, 즉 감성 내재적 초월성도 있다. 그런데 그 의미들은 완결되지 않는 상태로 지속된다. 하지만 이성적 사건의 초월 체험은 진리의 열림과 관계한다.

김우창에 따르면, 후설이 발견한 것은 "구체적이면서 비경험적인 지향성, '초월적 경험'—구성적이면서, 즉…… 생산적이면서 계시적인, 능동적이면서 수동적인 초월적 경험"이다. 여기에 근원적 일체성, 능동성과 수동성의 근원이 있다. 의미 또는 감각sens의 가능성도 여기에서 생겨난다. 일체의 구조, 법칙적 관계 또는 심리적 동인 등은 이 근원으로부터의 발전이다. 이것이 드러나는 것은 현상학적 환원을 통한 현상학적 공간의 열림에서이다. 진리는 이 열림에서 주체의 활동이다.

스토아 철학자 제논Zenon은 모든 확실한 지식은 특별한 지각적 인상—그 체험의 질과 성격에 있어서 저절로 참이라고 느껴지는 데에서 오는 확신에 기초한다고 생각하였다. 여기에서 확신이라고 한 것은 '카탈렙시스Katalepsis'의 번역이다. 개인적 체험에 있어서 그것이 참으로 그렇다는 느낌은 그것 자체가 진리의 보증이라고 할 수밖에 없는 경우들이 있다. 결국 이성적인 것도 감각적 흐름의 삶 속에서 발견되고 또 감각적으로 체험되는 어떤 것일 수밖에 없다.

그러나 많은 경우 그러한 느낌은 우연하고 일시적인 현상이라기보다도 오래된 체험의 한 절정으로서 일어나는 것이다. 그것은 개인의 깊은 체험과 체험이 매개되는 인간 현실 또 거기에 개입되는 외부적 세계에 대한 복합적 의미를 밝혀주는 듯이 한 순간을 이루는 경우가 많다. 그럼으로써만 이성적인 것도 삶에 대하여 살아 있는 의미를 가질 수 있다.

진리의 초월적 열림은 문학적 서술, 특히 시적 서술에서 "형이상학적 전율"을 유발할 수 있는데, 이 전율이 일어나는 사건을 제임스 조이스 James Joyce는 에피파니(epiphany, 顯現)라고 부른다. 에피파니는—"사물의 본질의 계시", "가장 하잘것없는 사물의 혼이 환히 밝아지는 순간"을 말한다. 여기의 요점은 감각적이고 구체적인 체험이 직접적으로 다른 지적인 한 세계에 마주치는 듯한 경험이 있을 수 있다는 것이다. 어쨌든 그것은 어떤 구체적인 계기가 상황의 큰 의미를 한 번에 환하게 알게 하는 경우를 말한다.

그러나 이것은 어떤 개체적인 의지에 의해서만 그렇게 되는 것이 아니다. 무엇보다도 그 구성에 깊이 개입하는 것은 역사이다. 역사 속에서, 그러니까 역사가 되는 의식의 지향이 스스로 지속되는 것인 한, 여기에서 현실과 전체적 삶의 맥락을 능동적으로 재구성하고 변형하는 역사적 이성이 탄생한다. 그것은 언표 I, II, III의 공정을 거치고 나서야 산출된다.

역사적 이성은 이상적 공동체로 향하는 이념적 세계의 건축적 사유를 낳는다. 객관적 구조적 질서는 그 업적이다. 그러나 그 자체는 끊임없이 그것을 넘어가는 움직임으로서만 존재한다. 이 수많은 삶과 세계의 중첩에 어떤 로고스가 작용하는 것이 사실이라고 하더라도 그것은 많은 경우 우연적인 사건으로 경험될 수밖에 없을 것이다. 그렇기 때문에 현장에서 갑자기 느끼게 되는 구체적인 진실에 대한 느낌과 판단이 인간 진실의 중요한 부분이라는 것이 인정될 필요가 있다.

인문과학적 마음—이성의 방법과 서사

성찰 장소로서의 서사

서양 지성사에서 이성적 방법으로 모든 것을 엄격하게 검토하고자 했던 대표적인 철학자는 데카르트이다. 데카르트는 이성을 올바르게 사용하는 방법을 훈련하면 누구든 참된 것, 진리에 도달할 수 있다고 보았다. 그의 작업에서 중요한 것은 검토의 기준으로 이성을 분명히 하는 것이었다. 그는 당대의 과학적 업적과 그 합리적 절차들에 감동하고 있었다. 데카르트의 이성적 방법은 엄격하게는 한정된 영역—특히 수학과 자연과학의 영역—에 국한된 것이라고 말하는 것이 옳다.

그런데 거기에서의 이성적 방법은 이성적 사고의 습관이 되어 다른 영역에도 중요한 영향을 미칠 수 있다. 다른 문제를 생각하는 데에 있어서도 이성적이라고 말할 수밖에 없는 성찰이 그의 사고의 습관을 이루게 되는 것은 자연스럽다. 우리는 이런 데카르트를 단순히 방법적 이성의 설파자로서가 아니라 삶의 이성 전체를 탐구하고자 한 철학자로 재조명하려고 한다. 그는 『방법서설』에서 "내가 걸어온 길이 어떤 것인지를 기꺼이 보여주고, 또 내 삶을 한 폭의 그림처럼 그려보고자 한다"라고 말한다.

그의 이성은 단순히 수학적 이성이 아닌 존재론적 의미를 가진 것이며, 삶의 실천적 현실에 대하여도 깊은 의미를 가진 것이라고 볼 수 있다. 데카르트의 핵심적 발견을 요약하여, "코기토 에르고 숨(나는 사유한다, 고로 나는 존재한다)"이라고 할 때, 이것은 단순히 추상적인 인식론만을 의미하는 것이 아니라, 인간 실존 형식, 즉 생각하는 것이 바로 자기를 확실히 하는 것임을 선언하는 것이라고 할 수 있다. 또, 이것은 단순히 추상적으로 선언된 것이 아니라 체험의 기록으로 서술되어 있다.

데카르트의 『방법서설』 처음에 나오는 '양식bon sense'은 세상 사람들이 두루 가지고 있는 것으로서, 사람이면 누구나 어떻게 살아야 할 것인가에 대하여 관심을 가지고 있다는 것을 의미한다. 이성적 방법을 이러한 관심에도 적용하려고 한다면, 성찰이 그의 사고 습관을 이루는 것은 자연스럽다. 이미 잘 알고 있는 일이기도 하지만 우리는 그의 이성이 실천적인 영역에서의 행동의 문제, 그리고 그에 따르는 신념의 문제에 어떻게 이어져 있는가를 파악하려고 한다.

우리가 사람의 삶에 있어서의 신념을 문제 삼는다고 할 때, 중요한 것은 데카르트의 이성적 방법이 과학의 영역을 넘어 어떻게 보다 넓은 이성적 사고의 습관 또는 성찰의 방법의 일부를 이루는가이다. 그리고 그것이 인간의 실천적 삶에 어떻게 관련되는가를 생각해 보는 일이다. 어쩌면, 실천적 판단은 어떤 특정한 기준의 적용보다도 성찰을 삶의 일부로 완성하는 인간의 자연스러운 선택 행위의 표현이었다.

과학에 있어서나 삶에 있어서나 성찰은 그의 일생의 과업이었다. 그것이 그의 철학적 저작을 자전적 형태가 되게 하는 이유의 하나이다. 우리는 데카르트를 통해서 서술적인 자기 발견의 역정을 볼 수 있다. 데카르트의 『방법서설』이 주는 호소력은 그것이 합리적 인식론이나 형이상학적 기초에 관계된다는 사실에 못지않게 자전적 기록이라는 데에서 온다.

데카르트 자신의 삶에서 앞뒤의 연관을 살펴봄으로써 쓴 자서전이란 무엇인가? 자전이란 삶의 여러 사건에 대한 회고이다. 하지만 그것에 대해 실존적 심각성을 부여하는 것은 진리를 향한 정열에서 나온 '내 삶의 이성'이 기록된 보고寶庫라는 점이다. 자전적 서술은 어떤 사람이 자신의 과거를 돌아보고 그것을 기록하는 일이지만, 이것은 넓은 의미에서 여러 가지를 되돌아보는 일을 포함한다.

이 되돌아봄의 행위 자체는 사람에게 어느 정도는 자연스러운 것이지만, 자서전은 이것을 지속적인 노력으로 의식화하는 작업이다. 데카르트의 설득력은 논리와 서사를 겸하고 있다는 데에서 나온다. 그것은 삶의 지혜에 이르게 되는 도정을 말하고 있고 중요한 삶의 지혜를 말하고 있다. 자전으로서의 철학적 성찰이 시사하는 바는 이성이 단순히 방법의 수련이 아니라 삶의 여정에서 길러진다는 것이다.

실비 로마노프스키Sylvie Romanowski는 자서전으로서 『방법서설』을 검토하고, 그것과 데카르트의 전기적 사실과의 차이를 지적하면서, 이 차이는 저자가 자신의 삶을 하나의 형상 속에서 파악하려 했기 때문이라고 말한다. 서사적 맥락 속에서 생각할 때, 자아는 고정된 관점에 서 있는 자아가 아니고 성찰의 전 과정 속에서 형성되는 자아이다. 이것은 저절로 그렇게 되는 면을 가지고 있기는 하지만, 되돌아봄을 통해서 보다 의식된 주체적인 자아, 즉 하나의 통합 원리가 된다.

데카르트의 경우 삶의 일관성의 문제는 더욱 강한 주제가 된다. 그것은 자신의 마음 가운데 많은 것을 한꺼번에 볼 수 있는 공간을 만드는 일이다. 되돌아봄의 공간은 세계를 살펴보는 공간이기도 한 것이다. 데카르트는 되돌아봄을 통해서 적어도 많은 세간사와 세간인과 그에 따르는 견해들을 한눈으로 바로 통합한다. 위에서 말한 바, 세상의 의견이 다양하고 난형난제의 가능성 속에 있다는 것은 이러한 공간을 통해서 알게 되는 것이다. 우리는 데카르트의 자전적 기록에서 단순히 과학적·철학적 사고의 모범을 보는 것이 아니라 보다 좋은 삶을 살려는 사람의 전형을 본다.

성찰의 사건

데카르트의 인식론적 천착이 철학적 사고 또는 인문과학적 사고에도 중요한 영향을 끼친 것은 분명하다고 할 것이다. 인문과학적 접근에서 데카르트가 중요한 철학자가 된 것은, 데카르트가 과학이나 철학의 문제만이 아니라 자신의 체험적 진실에 충실했고 그의 사고가 그의 삶 전체에서 우러나온 것이었기 때문이라는 것을 밝히는 것이 중요하다. 데카르트가 체험한 것으로 강한 인상을 준 사건은 세상 사람들이 가지고 있는 의견들의 다양성과 상호 모순적인 사태들이라고 할 수 있다. 그는 다음과 같이 쓰고 있다.

> 사실(여러 나라와 종족의 풍속을) 관찰함으로써 얻게 된 가장 큰 소득은 우리에게는 터무니없고 우스워 뵈는 많은 것들이 다른 위대한 종족 사이에서는 통념으로 받아들여지고 수긍되고 있다는 것을 알게 된 것이었다. 그래서 나는 선례나 관습으로 받아들여지는 것을 너무 믿지는 아니하게 되었다. R. Descartes, 1953; 김우창 재인용, 2014.

그의 확실한 것에 대한 추구는 이 문화적 경험으로부터 시작한다. 그가 겪은 공동체들의 통념은 아마 윤리적 건전성보다 공동체 이익을 중시하고 강조하는 것일 가능성이 크다. 공동체적 상식이 삶의 지혜가 되는 것임은 인정하지 않을 수 없지만 그럼에도 불구하고 이성적 원칙의 부재는 사람의 삶이 착잡한 이해관계에 얽혀 있음을 드러낸다.

여기에서 데카르트의 방법은 모든 것에 대한 회의이다. 그의 '의심하는

'나'는 공동체적일 수 없다. 그렇기 때문에 공동체의 외부로 나올 수밖에 없으며, 즉 그는 단독자로서 실존한다는 것을 의미한다. 데카르트의 의심한다는 의지는 공동체 혹은 통념으로부터 밖으로 나오는 것을 의미하며, 이것은 단독적이고 외부적인 실존이다. 그런 점에서 데카르트의 삶은 존재론적 내지 윤리적·실천적 의미를 품고 있다.

그리고 회의의 결과 그는 "나는 사유한다, 고로 나는 존재한다cogito ergo sum"라는 확실성의 근거에 이르게 된다. 이 명제는 두 각도에서 확실성의 근거가 된다. 이 근거의 하나는 생각의 확실성이고 생각의 근거로서의 나의 존재의 확실성이다. 나는 생각하는 한, 확실하게 존재한다는 것이다.

데카르트가 여행을 통한 문화적 경험에 대한 회의에서 보여주듯이, 방법적 회의 없이는 세상에 대한 열림의 자세를 가질 수가 없다. 결국 긍정으로 돌아오는 경우에도, 세상에 대한 지속적인 열림은 자아와 세계의 긍정과 부정 그리고 종합의 변증법적 상호작용 속에서만 가능하다. 그러나 말할 것도 없이 데카르트가 발견했다는 유명한 회의의 방법은 진리에 이르기 위한 수단일 뿐이다.

데카르트적인 회의와 과학적 이성이 당대적 편견과 압력으로부터의 자유를 가능하게 할 것임이 분명하다. 이것은 실천적 선택의 어려움에도 불구하고 불가능한 것은 아니다. 실천의 세계에서도 더욱 명확한 이성적 판단이 필요하다. 그러나 실천의 영역에서 이성의 존재는 그 나름의 방식으로 훨씬 섬세한 움직임 속에 있어서 쉽게 드러나지 않는다. 자전적 기록으로서의 그의 글들은 삶의 바른 길을 찾아가는 문제와 밀접한 관계를 가지고 있다.

데카르트가 진리에 대한 믿음이 있었던 것은 틀림이 없다. 그는 의견과 관습의 불확실성과 다양성을 인정하면서 가장 확실치 않은 의견에

따라 행동하는 경우라도 행동은 굳은 결단 그리고 일관성을 가지고 수
행되어야 한다는 생각을 하고 있었다.

> ……일상적 삶에서 지체 없이 행동하는 것이 불가피함에도 불구하
> 고 우리 능력으로는 가장 맞는 의견을 변별해내기가 어려울 경우가 있
> 는데, 그럴 때에, 가장 그럴싸한 의견을 좇아야 한다는 것, 이것은 가장
> 확실한 진리이다. 또 여러 의견 가운데, 어떤 의견이 다른 의견보다도
> 그럴싸하다는 것을 가려낼 수 없는 경우에도 한 의견을 취해야 할 수
> 밖에 없을 수가 있고, 그 경우, 일단 그렇게 한 다음에는, 실천의 면에서
> 그것이 불확실함을 생각할 것이 아니라 이유가 그러한 만큼, 그것을 옳
> 고 확실한 것으로 간주해야 한다는 것, 이것도 마찬가지다.
>
> R. Descartes, 1953; 김우창 재인용, 2014.

그의 현실적 선택은, 확신에 찬 것은 아니면서도 분명하다. 삶의 불확
실성을 인정하면서도 그 안에서 어떻게 바른 견해를 찾고 행동적 선택을
하고 그것이 실천적 현실이 되게 할 것인가에 대한 방법론으로서 이보다
명쾌한 정식을 찾기도 어려울 것이다. 여기에서 진위나 시비를 가릴 수
없는 경우에도 행동적 필요에 강박되는 인생의 현실에 대한 그의 인식은
실존주의적 처절함을 느끼게도 한다.

데카르트는 당시의 신념들의 그 현실 적합성과 그 사실적 결과를 비판
적으로 검토하기 위해 이성적 방법을 추구했음을 알게 한다. 그의 이성
적 방법은 보다 넓은 삶의 방법의 일부이고, 그의 명증한 과학적 철학적
사고는 보다 넓은 이성의 일부인 것이다. 그러나 진정으로 자의적인 의
견과 신념에 매이지 않으려면, 우리는 다시 한 번 이러한 이성을 넘어가
는—공동체적 의견과 신념의 생산자로서의 이성을 넘어가는—더욱 엄정

한 근본적 이성을 필요로 한다. 데카르트는 그의 일생을 되돌아보든 아니면 상황을 되돌아보든, 되돌아봄을 통하여 성찰의 공간을 만들고 그것으로 많은 것의 병치를 허용하는 회의 방법을 통하여 검토하고 진리 또는 바른 선택을 찾아내려고 한다.

성찰의 초월 체험

인간에게 삶의 역정이 있다면, 그것은 스스로 안에 있는 사유와 그 원리로서의 이성을 깨우치는 것이다. 그것은 이미지나 상상뿐만 아니라 이성 자체도 초월하여 존재한다고 할 수 있다. "코기토 에르고 숨"은 바로 이것을 말한다고 할 수 있다. 이것은 생각하는 것을 통해서 자아를 확인한다. 그러나 이 자아는 단순히 이미지나 상상력이 일고 지는 현상의 자기 동일성에 의하여 확인되는 것이 아니다. 이 자아는 이성을 떠맡고 있는 자아이다. 그러나 이것은 자아를 되돌아봄으로써 확인하는 이성의 원리 그 자체는 아니다.

그것은 움직임의 원리 또는 움직임 그것이다. "코기토 에르고 숨"은 사실 사유와 자아의 두 계기를 포함하는 움직임의 원리로 이해된다. 코기토가 있고 숨이 있다는 것을 확인하는 것은 그것을 확인하는 '코기토'와 '숨'이 다시 있다는 것을 말한다. 여기에서 벌써 '코기토'와 '숨'은 시간 내에서 지속하는 움직임으로 드러난다.

즉, 나는 나의 기억으로서 확인되면서 나는 단순히 기억의 대상 이상의 연속—어떻게 보면 절대 대상화될 수 없는 연속—으로서 파악되는 것이다. 그것은 이미지나 상상뿐만 아니라 이성 자체도 초월하여 존재한다고 할 수 있다. 그리고 거기에 이르는 것은 구체적인 삶의 현상으로서 그것은 초월을 향한 끊임없는 자기 단련을 요구한다.

그것은 인간에게 없을 수 없는 되돌아봄의 자아의 과정에 관계한다.

되돌아봄은 인간에게 어떤 경우에나 없을 수 없는 것이지만, 그것은, 자전적 되돌아봄에서 더 강화되고 그것이 다시 삶을 관류하는 논리로 파악된다. 물론 이것은 다시 일상적 자의식에 투입된다. 데카르트의 경우 이 삶의 일관성의 문제는 보다 강한 주제가 된다.

데카르트의 되풀이는 자전적 기술의 의도가 철학적이며 과학적이면서도 단순히 대상 세계만이 아니라 삶의 세계에 있어서도 일정한 논리성이 있음을 보여주려는 것이라고 할 것이다. 그런데 삶의 일관된 논리성도 움직이는 이성의 활동이라고 할 때, 그것은 체험적 카탈렙시스의 성격을 가진다. 데카르트가 명증성의 기준으로 내세운, "이성의 빛에서만 나오는, 맑고 주의 깊은 마음의 확실한 생각"은 이성적 기준인 듯하면서도 강한 감각적 요소를 가지고 있는 것을 놓치기 어렵다. 여기에는 일종의 카탈렙시스적 체험이 들어 있는 것이 아닐까?

이성의 개념은 현상으로서의 세계나 감각적 체험에 대응하는 것이기에 그런 성격을 갖는 것은 마땅하다. 미국의 철학자 마사 너스바움Martha Nussbaum은 고통의 경험을 통하여 사랑의 의미를 깊이 깨닫게 된 것과 같은 경우를 들고 있다. 사실 사랑의 경험에서도 그러하지만, 다른 개인적 체험에 있어서도, 그것이 참으로 그렇다는 느낌은 그것 자체가 어쩌면 진리의 진리됨을 거의 직접적으로 체험하는 카탈렙시스와 같은 것일 수 있다.

인문과학적 마음―해체와 이성

해체와 형성 장소로서의 시

인간이 그 나름의 독자성을 지닌 개체적 존재라는 존재론적 이해의 동기를 가진다면 이성적인 것은 어디에나 스며 있다고 할 수 있다. 존재 방식에 대한 총체적인 이해는 추론의 결과라기보다는 감각이나 지각의 체험으로서 온다. 사람의 체험과 세계에 움직이는 이념성, 또는 이성은 어떤 형식을 가진 원리에 가까운 것이라고 하겠으나 그것은 고정된 형식이 아니라 끊임없이 새로운 형식화의 에너지로 스스로를 드러낸다고 할 수 있다.

그것은 관습화된 절차의 방법이 아니라 그것을 뒤로 남기면서 새로운 드러남으로 나아가는 움직임이다. 그 이유는 생존의 사실적 조건과 관련되어 있기에 감각 체험은 늘 이 사실을 우리에게 새삼스럽게 재확인시켜 주기 때문이다. 또는 과거의 업적에 대한 관계는 크게든지 작게든지 파괴와 창조 또는 해체와 형성의 회로로서 이해되어야 하는 어떤 것이다.

이 회로에서 쉽게 보이지 않으면서 움직이고 있는 것이 바로 근원적 이성의 충동이다. 물론 이것은 다른 형상화의 힘들과 결합하여 가시적인 것이 된다. 시는 이러한 이성의 나타남의 순간을 가장 잘 포착하는 인식의 방편이라고 할 수 있다. 물론 시 속의 이성의 출현 그것이 이성의 전 모습일 수는 없으며 단지 원초적인 나타남의 모습을 살피게 한다는 것이다.

시가 포착하는 이성적 순간 또는 이념성의 순간으로부터 삶의 체제들, 즉 과학, 법, 사회제도 등의 이성적 제도들이 전개되어 나온다고 할 수 있다. 퇴계와 같은 철학자가 2천 수 이상의 시를 남겼다는 것은 동아시아의 정신의 기율에서 시가 차지하는 높은 위치를 잘 보여준다고 할 수 있다. 이런 의미에서 하이데거의 말대로, 사람은 시적으로 산다고 했다.

시인이자 문학비평가인 스티브 스펜더Stephen Spender는 말로 표현되지 않는, 단지 암시된 어떤 것을 단어를 가지고 나타내려는 시도야말로 "시가 행하는 무시무시한 도전"이라고 말한다.

"내가 쓰고 싶은 시를 설명하는 것은 참으로 쉬운 일이다. 그러나 막상 시를 쓰는 것은 대단히 어려운 일이다. 쓴다는 것은 추상적으로 다가오는 내적인 느낌을 심상으로 만들어 이를 체험해야 한다는 말일 텐데, 그런 노력이야말로 일생에 걸쳐 얼마나 큰 인내와 관찰력을 요구하고 있는가?"

한편 그는 시작詩作을 가리켜 '이미지들의 논리' 작업이라고 표현했다. 그에게 시는 매우 생생한 기억, 대개는 시각적인 기억에서부터 출발했기 때문이다. 실감을 주는 이미지는 우리의 지각을 새롭게 한다. 이미지들의 신선함과 그리고 그것을 통한 세계의 신선함에 대한 인지가 있기 전에, 세계와 사물에 대한 우리의 지각은 매우 불분명한 두루뭉수리의 상태에 있다. 거기에 명확함과 분명함이 생겨난 것이다. 그것은 보고 있는 대상뿐만 아니라 이 대상을 포함하는 전체, 즉 배경과 바탕을 동시에 본다는 뜻이다.

이 과정에서 중요한 것은 아날로지analogy를 만들어내는 시인의 힘 또는 시와 언어의 형상화의 잠재력이 지각에 맞부딪쳐서 일깨워진다는 사실이다. 그러나 이 체험은 내면의 심미적 태도로만 규정되는 것이 아니다. 그것은 무엇보다도 지금 여기의 행동의 가능성을 헤아리는 데 도움을 주기도 한다. 사람의 행동은 특정한 대상과의 관계에서, 또는 제한된 구역 안에서 이루어지지만, 그것은 배경 전체를 지평으로 삼고 있다. 이 배경이 전제되는 행동일 때 비로소 주체적인 삶의 의미가 드러난다고 할 수 있다. 전체성의 의식은 곧 행동의 일관성을 위한 것이기 때문이다.

한편 시각적 기억과 시적 직관은 풍부한 표현력을 가진 문어로 형상화한다. 시인 존 드라이든John Dryden 역시 "이미지를 만들어낸다는 것은 그 자체만으로 시의 생명이자 정점이다"라고 선언한 바 있다. 사람은 끊임없이 사물의 세계를 보면서 정리하고 그것이 무너지면 다시 정리할 뿐이다. 그러나 확실한 것은 거부할 수 없는 표현 또는 형상에의 의지이다. 형상화의 필요는 사람이 지각하는 모든 것에서 일어난다. 이것은 개인적으로도 그러하지만, 집단적으로도 그러하다.

모든 예술 작품은 형상적 의미의 구현이다. 그것은 우주 공간에 대하여는 하찮은 것이면서 인간에게는 지속적인 것이다. 그러면서 그것은 변화한다. 그것의 변화와 재형성의 계기는 시적인 순간에 있다. 후설은 지각이나 인식에 개입하는 형상이나 이념성을 논리가 구성해내는 구조의 한 부분이라고 하지는 않는다. 그것은 그보다는 구체적인 경험의 계기에 밀착된 것으로 생각한다. 그 출처는 심리도 아니고 논리도 아니다. 이 점에 해체와 형성의 과정으로서 지각이나 인식의 문제를 생각하는 데에 도움이 된다.

지각과 지각에 뿌리를 둔 예술의 형상화와 그 해체 그리고 재창조의 과정은 사람의 삶, 개인적인 그리고 집단적인 삶을 밑으로부터 받쳐 들고 있는 예술적 표현에서만이 아니라 일관성의 역정으로서의 사람의 삶 속에서 추적될 수 있다. 또 그것은 지각을 넘어 인식의 문제로서의, 철학적 사유에도 있을 수 있다.

해체와 형성의 사건

해체decreation에 대한 프랑스의 철학자 시몬 베이유Simone Weil의 말에 따르면, 해체란 창조된 세계로부터 창조 이전의 근원으로 나아가는 것을 말한다. 이 비창조화 또는 해체의 노력은 무엇보다도 세속적 허영으로 이루어진 자아를 벗어나고 신의 창조의 세계에 일치하려는 노력을 말한다. 그녀는 해체는 신 앞에서의 세속적 자아의 포기, 그리고 문명의 창조가 아니라 세계의 고통의 절대적인 수락을 말한다.

미국의 시인 월리스 스티븐스는 베이유의 해체 개념을 빌려와서 좀 다른 방식으로 사용하는데, "현대의 현실은 해체의 현실a reality of decreation" 이라고 말한 적이 있다. 스티븐스가 "해체"란 말을 쓴 것은 당대의 문명을 두고 말한 것이지만, 그의 시대의 문명뿐만 아니라, 모든 창조의 노력에 대해서이기도 하다. 사실상 모든 지적인 것 또는 예술은 창조된 것의 해체와 새로운 창조 둘 사이의 회로 속에 움직인다. 물론 이 해체란 보다 적극적인 파괴를 말하기도 하지만, 단지 습관적 사고나 지각을 괄호 속에 넣고 새로운 눈으로 본다는 것을 말할 수도 있다.

지각의 열림에 있어서 사물에 대한 정확한 관찰은 중요하다. 이것을 언어로 조작하는 것은 무엇보다도 시이다. 모든 것은 시적 관찰에서 시작한다. 그때 포착되는 좋은 이미지는 이성적 순간을 제일 간단하게 예시해줄 수 있다. 이미지들은 이미 있었던 지각 체험을 표현하는 것이면서 또 그것을 새로 창조하는 것이라고 할 수 있다. 그러나 그 효과가 전적으로 우연적인 것은 아니다.

우리가 생각하는 경우에, 주의가 집중되는 것은 생각의 대상이다. 그러나 참으로 근본적으로 생각한다는 것은, 대상과 아울러 대상을 생각하는 주체를 생각한다는 것을 뜻한다. 그것은 움직임으로서의 마음과 움직임의 정지로서의 사유의 관계를 문제 삼지 않을 수 없는 것이다. 그리고 생각이 대상이 되는 것은 실재 또는 어떤 분명한 명제이지만, 그것은 움직이는 마음의 해체와 형성의 과정의 결과물에 불과할 가능성이 있다.

유교에서 마음의 수련이 중요하고 그것이 다른 모든 관심에 선행한다고 한다. 성리학에서는 인식과 실천의 주체로서의 마음을 상정한다. 그 마음과 세계의 관계가 창조와 해체의 과정에서의 움직임을 이룬다는 관찰은 성리학 일반에 들어 있는 통찰이다. 마음은 주체의 구체적인 준비와 행위를 의미하면서도 동시에 그것을 넘어가는 일반성을 가진 의식이다.

퇴계의 마음에 관한 담화인 "주일무적主一無敵"에 따르면, 마음은 하나에 집중하고 자기 일관성을 지켜야 한다. 그러면서 그것은 하나에 머물지 않고 많은 것에 대응하여 움직인다. 이 마음은 경敬의 상태에서 시작된다. 경은 사물에 대하여 조심스러움과 두려움을 가지고 주의하는 것을 말한다. 이것은 마음을 집중한다고 하여도 그것이 반드시 적극적으로 어떤 것을 추구하기보다는 수동적인 상태에 있을 것임을 요구한다. 이 마음의 상태는 움직임과 고요함을 동시에 지니고 있다. 그러면서도 퇴계는 한 가지 일에 집중하는 것을 한 가지 일에 매이는 것으로 착각하는 일에 대해서도 경고한다.

여기에서 중요한 것은 근원적으로 이성은 의식의 관조적 열림에서 드러나는 초월적 주체의 이차적인 산물이라는 것이다. 그것은 현상학적 환원에 있어서 핵심적인 주체로 나타나는 초월적 주체의 활동의 소산이다. 그 자체가 끊임없이 넘어가는 움직임으로서만 존재한다는 점에서는 시적인 직관에서 초월적 이념성의 뿌리와 크게 다른 것이 아니다.

시적 상상력은 주체의 관점을 나 자신으로부터 대상물로 옮길 수 있는 힘이다. 시인은 사물을 그 본질로부터, 즉 그 존재를 규정하는 조건이면서 그것의 내면을 이루는 본질의 관점에서 본다. 시적 상상력은 과학적 탐구에서도 사유 가능하다. 유전학 분야에서 노벨상을 받은 바버라 매클린톡Babara McClintock이 젊은 시절 경험한 사례를 들어보자. 그녀는 옥수수 염색체를 연구하면서 밭에 있는 모든 옥수수 개체를 한 줄기 한 줄기 다 알고 있었다. 그래야만 옥수수를 진정으로 '인식'할 수 있기 때문이다. 그녀는 이렇게 말했다.

"옥수수를 연구할 때 나는 그것들의 외부에 있지 않았다. 나는 그 안에서 그 체계의 일부로 존재했다. 나는 염색체 내부도 볼 수 있었다. 실제로 모든 것이 그 안에 있었다. 놀랍게도 그것들은 내 친구처럼 느껴졌다. 옥수수를 바라보고 있으면 그것이 나 자신처럼 느껴졌다. 나는 종종 나 자신을 잊어버렸다. 가장 중요한 것은 바로 이것, 내가 나 자신을 잊어버렸다는 것이다."

이 사건을 통해서 보면, 모든 것이 사실적 논리나 인과관계로 완전히 설명되는 것이 아니면서 "진리에의 무한한 열림"이 선행한다는 것이다. 후설에 따르면, 시적 상상력이라는 현상학적 환원의 조치로 인해 초월하여 열리는 세계가 있는 것이다. 진리는 이 열림 속에서의 주체의 활동이다. 거기로부터 시작하여 사실의 세계나 인간의 세계의 논리적 관계가 구성된다. 이렇게 후설은 논리적 진리의 밑에 초월적 구성의 근원이 놓여 있음을 말한다.

해체와 형성의 초월 체험

사람의 체험 속에 감각적인 것만이 아니라 초월적인 것이 있다고 한다면, 이 초월적 체험은 지금 여기를 벗어나는 것이다. 그러나 이 체험은 그것이 초월적인 것이라고 하더라도 여전히 감각적 세계 안에서 일어난다. 그러니까 감각적 체험 속에서도 초월적인 것이 있고, 초월적 체험 역시 감각적 영역 안에서 경험되는 것이다.

초월의 본성은 해체와 더불어 형성의 이중적 성격 안에서 온전히 이해할 수 있다. 해체와 형성의 이중적 과정은 주어진 것에서 주어지지 않은 것으로의 움직임이다. 이 움직임에서 이성의 원근법적 시야가 더 넓은 배경을 획득함에 따라 체험 역시 초월적인 것이 된다. 이렇게 해서 열린 전체적 지평은 시각과 관점의 폭넓은 원근법적 종합에 의해 포착된 것이다.

시는 인간과 그 삶이 놓인 바탕이자 근거 그리고 그 배후를 깨닫게 한다. 시가 전체성의 지평에 대한 체험을 하게 한다. 시적 체험은 감각적 경험을 넘어서는 삶의 넓고 높은 전체성에 대한 느낌인 형이상학적 체험을 제공한다. 그러나 전체성에 대한 형이상학적 체험은 저절로 지각되는 것이 아니다. 지각이나 인식의 현상이 마음의 움직임의 소산이라고 할 수 있다. 그것은 무수한 감각적·정신적 수련의 고달픔을 요구한다.

시적인 순간에서의 초월적 체험을 에피파니라고 할 수 있다. 에피파니를 좀 더 일반화한 것으로 볼 수 있는 로만 잉가르덴의 "형이상학적 성질"도 문학과 그리고 삶에 들어 있는 그러한 순간을 말한다.

"어느 날—하나의 은총처럼—평범한, 주의하지 못했던, 흔히 감추어져 있던 사연에 관련하여 어떤 사건이 일어나고 그것은 우리와 우리의 주변을 형용할 수 없는 분위기로 감싼다."

하이데거 식으로 존재의 근원이 스스로 드러나는 것이라고 할 수도 있다.

지각에서 사물은 그 모습을 드러낸다. 예술은 그것을 보다 분명한 형상으로 포착하고자 한다. 이것은 심리적으로 설명될 수 있는 것은 아니다. 심리는 어떤 형상적 움직임의 전달체일 뿐이다. 이 형상에는 쉽게 논리로 환원할 수 없는—그러면서 그것에 이어져 있던—이념이 들어 있다. 그렇다고 이 형상이 영원한 것은 아니다. 이것은 형상의 끊임없는 변용의 한 국면에 지나지 않는다. 또 다른 한편으로 그것은 예술가의 마음의 역정의 일부이기도 하다. 그러나 이 모든 것이 심리적인 현상인 것은 아니다. 그것은 형이상학적 계시의 성격을 갖는다.

그것이 창조의 힘이라면 그것은 끊임없이 그것을 넘어가고 또 해체함으로써 새로운 창조로 나아간다. 이성적이고 합리적인 것이 삶의 질서의 근간이면서도 삶의 경직한 질곡을 이룰 수도 있는 것은 그것이 이러한 창조적 진화의 힘을 잃어버렸을 때이다. 이것은 도덕과 윤리에서 우리가 특히 많이 볼 수 있는 것이다.

근원적 이성으로서 해체와 형성은 초월적 의식의 구성작용인데, 이것들의 구성물은 심리나 사회적 사물 이해에서도 볼 수 있다. 그것을 너무 성급하게 받아들인 결과물인 실증적 인과율을 절대시하는 경우도 있다. 그러나 초월적 의식은 근본적으로 "스스로를 존재하는 것으로 구성"함으로써 존재한다.

여기에서 이성이 탄생한다. 그러면서도 그것은 역사 속에서, 그러니까 역사가 되는 의식의 지향이 스스로 지속하는 것인 한, 스스로 분출되어 나온다. 역사를 통하여 일어난 이성이 존재를 가로지른다. 객관적·구조적 질서는 그 업적이다. 그러나 그 자체는 끊임없이 그것을 넘어가는 움직임으로서만 존재한다. 이러한 일체의 의미와 감각 또는 진리의 공통의 뿌리는 보다 간단하게는 시적인 직관에서의 초월적 이념성의 뿌리와 크게 다른 것이 아니다.

2부

인간중심주의를 넘어서

과학과 이데올로기

인간학적 사유의 영역들

휴머니즘으로서의 인문주의의 전통은 르네상스 시기로까지 거슬러 올라간다. 르네상스 시기의 인문주의자와 예술가들은 신학적 인간 이해를 깨는 선봉장이었다. 르네상스 시대에 이미 가시화되고 있었던 신과 인간 사이의 이념적 대립이 극단화되고 마침내 양자가 완전히 분리되어 표상되기에 이른다.

원죄 의식의 굴레로부터 벗어난 인간의 자유, 세속적 인간의 자유를 일깨웠다는 점에서 그들은 근대적 인간의 효시이다. 이후 새로운 과학자들은 이성에 내재한 법칙에 따라 자연을 합리적으로 서술함으로써 신학적 세계상을 완전히 대체한다.

괴테의 "이론의 나무는 회색이고 생의 나무는 초록이다"라는 말에서 상징적으로 나타나듯이, 자연과학과 대비되는 인문학은 낭만주의적 충동 안에서 성장한다. 18세기 말 독일의 인문주의는 형성의 이념을 크게 강조하였고, 이후 형성은 인문학 교육의 중요한 근거가 되었다. 인문주의는 보편적 가치를 표방하면서 근대의 인간주의를 선도해왔다고 할 수 있다.

근대의 인간주의는 '인간'을 모든 것의 근거로 삼는 사유이고, '인간'을 사유의 출발점이자 사유의 방향을 잡는 가치 내지 목적의 자리에 둔 사고방식을 지칭한다. 하이데거는 『인문주의 서한』에서 "인문주의에서 우리는 무엇을 생각하며 인간을 어떻게 이해하는가? 인문주의에서도 역시 인간을 이성적 동물로 생각하고 있다"라고 말한다. 그렇듯 인간이란 '존재자'를 근거로 삼아 그것으로 모든 것을 설명한다는 점에서 하이데거는 인문주의를 일종의 형이상학이라고 말한 것이다.

형이상학은 존재하는 것 전체의 원리를 어떤 최상의 존재자(신·정신·물질·주체·실체 등등)에서 구하는 것이다. 따라서 하이데거의 지적대로, 인문주의는 인간을 중심으로 한 존재론이라는 점에서 그리고 인간의 본질과 더불어 세계 전체를 해석하고 있다는 점에서 이미 형이상학이다. 따라서 모든 학문에 인간에 대한 전제가 들어 있고, 모든 사람의 일에 인간에 대한 이미지가 들어 있다. 그러나 인간 이미지는 학문 구성의 공리가 되는 까닭에 적극적으로 검토의 대상이 되기 어려운 점도 있다.

어쨌든 모든 학문에는 사람의 존재 방식에 대한 상정이 들어 있다. 인간학적 사유란 인간에 대한 이미지를 모든 것의 근거로 삼는다. 인간학적 사유를 하고 있는 여러 학문들은 인간적 이미지를 통해서 서로 교통하는데, 그 가운데서 인간학적 사유를 형성하는 대표적인 학문으로 철학과 경제학을 꼽을 수 있다.

먼저 철학은 인간을 사유의 목적이자 기원으로 삼아 보편적 존재로서 사유하는 지식체계이다. 인간의 행위를 정신이나 이성, 합목적성이라는 관점에서 다른 동물적 행위와 구별하려 했던 철학적 인간학의 관념이 오래 전에 이미 준비되어왔다. 그리고 근대에는 세계를 주체와 대상으로 가르고, 인간과 자연을 그 각각에 대응시키는 철학적 관념이 성립했다.

주체와 대상을 가르자 물음의 주체와 대상이 엄격하게 구별된다. 여기서 중심적 지위를 차지하는 것은 물음의 주체인 인간이므로, 서구철학은 인간중심주에 근거하게 된다. 또한 인간과 자연의 관계를 노동이라는 능동적이며 합목적적인 활동이 매개한다. 인간은 그 자체로 목적으로 다루어져야 할 존재지만, 동시에 합목적적으로 활동하는 존재다. 역사란 이러한 목적성이 실현되는 과정이다. 노동을 통해 인간의 의지 아래 자연에 대한 지배력을 확장해가는 과정을 이후 사람들은 '역사'라고, '역사적 발전'이라고 불렀다. 역사 내지 역사의 발전이란 바로 하나의 목적에 의해 발전과정 전체가 규정하는 '목적론적 과정'인 것이다.

철학과 경제학을 잇는 인간의 본질에 대한 전제는 노동하는 인간이다. 다른 생물들이 주어진 환경에 그저 적응할 뿐이라면 인간의 노동은 이성적 합목적성에 따라 자연에 대한 지배력을 증대시킨다. 그리하여 세계를 자기 목적에 맞추어 통제하는 힘을 확장함으로써 세계를 영유하고 '자기화'한다. 합목적적 활동으로서 노동이 바로 인간의 본질이고, 역사 발전의 추동력이다. 인간의 노동만이 가치를 생산한다는 경제학의 인간학적 사유는 자명한 타당성을 얻는다.

더불어 인간은 노동함으로써 자기 이익을 추구한다. 그리하여 인간이 기본적으로 이기적 욕망의 존재라는 것과 그것을 실현하기 위한 방법으로서 '주고받고, 교환하고, 장사하고' 하는 타고난 성향을 가지고 있다는 것이다. 더 일반적으로 사회과학은 인간이 여러 가지 수단에 의해 조종될 수 있는 존재라는 것을 상정하는 것으로 보인다. 그것은 이 수단의 확정과 작용에 큰 관심을 기울인다. 인간본성의 한 전제로서의 이기적 욕망은 이러한 수단의 하나이다.

인간학적 사유에 맞선 사이드는 인문주의란 "인간을 다른 것과 구분짓는 특성을 찾으려는 갈망"이자 "인간적인 모든 것을 고려하려는 열망"이라고 했다. 그는 인간 존재의 존재론적 의미에 대한 근원적 성찰과 그에 대한 노력과 투신을 촉구하고 있다. 그것은 인간이 만들고 구성한 것,

역사와 인간 존재의 자기 인식에 대한 탐구를 의미한다.

진화론과 이데올로기

다윈의 진화론은 코페르니쿠스의 혁명 이상으로 인간과 자연에 대한 인류의 생각에 엄청난 변화를 몰고 왔다. 그걸 보더라도 과학이 가장 위대한 진리의 한 방식이라는 것은 분명하다. 다윈의 진화론은 현대의 생물학이 성립하는 가장 중요한 토대의 하나가 되었을 뿐만 아니라 현대적 인간관과 세계관의 성립에 커다란 영향을 미쳤다. 다윈의 진화론은 도덕과 형이상학의 영역에까지 확대되었던 것이다. 다윈의 진화론은 플라톤 이후로 존재론의 왕좌를 지켜온 이데아 중심의 형이상학에 어떤 도전이었다.

다윈의 진화론에서 변이들variations은 다윈의 자연선택이 작동하기 위해서 반드시 필요한 요소이다. 자연은 개체군 내의 이런 변이들을 선택적으로 보존함으로써 종 분화가 일어난다고 다윈은 주장한다. 다윈의 종 분화 관념에서 유추되는 생각의 하나는 생물진화가 하등생물로부터 더욱 복잡한 조직을 가진 고등동물로 나아간 것이고, 사람이 여기에서 그 진화의 정점에 있다는 것이다. 이것은 사회와 인지의 진보에 생물의 진보라는 더욱 넓고 확실한 근거를 제공하는 것으로 생각되었다. 생물의 진화로부터 유추된 진보라는 계기가 사회적으로 커다란 영향을 미쳤던 것이다.

생물학의 진화론은 생물학의 범위를 넘어 인간과 사회의 이해에 중요한 기여를 했다. 다윈 진화론에 들어 있는 여러 생각 가운데, 요즘 용어로 말해 사회생물학적 유추 과정에서 특히 당대에 가장 영향력을 행사한 것은 진화의 근본적 계기가 되는 자연도태의 개념이었다. 사람들은 이것이 사회의 진화에도 확대될 수 있는 것으로 생각했다.

진화론적 사고의 계속된 발전과 세련화는, 생물학의 이론적 기여로서만이 아니라 인간과 인간의 생존조건에 대한 이론적이고 실제적인 지식으로서 그 깊이를 더하게 되었다. 미국의 사회학자 섬너Willam G. Sumner의 경우는 사회란 생존을 위한 경쟁과 투쟁의 장이며, 여기에서 승자와 패자가 갈라지는 것은 당연한 삶의 원리일 뿐만 아니라 결과적으로 사회 전체의 발전에 기여하는 것이라고 생각했다. 경제학적 '발전' 개념은 생물학적 '진화'의 개념과 맞닿아 있다는 추측도 어느 정도 가능하다고 본다.

과학의 역사에서 다윈의 진화론은 생물학적으로 하나의 토대를 이루는 이론일 뿐만 아니라 일반적으로 현대적 인간관과 세계관에 지대한 영향을 준 과학사상이다. 특히 '적자생존'이나 '자연 도태' 등의 개념이 사회생물학적 유추의 과정에서 비중 있게 다루어진다. 적자생존이라는 말은 살아남은 자가 생존에 적절한 자라는 것이며, 자연도태는 어떠한 종이 번성하거나 도태하는 원인이 "보다 뛰어난" 적응 능력에 있다는 것이다. 적응 능력의 이점이란 단순한 이점이 아니라 다른 종과의 경쟁관계에서의 비교우위를 뜻한다.

이 개념들은 다윈 이후의 사회사상에서 중요한 말이 되었다. 이것을 사회의 진화에도 확대하여 주장한 것이 스펜서의 사회진화론이다. 살아남는 것은 우수한 능력을 나타내는 것일 뿐만 아니라 사회 진화의 과정에 의해 정당화되는 일이다. 사회적 다윈주의 사상은 당대를 지배했던 무자비한 산업주의의 사회사정에 맞아 들어가는 것이었다.

특히 경제학과 생물학이 공유하고 있는 것은 사람의 특질이 삶의 지속을 위한 자원 획득에 있다는 것을 인정한다는 것이다. 레빈슨과 르윈

틴Richard Levins & Richard Lewontin은 그들의 저서『변증법적 생물학자』에 실은 '이론과 이데올로기로서의 진화'라는 글에서 진화의 개념에 작용한 이데올로기적 연관을 살피고 있다. 기능주의적 적응이론을 경제학의 효율극대화 이론과 관련지어 설명하고 있다.

진화과정은 환경의 도전에 최선의 효율적 방법으로 적응하는 자에게 생존을 허용하는 식으로 진행된다. 최선의 효율적 방법이란 생물체가 살아가는 데 필요한 자원 획득에 최소한도의 배정으로 측정된다. 다시 말해 자원 획득과 배정의 문제는 최소한의 시간과 최대의 소득을 확보하는 문제가 된다. 이러한 이론에서 최선이란 능률을 말한다. 이것을 비롯한 근본개념들의 출처가 자본주의 경제학이라는 것은 분명하다.

그리하여 "진화에 있어 효율극대화optimalization는 시간할당이 재생산 또는 생식, 달리 말해 회사 전체의 성장을 위한 투자를 극대화하는 데 가까운 것이 되리라고 전제한다." 그러나 '능률', '낭비', '투자에 대한 최대의 이윤의 회수' 등의 말이 가지고 있는 도덕주의적·이데올로기적 함의는 진화론자의 의식에는 기록되지 않는다고 레빈슨과 르원틴은 말한다.

사실 진화론에 잘못이 있다면, 그것은 검토되기도 하고 검토되지 않기도 한 인간의 이데올로기에 관계되어 있다. 자연도태를 통한 진화는 시대적인 발전 개념에 연루되어 있다. 여기에는 비록 잔인한 시련을 통해서일망정 역사가 일정한 방향과 목적을 가지고 나아간다는 생각이 들어 있다. 또 이러한 발전의 역사에서 여러 가지 사회와 삶의 방식이 하나의 궤도에 정리될 수 있고, 이러한 발전의 그래프에서 서구사회는 그 정점에 있다는 생각이 함축되어 있다.

다시 말하는 것이지만, 생물진화에서 진화는 보다 단순한 것에서 복잡한 것으로, 보다 발달한 것으로 진행되고, 거기에서 인간은 물론 정점에 있다는 생각을 포함한다. 인간 중심의 생각은 문화적 사회적 이유보다는 더 깊은 곳, 그러니까 자기비판에 철저하지 못한 과학의 인식론에서 나오는 것이라고 할 수 있다. 사실 핵심적인 것은 과학에 대하여 과학성을 옹호하는 것보다도 과학의 이데올로기적 기능을 비판적으로 검토하는 것이다.

과학과 인간 이미지

오늘의 세계는 과학 또는 과학기술문명의 세계이다. 과학과 기술은 오늘의 삶을 일반적으로 규정하고 있는 가장 큰 테두리를 이룬다. 과학이 그 기술적 응용을 통해 인간생활에 커다란 변화를 가져온 것은 새삼스럽게 말할 것도 없다. 특히 과학은 일상적인 삶뿐만 아니라 다른 학문의 연구에서도 주제나 방법론상으로 커다란 참조의 틀이 된다. 그런가 하면 한편으로 과학은 시대적·지적 풍토와 사회적 여론의 풍토에 크게 영향을 받는다. 정치적이며 종교적인 신념에 따라 과학의 결과를 마음대로 적용할 때의 위험은 역사에서 자주 목격할 수 있는 바이다.

과학이 다른 학문에 주는 영향 가운데 핵심적인 것 중의 하나는 그것이 시사하고 있는 인간의 이미지이다. 그것은 우리가 갖고 있는 인간에 대한 생각에도 보이지 않는 영향을 준다. 오늘날 생명과학에서 보듯이 유전학이나 진화론적 관점에서 도출한 지식을 바탕으로 인간의 존재 전체를 설명하려는 자연신학적 경향은 어디에나 도사리고 있는 위험이다.

과학이 내놓는 인간의 이미지는 대체로 사람들에게는 환영받지 못하는 경우가 많다. 과학은 본질적으로 사람을 결정론적으로 보는 경향이 짙기 때문이다. 그것은 인간을 조종의 대상까지는 아니더라도 적어도 물리학적 또는 생물학적 세계의 법칙들에 얽매여 있는 비교적 하찮은 존재로 보이게 하기 때문이다.

생물학적 조건만으로 본다면, 인간은 초파리나 바퀴벌레보다 더 나을 것도 없는 존재다. 그럼에도 불구하고 자신의 내면에 완전과 불멸, 사랑과 초월을 꿈꾸고 아름다움과 성스러움을 노래하는 존재가 인간이다. 그런데 진화론의 자연주의적 인간관은, 사람이 전통적으로 중요하게 생각한 여러 진선미의 가치를 객관적 근거가 없는 주관적 환상으로 보이게끔 한다.

과학기술이 거둔 커다란 성공은 물건과 세계를 조종의 대상으로 보게 한다. 동시에 인간 자신을 조종할 수 있는 대상으로 생각하게 하는 경향을 갖는다. 이미 하버마스가 옳게 지적하였듯이, 하이데거 철학이 현대사회에 기여한 가장 큰 공로의 하나는 '과학에 의해 식민지화되어가고 있는 생활세계의 위기'를 깨닫게 해준 점이다.

학교에서 곤충을 배우면서, 그것이 해충인가 악충인가를 먼저 헤아리게 하고, 풀을 대할 때에도 거의 본능적으로 잡초인가 아닌가를 따지게 하는 것을 보면, 얼마나 인간 중심의 관점이 일반적이며 또 거의 객관적인 세계의 속성처럼 받아들여지는가를 생각하게 된다. 이것은 사람의 삶의 제한적 조건에 관련되어 있는 것일 뿐이다.

이론이 그 기반을 생활세계의 실천에 두고 있으면서도 자신의 유래를 망각하고 자신이 추상해서 만들어낸 일면적인 시각을 유일한 시각인 것처럼 주장하고, 자신의 척도가 유일한 의미척도인 것처럼 행동하며 과학지상주의를 퍼뜨렸는데, 이것이 하이데거 철학에 의해 제동이 걸리게 된다.

하이데거의 말대로, 과학적 사고는 자연을 대상화하고 합리성의 규칙 하에 정리하는 사고이다. 이러한 정리 밑에는 조종의 의도가 숨어 있다.

하이데거는 기술에 들어 있는 일반적인 태도를 설명하면서 그것은 사물로 하여금 제 자리에 서 있으라고 시키는 것, 또 다른 시킴을 위하여 시킴을 받을 수 있게 대령하고 서 있으라고 하는 것이다.

그것은 비행기가 그 몸체 전체에서 출발명령을 기다리는 양으로 만들어지는 것과 같다. 또 그것은 석탄으로 하여금 사람에게 열을 주도록 준비하고 있으라고 하는 것과 같다. 그러나 이러한 기술의 자연에 대한 태도는 진리에 대한 과학의 태도에 이미 드러나 있다. 이러한 명령적 분위기는 사람들에게 자기도 모르게 시대적 상황에 따르게끔 하는 가르침이 있다.

과학인식의 근본에는 조작주의 또는 행동주의 사고방식이 깔려 있다. 모든 과학기술을 동원하여 자연만물이 사람의 편의에 맞추어 봉사하도록 해야 한다는 생각이 보편화된 현실이다. 오늘날 우리 사회의 문제는 철저하게 공리적으로, 즉 쓸모의 관점에서 사물을 대하는 것이다. 쓸모는 사람과 대상 세계와의 관계에서 가장 중요한 관점이다. 온갖 자연물을 자원의 관점에서 보는 것뿐만 아니라 인간도 인적 자원이라는 관점에서 교육이 이루어지고 있을 정도이다.

그런데 그러한 것들이 직접적인 의미에서 쓸모를 위한 것이 아니라 경제와 이윤 증대라는 관점의 쓸모를 위한 것이다. 특히 소비자의 관점에서 물건을 대하는 경우에도 그 쓸모는 반드시 참다운 의미에서 쓸모는 아니다. 교환가치는 경제적으로는 이윤으로 환산되지만, 사회관계에서 그리고 인간의 심리에서는 허영으로 환산된다.

뿐만 아니라 사람과 사물 또 사람과 사람의 관계는 시킴과 부림의 관계로만 규정된다는 생각은 인간의 모든 행동에서 기본적인 강령이 되고 있다. 이러한 과학적인 태도 또는 행동과 조작의 이데올로기는 이미 과학 안에서 행해지고 있는 것임을 상기할 필요가 있다.

복합성과학과 인문과학

복합성과학과 현상학

세상에는 해가 뜨고 지는 것처럼 규칙적으로 지속되는 현상이 있다. 그러나 아주 많은 것들이 오히려 불규칙적으로 움직인다. 아무리 정확한 계측장치를 사용하더라도 기후를 정확히 예측하는 것은 어려운 일이다. 그 이유는 다양한 현상들이 서로 뒤죽박죽 섞여 있는 상태, 즉 상호작용-반작용의 움직임이 끊임없이 일어나기 때문이다.

근대자연과학의 시작을 말할 때, 우리는 뉴턴, 라플라스 등 서양의 자연과학자들을 꼽는다. 그들은 우주를 시계 작동과 같은 질서를 가진 합리적, 결정론적인 것으로 보았으며, 바로 엄밀한 관찰을 통해 객관적 사실을 바탕으로 새로운 지식체계를 형성한다. 그 원리는 수학적 원리와 결정론적 인과의 법칙, 시간의 흐름과는 무관한 가역성, 목적론적 사고로 요약될 수 있다.

열역학에서 시작된 많은 논의들은 결국 고전물리학의 한계를 드러낸다. 예를 들어 열의 흐름은 고전물리학과는 달리 비가역적이다. 사실 자연의 세계는 모든 현상과 사건을 인과율과 합목적론적인 선형적인 사고로는 너무나 도달하기 어려운 복잡한 구조로 이루어져 있다. 우주와 같은 거시세계와 원자 수준의 미시세계에서 고전물리학은 유효성을 잃게 된다.

벨기에 화학자 일리야 프리고진Ilya Prigogine은 과학적 태도를 두 가지로 식별한다. 고전물리학으로 대표되는 근대의 과학적 태도를 '궤적trajectories'의 과학이라고 하고, 이에 대조되는 것으로 우주와 같은 거시세계에 관한 상대성 이론과 미시세계의 양자역학이 등장한 이래 성립한 과학적 태도를 "복합성의 과학the science of complexity"이라고 했다. 궤적의 과학에서 그 질서의 설명과 예측에 사용했던 개념이나 원리들—단순한 연속주의, 인과모델들, 선형적인 예측 가능성, 현상에 대한 환원주의적 접근—을 복합성과학에서는 각각 유기적, 비선형적, 전일적인 접근 방식으로 대체하였다.

궤적의 과학으로 대표되는 다윈의 진화론에서는 자연도태로 그리고 뉴턴의 물리학에서는 인력이라는 하나의 요인으로 모든 것을 설명한다. 궤적의 과학은 고립된 단자가 균질적 공간에서 가역적으로 움직이면서 그 단자의 운동이 '궤적'의 자취를 남긴다. 과학이 과학으로 남으려면 대상 세계의 필연성의 궤적들을 추구할 수밖에 없고, 또 그런 만큼 그것은 방법론으로 인해 결정론을 벗어날 수가 없게 된다.

프리고진은 뉴턴 물리학이 보여주는 패러다임에 대해서 그것이 기술 조작에서 영감을 얻었다는 점을 강조한다. 그 물리학은 "기술적 조종과 이론적 이해를 통합"한 결과이다. 궤적의 과학적인 절차와 선형적 사고는 경제의 합목적성 개념과도 관련지울 수 있다. 그것은 경제적 목적을 세우고 그것에 따라 세계를 변형해가는 경제 합리성을 뒷받침하는 조작주의의 사고 모델이기도 하다.

한편 복합성과학은 고전물리학에서는 설명할 수 없었던 수많은 복잡한 현상을 설명하는 데 적용된다. 복잡한 현상이란 뒤죽박죽, 뒤얽힘, 무질서, 모호함, 불분명함 등 온갖 불안정한 특성들과 함께 제시된다. 즉,

복합성과학은 창발적이고 초월적인 형태가 갖는 가능성에 집중한다. 그렇기 때문에 자연스레 복잡성 사고의 패러다임을 요청하게 되는데, 그것은 인간과 세계의 복잡성을 '있는 그대로'로 인식하는 것이다.

그대로 인식한다는 것은 무엇일까? 그것은 유기체의 세계를 복합적 체계로, 체계 전체의 변화 또는 체계들의 상호작용과의 관련 속에서 이해해야 한다는 입장이다. 이것이 의미하는 바는 복잡성 네트워크 안에서 체계의 어떤 부분도 나머지 부분과 고립된 상태로는 아무런 의미가 없고, 반드시 체계의 구조를 총체적으로 설명해야 함을 말해주고 있다.

이러한 전체의 구성은 그것 자체의 관점, 다시 말하여 자기 조직화self-organization의 관점에서 이해될 수밖에 없다. 이것은 생물체를, 그 자체를 목적으로 생각하고 이성의 관점에서 이해하려고 할 때 취할 수밖에 없는 방법이 될 것이다. 스튜어트 A. 카우프만과 같은 생물학자가 밝히려고 한 것은 개체를 통하여 작용하는 것으로 생각되는 자연도태의 기제가 어떻게 하여 전체적인 체계 속에서 가능해지면서 또 제한되는가 하는 문제이다.

여기에서 체계는 고정된 것이 아니라 자기 조직화를 통하여 질서를 만들어내는 체계이다. 새떼들의 비상, 개미들의 집짓기, 군중심리 등에서 보여주는 복잡한 현상이 자기 조직화의 좋은 본보기인데, 스스로 유지되는 현상들은 그 부분들을 초월transcend한다. 그리고 그들은 개별 구성인자들에서는 나타나지 않는 집단적 가능성을 나타낸다.

또한 자기 조직적이고 자기 스스로 유지되는 체계는 목표나 계획이나 지도자 없이 만들어지고 진화한다. 다시 말해 자기 조직화는 개별 인자들의 국지적 규칙과 행위에 의해 아래에서 위로 '창조/창발emergence'되는 것이다. 궁극적으로 복합성과학은 특정한 현상의 자기-촉진 과정boot-strapping process을 통한 초월적 가능성의 창조the emergence of transcendent possibilities를 이해하고자 하는 것이다.

자연 세계에서는 궤적의 과학처럼 단선적인 합리성의 원리들로 이해할 수 없는 복잡한 현상들이 있으며, 이것은 새로운 연구 방법을 요구한다. 여기에서 우리가 주목하고자 하는 것은 전체적인 관점 혹은 점이나 선보다는 넓은 공간을 조감하는 관점의 중요성이다. 이 관점은 세계의 본질을 밝혀내는 원칙이 아니라 세계를 이해하는 사고의 원칙으로 수용되어야 할 것이다. 만일 전체적인 관점에서 아이들의 발달 교육을 생각한다면, 아이들은 학생, 교실집단, 학교 그리고 지역 공동체 등 사회집단을 포함하는 중층적으로 포개진 구성체nested bodies까지 확대할 것을 요구한다.

하이젠베르크Werner Heisenberg가 말했듯이 자연과학은 자연을 단순히 기술하거나 설명하는 것이 아니다. 자연은 개체적인 부분들이 독립적으로 모여 있는 것이 아니라, 그것들이 서로 상호작용하면서 이루어가는 거대한 전체이다. 복합성의 과학은 궤적의 과학과는 달리 기술적 조작이나 사람의 현실적 또는 이론적 개입이 없이 주어진 현상을 이해하려는 노력이라고 생각한다. 생명 현상은 유기적인 총체로서만 의미를 갖는 것이기에 생물은 조작이 아니라 그 자체로 이해되어 마땅하다.

복합성과학은 환원주의에 바탕을 둔 현대 과학이 잘 해결하지 못하는 문제들을 전체성의 입장에서 이해해보려는 시도이다. 뇌, 인간, 사회, 경제, 생태계처럼 수많은 인자들로 복잡하게 얽혀 있는 시스템이 발현하는 성질은 그 구성 요소인 각 인자들의 성질들을 단순히 선형적으로 합해 가지고는 결코 이해할 수 없다는 생각이 복합성과학의 밑바탕에 흐르고 있다.

후설은 '사물 자체'를 향해 방향 전환을 함으로써 현상학 연구를 시작하였다. 현상학도 주어진 지각 현상을 주어진 대로 이해하고 기술하는 것을 그 최대 목적으로 생각한다. 현상학이 추구하는 사실 자체란 그 의식과 대상의 대면이 가장 직접적으로 성립하는 사태를 지칭한다. 특히, 모든 지각이 어떤 맥락 속에서 대상을 지향함과 동시에 대상에 의해 지향된다는 확신을 바탕으로 지향성의 역할을 전면에 부각하고자 하였다. 이와 동시에 인간 의식 속에 세계가 명확하게 드러나는 방식을 연구하기 위한 여러 수단을 발전시켰다.

현상학적 의미에서 본다는 것 또는 서술한다는 것은 바로 이 사물의 자기 현시 작용을 체험한다는 것을 말한다. 그것은 어떠한 외면적 도구나 규칙의 편리성에 의존하지 않으면서 사물의 드러남을 체험하는 것이다. 어느 경우에나 사물의 윤곽을 그리는 것은 대부분의 경우 일정한 관점을 포함하는 불완전한 스케치가 될 수밖에 없다. 그러나 후설은 의식의 지향성 구조 안에서 사태 그 자체와 만나려고 한다. 이것을 최대한으로 선입견 없이 주어진 대로의 형상에 접근하려는 것이 형상학적 환원의 목적이다.

후설의 경우 형상 혹은 본질은 그 어떤 대상—여기서는 자연이라는 대상—이 바로 그러그러한 의미를 지닌 대상들로 존재할 수 있도록 해 주는 그 무엇이다. 복합성과학이 있는 그대로의 자연에 대한 보편적 인식을 가능하게 하는 것처럼 현상학의 형상학적 환원이라는 방법적 조치를 통하여 본질의 정체를 파악할 수 있다. 그러기 위해서는 경험한 세계를 표현하고 어떤 현상과 과정을 이루는 요소들에 대해서 이해할 것을 요구한다.

주어진 지각 현상을 사람의 의도적 개입이 없이 그 자체로서 보면서도 그 안에서 어떤 질서를 발견하고자 하는 태도는 심미적 태도의 기본을 이루는 것이라고 할 수 있다. 동물심리학자 콘래드 로렌츠Konrad Lorenz 는 동물들의 행동을 이해하려면 그 아름다움을 감식할 수 있는 미적 감각이 필요하다고 했다. 바로 이것이 참을성이라는 미덕을 선물하게 되고 그로 인해 동물들로부터 뭔가 의미 있는 것을 발견할 때까지 끈질기게 볼 수 있다는 것이다.

심미적 태도는 한결 쉽게 반성으로 옮겨간다. 심미적·성찰적 태도는 우리로 하여금 사물을 보다 넓게 보고 또 그 뒤에 있는 폭넓은 가능성의 지평을 보게 한다. 이것은 불확실성의 영역이 있음을 인정하는 것이기에 가능할 수 있다. 참으로 엄정한 세계 이해에 이르고자 하는 철학적 성찰의 밑에 들어 있는 것도 그러한 것이라고 할 수 있다.

우리는 자연의 복잡성을 그 자체로서 이해하지 않으면 안 된다. 부분들을 다 합친다고 전체가 나오는 것은 아니다. 실제로 전체의 기능은 부분의 역할과 기능으로만 모두 설명될 수 있는 것은 아니다. 전체를 알 수 없는 인간은 전체에 대해 말할 때 매우 조심스럽게 말하지 않으면 안 된다. 전체는 부분들 간의 역동적 상호작용 및 상호 의존 관계를 잘 파악할 때 비로소 알려질 수 있다.

하지만 전체는 지식의 대상이 아니다. 그것은 지식이 궁극적으로 추구하는 것으로서만 남아 있다. 오히려 학문의 전문화는 인간이 전체에 대한 지식이 더욱 불가능하다는 것을 알려주고 있다. 전체는 검증된 것도 아니고 경험을 통해 확증되거나 반박된 것도 아니다. 우리는 전체를 모르고 있다. 그렇기에 전체에 대한 주장은 그만큼 신중할 수밖에 없다. 인간에게 전체는 곧 타자이다.

지각과 전체

지능지수가 좀 되는 침팬지 이상의 고등동물에게는 주변을 인지할 수 있는 능력이 본능으로 주어진다고 한다. 게슈탈트 인지심리학자 볼프강 퀼러Wolfgang Köhler는 우리 안에 갇힌 침팬지가 사과상자를 밟고 올라가 천장에 매달린 바나나를 따먹는 것을 관찰한다. 훈련을 받은 것도 아닌 데 침팬지가 그렇게 할 수 있는 것은 주변을 파악할 수 있는 인지 능력을 통해서 통찰적으로 이러한 행동을 할 수 있는 것이다.

인간에게도 주변을 인지한다는 사실은 주변을 관계로 파악한다는 것이다. 관계는 장場을 형성한다. 장을 사고할 수 있다는 것은 삶을 전체적으로 인지할 수 있다는 것이기도 하다. 막스 베르트하이머Max Wertheimer 와 볼프강 퀼러를 필두로 한 게슈탈트 심리학자들은 환원 불가능한 전체의 존재를 인식의 핵심적 특징으로 보았다. 그러면서 의미 있게 조직된 전체는 부분들에 존재하지 않는 특성을 드러낸다고 주장했다. 이들에 의하면, 형태Form라는 의미를 가진 게슈탈트Gestalt라는 용어는 전체와 동일하다.

살아온 발자취를 더듬어보면 그때그때의 삶 속에 전체라는 단서가 있었다는 것을 깨닫게 된다. 그 당시에는 아직은 불확실하고 무엇인지 윤곽이 정확하지는 않지만 알게 모르게 전체를 체험하면서 우리는 삶을 시작한다. 물론 전체는 구체적으로 인식될 수도 있지만 가상의 세계에서 가능하기도 하다. 우리의 사고는 전체로부터 시작해야 한다.

깨우침이라고 할 때, 그 깨우침이라는 것은 대체로 놀랍고 갑작스러운 순간을 상정하는 것으로 본다. 그리고 그 순간은 모든 시간에 열려 있는 것이기도 하다. 이때 깨우침의 체험은 하나의 점과 그것으로부터 방사하는 일정 크기의 또는 무한한 크기의 공간으로 이루어진 것이라고 말할 수 있다. 다만 그 점은 하나의 점이면서 공간 전체에 일체가 된 것으로 느껴진다. 결국 체험의 게슈탈트는 하나와 전체, 이 두 가지 극의 분리와 혼융으로 이루어진다.

여기에서 하나는 주체이고 전체는 그 주체의 대상 또는 표상으로서의 세계이다. 즉 게슈탈트란 의미 있게 조직된 전체로서 부분들에게는 절대 존재하지 않는 전체만의 고유한 특징을 가지고 있다. 이것은 체험의 원형이고 설명과 이해의 근본 유형이다. 따라서 단순히 부분들을 모두 합해 놓는다고 해서 이것이 전체가 되는 것은 아니며, 또한 이로써 전체가 설명되거나 이해되는 것도 아니다.

현상학에서 모든 지각이나 인식 작용이 일정한 지평 안에서 일어난다고 하는 경우, 이것은 이러한 현상을 지칭하는 것일 것이다. 현상학의 큰 발견의 하나는, 우리의 모든 행위―의지적, 개연적 또는 실제적 행위가 일정한 지평 속에서 일어난다는 것이다. 이러한 지평의 존재는 분석을 통해서 밝혀지는 것이지만, 게슈탈트 심리학에서 사물figure과 배경background의 관계가 성립하듯이, 모든 지각에는 이미 이것이 작용하고 있다. 이 지평은 부분적인 것이기도 하고 총체적인 것이기도 하다.

지평은 지향성에 따르는 각각의 지각 현상의 주변에 흐릿하게 존재한다. 그러나 그것은 모든 지각 현상 또는 의식의 근본적인 형식이다. 궁극적으로, 지평은 "그것 없이는 어떤 지각 현상의 설명도 완전한 것이 될 수 없는, 포괄적인 준거의 틀로서의 세계의 종합적인 지평을 말한다." 그러나 일상적인 삶에서 지평은 제대로 인식되지 않는다.

특히 지평이 일체의 세계를 포괄할 만한 것으로 나타나는 경우는 드물고 이것이 직접적인 체험이 되는 것은 특히 예외적인 경우이다. 가령 자연의 숭엄한 광경 앞에서 사람이 느끼는 것과 같은 것이 그러한 것일 것이다. 산은 거대한 자연의 모습―사람을 에워싸고 있는 거대한 테두리의 모습―을 시각적 체험으로 제시해준다. 그것은 숭고의 체험이다. 그렇다는 것은 그것의 총체적인 지각이나 인식이 사람의 능력을 넘어선다는 말이다. 그것이 우리에게 비일상적 체험이 되는 것은 우리의 일상적 체험이 너무나 그 근원적인 형태로부터 벗어나 있기 때문이다.

산행을 하는 경우 정상에서 거대한 산을 보면서 우리가 종종 느끼는 것이 있다. 산의 체험이 말하려는 것은 감추어져 있는 큰 테두리의 존재를 우리에게 보이게 한다는 것이다. 이것은 실천적 의미를 가지고 있다. 산속을 가는 사람이라고 해서 늘 산 전체를 의식하고 있는 것은 아니지만, 산은 하는 일의 테두리가 된다. 우리의 모든 지각, 체험과 사고는 일정한 환경 안에서—많은 경우 감추어져 있는 환경 안에서—일어난다.

언어나 체험 또는 행위의 깊고 참된 의미는 단순히 표면에 나타난 것만 가지고는 알 수 없다. 우리가 하는 일 또는 하고자 하는 일도 배경이나 바탕에 관계없이 기획될 때, 그것은 결국 삶의 큰 테두리를 부정하게 되어 애초에 의도했던 것과는 정반대의 결과를 가져올 수 있다. 물론 삶의 큰 테두리가 늘 일정한 것으로 규정되어 있는 것은 아니다.

내가 위치를 높이거나 좌우로 이동하면 내가 보는 세계의 구도가 달라지고, 더구나 전혀 다른 위치의 다른 사람의 관점에서는 세계가 전혀 다른 모습을 가진 것이 될 것이기 때문이다. 나의 의식에 비추어진 산의 풍경에 관한 관념은 내 마음대로 만들어낸 허상도 아니고 객관적이고 독자적인 존재로서의 산에 무관계한 것이 아니다. 그것은 만들어낸 것이 아니라 나에게 주어지는 것이다.

산의 경험으로 돌아가서 산은 완전히 직접적 직관이나 체험의 대상도 아니고 그렇다고 추상적 관념도 아니다. 산의 체험이 말하는 것은 삶의 큰 테두리가 있다는 것이다. 산은 눈앞에 보이는 산이면서 그것을 넘어가는 전체성을 시사한다. 이러한 경험에서 목전의 것과 그 너머를 이어주는 것이 지평이다. 지평은 큰 테두리가 그보다 작은 이곳 여기에 삼투하여 존재하는 방식을 가리킨다. 산을 볼 때, 단순히 감각으로 우리에게 다가오는 실제의 산과는 별개로 먼 거리나 깊이에 대한 느낌은 의식 안에 비추어진 산의 전체성에 대한 관념에서 비롯되는 것이다.

명상과 관조

세계가 우리에게 나타나는 것은 우리의 마음에 대응해서이다. 그리고 이 대응은 마음의 상태에 따라 달라진다. 현실의 문제에 있어서도 고요한 마음이 있어서 비로소 많은 것을 분명하게 생각할 수 있다. 그것은 고려되어야 할 많은 요인들이 나타나는 것을 가능하게 한다. 사실과 견해는 편견 없는 나타남의 장이 필요하다. 고요한 마음이 그러한 장이 된다. 세계의 전체성은 깊은 명상에 대응하여서만 드러난다. 명상은 삶을 단순화하기에, 좋은 삶을 위한 수단이 된다. 단순화를 통하여 그것은 삶을 하나로, 하나의 전체성으로 볼 수 있게 하고, 스스로의 삶의 정향을 도울 수 있다.

말할 것도 없이 어떠한 인식이든지, 가령 주관적이거나 주관의 형식에 의하여 구성되는 것이라고 하더라도, 그것은 인식의 대상에 의하여 제약을 받기 마련이다. 산이 산을 보는 우리 눈을 제약한다. 이 제약은 우리가 바라보는 산의 경우에 더욱 강하게 작용한다. 우리에게 맞서는 대상이라고 하더라도 큰 것은 우리에게 큰 영향을 미친다. 산은 그 거리와 크기로 하여 거의 자동적으로 관조라 부르는 태도를 유발한다. 관조는 사물 또는 대상 세계에 대한 즐김의 관계의 일종이다. 그러나 여기에서 중요한 것은 삶의 전체에 대한 느낌이다. 즐김의 원인도 여기에 있을 것이다.

관조의 순간 삶 전체는 직접적 정서로 존재한다. 세계에 대한 우리의 태도를 규정하는 조건으로 대상의 규모의 크기는 매우 중요한 것이다.

추상적 인식론이 놓치는 것은 인식의 성립에는 정서적 상황이 있다는 사실이다. 산을 보는 감정이나 감흥은 작은 지각 체험에 촉발되어 삶의 실용적 맥락을 넘어가는 형이상학적 해방감을 가져온다. 그러나 그것이 반드시 표면에 늘 느껴지는 것은 아니다.

그것은 다른 행동과 사고와 감정의 바탕으로서 존재한다. 그러면서 행동의 여러 면들을 통제하는 것이다. 그리고 이 바탕 위에 서 있을 때 저절로 세상과 사물의 세부에 대한 주의가 가능해진다고 할 수 있다. 우리는 이 바탕을 돌아보게 되고 그것에 힘입어 주의를 깊이 하는 관조가 삶의 중요한 계기임을 확인한다.

삶의 테두리 전체에 대한 의식이 중요한 것이라고 한다면, 관조적 태도는 실용성을 떠나면서도 유용한 삶의 일부분을 이룬다고 보아야 한다. 하이데거에 따르면, 그것은 궁극적으로 존재의 열림에 이어진다. 심미적 관조의 반성적 태도는 즉각적인 현실 세계에의 개입을 필요로 하는 것이 아니기 때문에, 조금 더 여유를 가진 것이라고 할 수 있다.

커다란 풍경을 보고 장엄함의 느낌을 갖는 것은 하나의 관조적 정지의 순간, 심미적 순간을 이룬다. 이 관조와 심미의 순간은 진리의 순간이기도 하다. 저기에 저런 모습의 산이 있다고 하는 것은 객관적인 실체를 확신하는 행위이다. 그 확신에는 두 가지의 변증법이 작용한다. 산을 보는 나와 그것을 다시 보는 나가 있다는 것은 둘 사이에 간격이 생긴다는 것이고 또 두 개의 나 사이에 변증법적 교환이 일어난다는 것을 말한다. 이 변증법은 숨겨져 있어서 직접적인 인상을 준다.

그러나 더 중요한 것은 나와 산과의 사이에 일어나는 변증법이다. 산은 틀림없는 실체이면서 나와의 관계에서 확인되는 실체이다. 결국 지각과 인식을 뒷받침하는 모든 지평 가운데에서 가장 근본적인 것은 실존적 관심이다. 심미적 태도는 이 관심까지 포함한 상태에서의 에포케

(epochè, 판단중지나 보류)에 기초한다고 볼 수 있다.

에포케는 그저 그렇게 있어왔던 산을 바라보는 일상적 방식에서 벗어나 세계의 근원적 현상에 대한 실존적 관심으로 전화해가게 하는 방법적 조치라고 할 수 있다. 그리하여 일상성 속에 갇혀서 못 보고 하는 일상적 통념의 발생 기반을 우선 되찾고, 이 발생 기반인 일상적 태도로부터 다시 몸소 그것을 넘어가야 하는 것이다. 그런 면에서 그것은 우리의 일상적 태도에 극히 가까이 있으면서도 멀리 있다는 역설을 내포하고 있다.

혼돈과학과 인문과학

혼돈과학과 우발성의 유물론

기원전 8세기에 고대 그리스 시인 헤시오도스Hesiodos는 태초에 우주에는 카오스Chaos가 있었다고 말하고 있다. 카오스의 사전적 의미는 '창세기 이전의 혼돈 상태'를 의미한다. 오늘날 이 말은 혼돈이라고 번역되는데 말의 뜻대로 불규칙하고 예측 불가능한 것을 말하지만, '망망한 허공'이라는 뜻이 함축되어 있다. 그리스 신화에 있어서 혼돈은 비밀에 싸인 어떤 것으로서 적어도 질서 있는 세계에 앞서 있는 우주의 최초 원인으로 묘사되고 있다.

대개 시스템은 확고한 규칙(결정론적 법칙)에 따라 변화한다. 그럼에도 불구하고 카오스란 매우 복잡하고 불규칙하면서 동시에 불안정한 행동을 보여서 먼 미래의 상태를 전혀 예측할 수 없는 현상을 말한다. 카오스 이론에 따르면, 사람이 생각할 수 있는 정도의 변수를 넘어서는 복잡계에서의 우연성이 중요한 몫을 담당한다는 것, 다시 말해 예측 불가능성이 이미 체계 내에 포함되어 있다는 것을 말한다. 기상학자이며 프랙탈 이론을 주창한 로렌츠Lorenz에 의하면, 복합성 이론은 '공간에서의 불규칙성'에 관심을 두는 반면, 카오스 이론은 '시간상의 불규칙성'에 관심을 두고 있다.

고생물학자 굴드Stephen Gould의 '단절적 평형punctuated equilibrium 이론'
에 따르면, 다윈과 그 후계자들이 말하는 것처럼 생물의 진화는 오랜 시
간을 점진적인 변화를 통해 진행되어온 것이 아니라, 급격하게 변화와 정
지―수백만 년 간격의 변화와 정지의 되풀이로서 진행되었다고 주장한
다. 그의 주장은 다윈적 진화론의 많은 개념을 약화시키는 효과를 가져
왔다. 굴드의 생각으로는 생명의 진화 또는 변화를 지배한 것은 어떠한
필연적 법칙이 아니라 우연성이다. 그리하여 진화의 과정은 사실상 우연
적 변화의 연속일 뿐 생존자를 정당화해주는 필연성도 방향성도 목적도
없는 것이다.

　　한편 프리고진은 결정론적이고 기계론적인 자연철학관에 기초한 고전
적 과학방법이 인간과 자연의 조화를 단절시키는 면이 있는 만큼 인간
과 자연이 다시 만날 수 있는 과학방법, 곧 혼돈으로부터 질서의 과학에
서 새로운 철학을 찾으려 했다. 프리고진에 따르면, 요동치는 변화의 가
장자리에서 일어나는 변화는 결정되어 있지 않으며, 통계적으로나 예측
가능하다.

　　이 혼돈의 가장자리에서는 새로운 변화가 일어난다. 물리학자들은 양
자역학의 세계에서 더는 통제할 수 없는 지대를 발견한다. 양자론은 미
시 영역의 모습이 처음부처 비결정적이라는 것을 보여준다. 비결정적인
확률적 분포로만 파악되는 양자 영역들의 근본 불확실성은 우리 세계의
모습이기도 하다. 우리는 이 영역을 인과 결정론으로 규정해서는 안된다.

　　근본적인 것은 전체를 포함하는 복잡계의 자기 조직화이다. 복잡한 체
계는 점진적으로 증가하는 질서와 혼돈 사이를 파동하며 그 사이에 성
립하는 체계이다. 생명은 분자의 차원, 개체 발생의 차원이나 생태적 또
는 진화적 차원에서 이 체계의 특징을 나타낸다.

　　생명의 진화에서 법칙적으로 예측할 수 없는 혼돈을 포함하는 메타다

이내믹스의 존재는 생명의 문제가 선형적이고 기계론적인 합리적 법칙으로 설명될 수 없다는 것이다. 메타다이내믹스가 존재한다는 것은 어떤 범주도 고착화될 수 없다는 것, 하지만 모든 범주가 새롭게 탄생하기 위해서 돌아가야 하는 원점과 같은 곳이다. 이 원점에서는 기존의 분류법, 위계, 형태 일반이 새로운 생성을 위하여 무효화된다. 이것은 마치 블랙홀에 비유될 수 있다.

알튀세르의 주장에 따르면, 지금은 합리주의적 전통하에서의 필연성과 목적론의 유물론에 대립되는 우발성과 우연성의 유물론으로의 전환이 요구되는 시점이다. 양자적 도약, 순간적 변이 그리고 새로운 생성 등을 설명하려면 에피쿠로스Epicouros 사유의 핵심인 '클리나멘clinamen' 개념에 주목할 필요가 있다.

모든 것은 낙하한다. 원자는 서로 평행하여 낙하한다. 그런데 방해하는 무언가가, 우연한 무엇가가 빗겨나는 일이 발생한다. 클리나멘은 '직선운동에서 비껴나가는 원자들의 일탈적 운동'인데, 이 운동의 '시간과 장소를 확정할 수 없다'는 것이다. 알튀세르의 표현에 따르면, "미세한 빗겨남"이, 너무 작아서 알아차리지 못할 정도의 원자들의 일탈, 즉 클리나멘이 평행 상태를 깨뜨릴 때까지 낙하한다.

분명 직선으로 날아가던 원자들이 경로를 뒤튼다는 것은 불합리하고 확인할 수도 없는 사건처럼 보인다. 그런데도 그 빗겨남이 역사의 전 과정을 바꾸고, 시간과 공간을 창조한다. 그 빗겨남이 거의 무시해도 좋을 방식으로 마주침을 이끌어내기 때문이다. 달리 보면 클리나멘과 그로 인한 소용돌이의 형성은 우리가 일상에서 쉽게 접하는 것들이기도 하다.

물을 끓일 때 일어나는 소용돌이들, 골짜기에서 개울을 따라 생기는 작은 맴돌이, 여름철 어김없이 찾아오는 태풍에 이르기까지 우리들은 미세한 일탈이 어떤 반복과정을 통해 만들어낸 소용돌이를 접한다. 뉴욕에 태풍이 불게 하는 베이징 나비의 날갯짓은 오늘날 그다지 놀라운 이야기가 아니다.

클리나멘처럼 수직적으로 떨어지던 비는 다른 빗방울들과 이리저리 엇갈린다. 그것들은 연결되고 서로에게 떨어지고, 서로를 두드리고 서로를 만나며, 서로에게 쌓인다. 갑자기 빗방울이, 원자가 어떤 방식으로든 뭉쳐져 연쇄 반응을 불러일으킨다. 이러한 비의 모습을 보고 알튀세르는 "모든 마주침은 우발적이다"라고 말한다. 마주침은 그 자체를 부정하는, 종착점을 상정하는 모든 목적론을 부정하는 테제이다. 마주침은 어떤 신성한 마스터플랜도, 그 어떤 신성한 주체도 없는 과정이다.

난입하고 빗겨나는 마주침을 촉발하는 모든 불씨는 잭슨 폴락이 화폭에 처음 물감을 뿌리는 행위와도 같다. 물감이 갑자기 거대한 캔버스에 떨어진다. 물감이 신속하게 겹겹이 쌓이고, 유성처럼 하얗게 허공을 번쩍이며 가로지른다. 여기에는 시작도 끝도 없다. 중간 어딘가로 들어올 뿐, 순수한 치열함 외에, 순수한 생성의 흐름 외에 다른 어떤 의미도 없다. 폴락의 작업 행위를 떠올려 보면 극적인 강렬함을 느끼게 된다. 여기 그리고 지금 현전하며, 열정은 그려지기보다는 표현되고 있다.

마주침은 우발성의 순수한 효과이다. 삶은 그때그때의 우발성에 의하여서 특징된다. 『오리엔탈리즘』의 저자로 유명한 에드워드 사이드Edward Side는 『평행과 역설』에서 대담자가 물어 온 "살아오면서 고향이나 집처럼 편하게 느끼는 곳은 어디입니까?"라는 질문에 이렇게 대답한다.

나는 여기저기 돌아다니는 것을 좋아합니다. 나는 뉴욕을 좋아하는데, 그 이유도 뉴욕이 카멜레온 같은 망명객의 도시이기 때문입니다. 우리는 뉴욕이라는 도시의 테두리 안에서 어디든 있을 수 있지만, 동시에 결코 뉴욕의 일부가 될 수는 없습니다. (……) 우리의 정체성이란 고정된 장소나 붙박이인 어떤 물체가 아니라, 끝없이 흐르는 것, 물처럼 흐르는 조수와도 같다고 생각합니다.

정체성에 관한 말에서 알 수 있듯이, 실존적 우발성은 인간의 내면에서도 확실한 것이 없다는 말이다. 그렇지만 빗겨남과 마주침의 우발성이 무언가 새로운 것, 새로운 상호 연결, 새로운 실재가 탄생한다.

그것은 사람이 일정한 방식으로 행동하지 않을 수 없게 하는 충동이며 요인들인 것이다. 힘들이 연결되는 시간과 장소, 힘들이 서로 충돌하고 융합하는 시간과 장소, 모습을 갖추고, 자리 잡고, 도약하고, 역사적이고 지리적으로 새로운 것으로 모습을 바꾸는 시간과 장소는 특정한 순간과 접점들이다.

레비스트로스에게도 역사란 규칙적 발전이 아니라 한낱 우연이다. "역사는 당연히 되돌릴 수 없는 우연에 속한다." 수많은 우연 때문에 여러 문화들은 '우열 없이' 서로 쪼개져 있고 앞으로도 그럴 것이라고 한다. 어딘가에 의존하는, 확정적인 결말도 시초도 없는 사건들이 우연적으로 발생한다. 따라서 행동도 보장 없이 발생한다. 잠재적 결과는 절대로 미리 예견될 수 없다.

인간의 언어 역시, 질서가 혼돈의 가장자리에서 파동하고 출현하고 소멸하듯이, 생성 소멸한다. 그리고 인간에게 선험적으로 보이는 모든 형식화된 언어와 이념도 질서와 혼동 사이에서 출현하고 소멸한다. 윤리와 도덕은 물론이고 가장 믿을 만한 질서인 과학의 진리 또한 그러하다. 우리가 분명하게 규명할 수는 없지만, 시와 철학과 과학의 언어는 보다 근원적인 혼돈과 질서의 파동의 그림자라고 할 수 있다.

필연성과 예측 불가능성

지난 150년 동안 유전학, 분자생물학, 분류학, 생태학, 그리고 발생학 등이 진화생물학과 함께 발전하면서 진화의 본성에 대한 견해들도 수정에 수정을 거듭했다. 진화를 포함한 생명의 전체적 현상은 한편으로 19세기 진화론자들이 생각하는 것보다는 더 무한하고도 복잡한 요인들에 의해 추진되는 것이라고 할 수 있다. 대체로 다윈 이후, 특히 20세기의 진화에 관련된 생물학의 발전은 생존경쟁이나 자연도태를 넓은 의미로 생각할 것을 요구하는 것으로 보인다.

다윈의 진화론이 말하는 점진적 진화는 국지적 현상을 말하고 있을 뿐이다. 지금 볼 수 있는 종들은 어쨌거나 자신의 서식지에서 잘 적응해 살고 있는 성공한 종들인 것이다. 어떤 개체가 자신이 가진 변이 때문에 다른 개체들에 비해 생존과 번식에 더 유리해져 다음 세대에 더 많은 자손을 남겼기 때문이다. 그리고 그 화려한 종들의 어머니, 그 어머니의 어머니, 그 어머니의 어머니의 어머니로 계속해서 거슬러 올라가면 결국에는 하나의 공통 조상을 만난다는 것이다.

그러나 생물의 국지적 적응에 효과적인 형태 변화는 지구환경의 장기적인 변화에 대처하는 변화가 될 수 없다. 이 예측 불가능성이 최대로 드러나는 것은 종의 절멸의 에피소드에서이다. 혜성의 충돌과 같은 이변은 단순히 제대로 번창해가는 생명의 진화를 중단시키는 역할만 하는 것이 아니다. 그것은 진화 자체에 결정적인 역할을 한다. 그것은 생명의 다양한 전개를 가져오는 "진화의 혁신"의 계기가 되고, 또 진화의 큰 리듬을 결정한다.

대이변 이후에 갑작스러운 생명과 종의 폭발이 일어난다. 그 뒤를 이어 불안정상태가 출현하고 이것이 다시 안정적이고 지속적 진화로 이어지는 생명의 거대한 리듬은 이러한 거대한 사건과 관계되어 있다. 생명형태의 전개는 절멸에 밀접히 관계되어 있는 것이다. 그리하여 리키Richard Leakey는 다윈주의 진화론의 잘못은 생명만을 살피고 생명의 절멸이 생명의 큰 테두리를 이루고 있다는 것을 등한시한 것이라고 말한다.

시카고 대학의 고생물학자 야블론스키David Jablonski에 의하면, 동물이 소멸되는 데에는 두 가지의 다른 틀— 대량소멸mass extinction과 배경적 소멸background extinction의 틀—이 있고, 이 두 시기에서 생명 또는 종의 소멸 원인은 서로 다르다. 혜성이 충돌하는 것과 같은 위기에서 종이 절멸되는 원인은 거대 환경에서 생겨나는 원인으로 인한 것이지만, 그렇지 않은 경우인 점진적 생명진화의 배경으로 존재하는 종의 소멸은 다윈주의적 자연도태로 인한 것이라는 설명이다. 생물학적 진화론의 배경적 과정과 그리고 고생물학이나 지질학의 생명의 카타스트로프를 포함한 거대진화 과정에 대한 관찰의 차이는 관찰범위의 크고 작은 차이다.

생태학적 사고는 진화의 문제—자연도태를 그 동인으로 하는 진화의 문제—에서도 차이를 가져온다. 리키의 저서는 진화의 문제들을 다양한 테두리에서, 즉 시간적으로나 공간적으로 복합적인 관점에서 서술한다. 그는 생명진화의 문제와 그것이 이루는 어떤 생명의 총체적인 질서를 염두에 두고 매우 시사적인 사례들을 제시하고 있다.

그중 하나는 생존경쟁이 개체적 차원이 아니라 생태학적·총체적인 맥락에서 생각되어야 한다는 사례이다. 하나의 신종이 이미 다른 종이 기득권을 확보하고 있는 생태계의 지위ecological niche를 침입해 들어갈 때, 그것은 생존투쟁에 이겨야 한다—이것이 자연도태라는 개념에서 나오는 상식이다. 그러나 케이스Ted Case의 컴퓨터 모델 연구에 의하면, 이러한 경우에 침입자가 싸워야 하는 상대는 어떤 특정한 개체나 종이 아니라 일정한 지역의 생태공동체 전체이다.

이 공동체가 서로 강한 상호작용의 관계를 가지고 있는—다양한 종이 영양 배분이나 먹이망의 구성에 있어서 깊은 상호 의존 관계에 짜여 들어가 있는—경우, 그것은 약한 상호작용의 공동체보다도 강력하게 우수한 침입자를 막아낸다. 그 결과 약한 경쟁자도 다양한 종의 공동체에서는 더 높은 생존 가능성을 가지게 한다.

드레이크Jim Drake에 따르면, 생태공동체는 여러 종들의 결합으로 이루어진다. 그런데 이 결합은 한편으로는 서로 대체 가능한, 그러니까 특별히 생존 능력이 강한 것이 아닌 종들의 여러 다른 조합으로 이루어질 수 있다. 다른 한편으로는 구성 분자로서의 종이 적절한 순서로 추가됨으로써만 제대로 이루어진다는 것이다. 더 확대해서 말하면, 하나의 생태계는 역사적 개체로서 "지속적 체계 Z에 이르기 위해서는 그 생태계가 A에서 Y를 통과해야 한다. 그러므로 한달음에 Z에 이를 수 없다."

이러한 사실들은 진화의 과정에서 무엇이 살아남고 무엇이 소멸하는가가 반드시 좁은 의미의 자연도태와 적응으로 결정되는 것은 아니라는 것을 말한다. 또한 그것이 가역적이고 선형적인 필연의 논리로만 설명될 수는 없다는 것을 말한다.

큰마음

카오스는 초기 조건들이 증가하면 작용의 교란이 발생하는 것이기 때문에 인과를 부정하는 것이 아니라 인과가 교란되었다는 것을 알려준다. 초기 조건들의 민감성은 결국 작용의 교란으로 이어지고 이것은 결과를 예측할 수 없게 한다. 초기 조건에 민감하다는 것은 예측이 어렵다는 것을 뜻한다. 그렇기 때문에 모든 것을 다 알고 모든 것을 관리한다는 것은 이론적으로 불가능한 것이다. 통시적 진화 또는 공시적 생태계는 이러한 체계에 속한다는 것이 점점 분명해 보인다.

이제 우리에게는 예기치 못한 상황이 발생하였을 때 그 상황에 적절하게 반응하려는 자세가 필요하다. 자신의 경험에 스스로 의문을 가지는 자세, 언제나 눈앞의 상황이 기존 상황과는 다른 완전히 새로운 상황일 수 있다는 것을 전제하는 자세를 뜻한다. 그리고 신중함의 마음가짐은 어떤 것도 즉시 눈에 보이는 대로 내가 알고 있는 기존의 범주들로 분류하지 않는다.

즉, 과학과 자연에 대한 습관적 개념이 수정되지 않을 수 없다는 뜻이기도 하다. 신중함이란 기존의 예측에 대해 끊임없이 검토하고 수정하는 태도이며, 오류와 오차의 가능성에 대해 언제나 세밀하게 주의를 기울이는 태도를 뜻한다. 요컨대 계속해서 변화하는 환경에 대해 끊임없이 학습하는 것이다. 따라서 신중함이란 관찰과 해석의 끊임없는 현재화이기도 하다.

사람이 종의 다양성에 대해 많은 것을 더 알게 된다는 것은 반드시 사람이 자연을 더 통제할 수 있게 된다는 것을 의미하지 않을 가능성이 있다. 어쩌면 알면 알게 될수록, 자연의 움직임은 사람의 개입을 넘어선 차원에 있다는 것이 드러날지도 모른다. 통시적 진화 또는 공시적 생태계에서 보여주는 자연의 움직임은 사람의 개입을 넘어선 차원에 있다는 것을 시사한다.

흥미로운 것은 자연은 사람에 의한 파괴에 약한 반면 보존을 위한 사람의 적극적인 개입 역시 거부한다는 사실이다. 유럽에서 도나우강 제방이 어떻게 강물을 죽게 하여 주변 유역의 생태적 조건을 악화시켰는지는 자주 지적되었던 일 중 하나다. 콘라드 로렌츠의 표현으로 제방을 쌓은 것은 "강을 관에 넣은 것"과 같다.

리키는 케냐의 자연보호사업 책임자로 오랫동안 일했지만, 이 보존정책의 수행에서 그가 내린 결론은 "자연의 무한한 다양성과 복잡성의 과정을 이해하고 수긍하고, 통제 가능하다는 무지에 근거한 생각을 버리고, 인간의 통제가 부질없는 일이라는 것을 인정하는 것"이었다.

이것은 결국 인간의 관리 능력이나 이해 능력을 넘어가는 부분이 자연에 존재함을 인정할 것을 요구한다. 그런데 주목할 것은 이러한 공리적 관점을 넘어가는 입장이 과학 자체에서도 등장하고 있다는 점이다. 생물학적 결정론과 환원주의의 오류에 대해 생태학적 사고 또는 자연과 생명을 전체적으로 이해하려는 복합성과학이나 카오스 이론 등에서 과학의 한계에 대한 과학 내에서의 대체모델의 탐색이 이루어지고 있다.

이러한 신과학적 사고는 생명의 문제를 포함한 과학의 영역과 방법, 의의에 새로운 관점을 제공할 뿐만 아니라 인간이나 사회 이해에 대한 새로운 함의를 가질 것으로 생각한다. 전통적으로 인문과학의 인간에 대한 사고는, 과학적 연구에 완전히 폐쇄적이지는 않으면서도 기계론적인 인간 이해에 늘 유보를 표명해왔다. 체험적 직관에서 오는 인간 현실의 자유와 필연의 계기는 과학의 입장에서도 다시 존중되어야 하는 사실로 인정되는 것으로 보인다.

자연도태를 통한 진화는 위에서 말한 바와 같이 시대적인 발전 개념에 연루되어 있다. 여기에는 역사가 일정한 방향과 목적을 가지고 나아간다는 생각이 들어 있다. 그러나 인간의 개입을 거절하는 자연의 비인간성은 사람들로 하여금 인간을 넘어서서 자연의 세계를 보라는 의미를 가지고 있다. 개인의 이해를 넘어서 전체의 관점에서 바라보는 마음을 가질 수 있어야 한다. 그것은 인간이 자연에 대해 가지는 유용성이나 이용 가능성 등의 관점에서 자연을 고찰하지 않는다는 것이다.

자연은 모든 생명체를 포함한다. 윌슨에 따르면, 사람은 오랫동안 다른 생물체와의 공진화를 통해 다른 생명체에 대한 감정적인 유대감을 가지게 되었다고 말한다. 이것을 그는 '생명 친화감biophilia'이라고 부른다. 여기에 이어져 있는 것이 인간이 자연에 대해 갖는 심미적 만족감이다. 인간이 스스로를 정신적이라고 느낀다면, 그것은 근본적으로 생명 친화감 더 나아가 자연 친화감에 이어져 있는 것이다. 강은교의 시 「물길의 소리」는 자연 친화감의 정서를 느끼게 한다.

그는 물소리는 물이 내는 소리가 아니라고 설명한다. 그렇군, 물소리는 물이 돌에 부딪히는 소리, 물이 바위를 넘어가는 소리, 물이 바람에 항거하는 소리, 물이 바삐 바삐 은빛 달을 앉히는 소리, 물이 은빛 별의 허리를 쓰다듬는 소리, 물이 소나무의 뿌리를 매만지는 소리…… 물이 햇살을 핥는 소리, 핥아대며 반짝이는 소리, 물이 길을 찾아가는 소리…….

가만히 눈을 감고 귀에 손을 대고 있으면 들린다. 물끼리 몸을 비비는 소리가.
물끼리 가슴을 흔들며 비비는 소리가, 몸이 젖는 것도 모르고 뛰어오르는 물고기들의 비늘 비비는 소리가…….

심장에서 심장으로 길을 이루어 흐르는 소리가. 물길의 소리가.

이 시는 깊은 계곡 바위에 앉아서 찬찬히 물 흐르는 소리를 떠올리게 한다. 계곡의 물소리는 물방울 하나와 다른 물방울 사이의 마주침, 나아가 물방울과 다른 사물들 사이의 마주침이 일어나 발생하는 소리인 것이다. 그런데 이 물길의 소리 체험은 외면적인 것이라기보다 내면적인 체험이다. 그것은 사람의 내면에 깊이 잠겨 들어가야 얻어진다.

그러나 내면은 밖으로 다시 나아가는 통로이다. 내면은 대개는 자연을 향하여 열린다. 다시 말해 물방울들이 연쇄적으로 계속 마주침이 발생하고, 이런 반복된 과정을 거쳐 전체 세계가 만들어진다. 마치 작은 물방울들이 모여서 거대한 폭포를 이루는 것처럼 말이다. 그것은 자연의 아름다움을 보는 것이기도 하다. 자연의 아름다움을 크게 느끼고 크게 알고 크게 표현하는 것은 큰마음을 갖는다는 것이고, 이 큰마음은 "선견, 인애, 무사공평한 진실에 대한 존중"을 포용하는 마음이다.

동시에 자연의 냉엄한 기율을 통해 자신의, 또 사람의 좁은 고통을 초월하는 전체—사람과 종족과 바위와 별들이 생성 소멸하는 가운데 온전하게 있는 유기적 전체—의 조화를 우러르는 것을 배우는 마음이다. 자연의 유기적 전체는 유한한 인간에게는 초월성으로 나타나는 것이 당연하다. 사람의 초월적 지향은 이 시점과 지점을 넘어가는 조금 더 넓은 세계를 향할 수도 있지만, 그것이 연속되는 한없이 큰 세계를 향하는 것일 수도 있다.

그것은 우주의 끝까지 영향을 미치는 형이상학적 그리움을 나타낼 수도 있다. 그것은 따라서 무한으로 이어지고, 무한한 사고의 가능성을 포함하여 신비한 것이 된다. 형이상학적 전율은 미적 체험의 중요한 촉진제이다. 여기에는 심미적 또는 정신적 정서를 동반한다.

시인들은 늘 자연을 두고 그 아름다움을 말해왔다. 그 자연은 무참한 것을 포함하는 것이다. 그러나 사람은 그것까지도 아름다움으로 초연하게 바라볼 수 있다. 시적인 눈은 세상의 모든 곳에서 아름다움을 본다. 그것을 이용하고 명령하고 부리고 하는 것과는 별로 관계가 없다. 심미적 관조의 반성적 태도는 즉각적인 현실 세계에서 필요로 하는 것이 아니기 때문이다. 그러나 그 아름다움을 보는 눈은 이 인간의 지극히 실용

적인—그것 없이는 살 수 없는 실용적인—경영에 근본적인 차이를 가져
오는 것이기도 하다.

형이상학과 인문과학

과학지상주의와 형이상학

과학은 보편적인 체계인 것처럼 보이지만 언제나 특정한 사유 체계의 산물이다. 과학은 패러다임의 변화에 따라 새로운 체계로 전환된다. 근대의 과학은 의미의 근거, '왜'를 묻는 대신, 사물의 현상에 담긴 원리, '어떻게'를 물으면서 시작되었다. 현대 과학기술적인 탐구 방법은 모든 것이 생성 소멸하는 불확실한 세계에서 단순히 인간의 안전한 지위를 확보하는 것을 넘어서 세계 자체를 지배하려는 의지가 작용하고 있다. 이제 현대사회에서 과학은 우리의 운명이 되었다. 과학기술 없이 현대 세계는 이해될 수도 제어될 수도 없다.

현대 문명이 당면한 위기의 본질에 대해 과학지상주의라는 진단이 내려지는 순간 문제 제기를 감당해야 할 영역은 과학 자신이 아니라 형이상학이다. 그런데 형이상학 하면 사람들은 흔히 고차원의 아주 난해한 학문, 무언가 우리의 감각적인 현실 세계를 넘어서 있는 것에 대해 탐구하는 학문을 떠올린다. 형이상학이란 인간이란 존재가 보고 듣고 만지는 감각적 차원—형이하학적인 것의 '위'에 있는 학문이고, 이것이 형이상학의 '상'이 담고 있는 의미 내용이다.

아리스토텔레스 이후로 철학은 존재하는 모든 것을 그 궁극적인 원인에서 탐구하는 것으로 정의해왔다. 존재가 존재하는 한에서 그것을 이런 저런 특수한 관점들이 아니라 그 자체로서 존재를 탐구하고 그것을 궁극원인에서 해명하는 것이 형이상학의 임무였다. 즉, 형이상학은 어떻게 해서든 다른 모든 이론 위에 군림하거나 뛰어넘으려는 설명체계를 갖는다. 이것은 보다 이전의 혹은 보다 못하는 관점을 포섭하겠다는 의도이며, 다른 모든 이론의 맹점을 극복하겠다는 것이다.

철학은 여전히 이 점에서 형이상학으로 그 명맥을 유지해왔다. 마치 형이상학의 시대란 존재를 현전하는 것의 하나로 이해하고, 즉 신·물질·정신·이데아·실체·자기의식 등 기존 존재론의 최고 원리로 생각하고, 이 현전적 존재 이해 속에서 본질에 대한 물음과 인과적 질서에 대한 물음을 심화시킨다.

그런데 이데아라든가 자기 원인으로서의 신과 같이 우리가 언제든지 이론적으로 파악할 수 있는 존재자들의 불변적인 근거에 의거할 수 있다. 과학과 기술의 시대를 살고 있는 현대인에게 이제 더 이상 이 세상을 넘어선 저 세상의 존재는 개인적인 믿음의 차원일 뿐이다. 그런 경우 모든 것이 생성 소멸하는 불확실한 세계에서 자신들의 안전한 지위를 확보하려는 인간의 이해관심이 작용하고 있는 것에 불과하다.

학문 내지 과학에 대해 좀 더 엄격한 기준을 적용시켜 방법론을 들먹이는 경우를 생각해볼 수 있다. 이런 경우에도 보이는 차원, 형태를 넘어설 때 우리는 그것을 형이상학이라고 부른다. 말 그대로 자연현상의 위의 학문이다. 형이상학은 형이하학적인 것인 자연학 혹은 과학이 스스로 답할 수 없는 것에 대한 물음들 속에서 태어난다. 과학지상주의라는 진단처럼 과학의 본성에 대한 물음이 과학 자체에 속하지 않을 뿐만 아니라 과학의 무능력을 반증하는 물음인 경우에는 더욱 그렇다. 이 물음을 제기하고 답하는 것에서 형이상학의 고유한 영역이 정당화될 수 있다.

형이상학은 메타 과학으로서 과학의 인식가능 조건과 그 범위를 묻는다. 자연과학의 이성과 합리성의 원칙, 그리고 그에 따른 방법론의 정당성과 기준을 과학 자체로부터 이끌어낼 수는 없기 때문이다. 따라서 철학은 형이상학 안에서 자기 자신에 도달하며 자신의 명확한 과제를 부여받게 된다.

하이데거는 "과학은 사유하지 않는다"라는 그 유명한 통찰을 말한다. 위험은 양극단에 자리한다. 절대적 반대와 무지만큼이나 위험한 것은 끝없이 돌진하는 생명공학을 비롯한 사유하지 않는 과학·기술이다. 과학은 존재의 의미를 묻는 형이상학의 차원에서 움직이지 않는다.

가령 과학이 자연을 탐구하고 그에 대한 지식을 확장할 때, 과학은 과학이란 것이 무엇이며 스스로 획득한 지식이 어떤 것인지 알고 있는가? 이런 문제 제기의 권리와 답변의 능력이 과학 자체에 속하지 않는다는 것을 밝힐 수 있을 때, 형이상학은 비로소 메타 과학으로서 자신의 입지를 획득할 수 있다. 따라서 과학의 내적 특성을 성찰함으로써 그것이 인간의 자기실현과 의미 체험을 위한 터전에서 어떤 역할을 할 수 있는지 해석하고, 새로운 형태로 나아가도록 방향을 제시하는 작업이 요구된다.

과학기술의 막강한 힘과 혜택 못지않게, 그것이 초래하는 엄청난 폐해 속에서 과학의 근거를 마련하고 이끌어가며, 수정하는 것이 형이상학의 임무였다. 그런데 하이데거는 서양 전통 형이상학의 사유방식은 과학기술적인 탐구 방법으로 귀착되었다고 보고 '철학의 종말'에 대해서 말하고 있다.

형이상학의 잠재력이 테크놀로지 속에서 극단적으로 실현될 때, 인간을 포함한 존재자 전체는 생산을 위한 주문 속에 놓이고, 이 요구 속에서 어떤 예약된 사물이나 부품으로 전락한다. 여기에서 인간 그 자신이 기술적 조작의 가능성 앞에 놓일 뿐만 아니라 대지의 황폐화가 귀결된다. 과학지식의 불균형은 곧 사회적 불평등과 불균형을 초래할 것이다. 하이데거는 인간마저도 이렇게 자신의 에너지를 끊임없이 내놓도록 혹사 당하는 현대의 위기 상황을 극복하기 위해서는 현대의 존재 이해를 넘어 서는 새로운 존재 이해가 개시되는 것이 필요하다고 본다.

삶을 과학의 족쇄로부터 해방시켜 삶이 간직하고 있는 다양한 차원과 풍부한 논의를 되살리자는 것이 하이데거의 생각이다. 이것은 근대에 이르러 완성된 형이상학을 넘어서는 형이상학, 즉 탈형이상학적 지평을 지향한다. 하이데거의 형이상학을 복원하려는 시도는 다른 사람과는 다르며 그 방법 역시 획기적으로 전향적이다.

하이데거에게 형이상학은 오직 인간에게만 일어나는 '존재자 전체로의 침입 사건'이다. 이러한 형이상학적 사건에서 중요한 것은 존재자 전체에로 향한 '존재의 시각'이며 그러한 시각 아래에서 아무 의심 없이 전제되고 있는 '존재의 의미'이다. 하이데거의 근본물음은 존재물음이다. 하이데거의 존재 사유는 이 궁핍한 형이상학의 시대를 마감하고 새 시대를 열 예비적 사유이다.

존재 사유

원래 존재라는 말은 다양한 의미를 가지고 있다. 그것은 어떤 존재자가 '존재한다'고 할 때의 존재를 가리킬 수 있으며, 또한 신적인 존재나 수학적 존재 혹은 감각적 존재처럼 어떤 특정한 존재 영역들을 가리킬 수 있고 또한 생성 소멸하는 존재자들의 근거를 가리킬 수도 있다. 전통 형이상학에서 존재는 보통 생성 소멸하는 존재자들의 근거인 신이나 본질을 가리키는 의미로 사용되었으며, 전통 형이상학은 존재자 전체를 이러한 근거로부터 이해하려고 했다.

하이데거는 객체적으로 있는 모든 사물을 존재자라 규정하고, 이런 존재자가 있다는 사실을 존재라고 말한다. 우리가 접하는 존재자가 그렇게 있다는 사실이 바로 존재인 것이다. 하이데거 역시 존재를 여러 의미로 사용하고 있다. 그것은 존재자가 '존재한다'고 할 때의 존재를 가리키고 또한 어떤 특정한 존재 영역들을 가리키며 또한 모든 존재 영역을 포괄하는 최대의 전체를 가리키려고 한다.

우리는 자연의 사물들 가운데서 자연스러운 '있음'을 본다. 예를 들어 고향과 풍경은 이러한 '있음'을 하나의 전체성으로 드러내준다. 고향의 정감과 풍경은 서로 뗄 수 없는 것으로서 나와 물건, 주관과 객관, 감정과 사실이 분리되지 않은 하나의 세계에서 우러나온다. 우리 또한 그런 '있음' 속에 있었던 것을 본능적으로 깨닫는다. 존재는 존재자가 아니지만 또한 존재자 없는 존재는 상상할 수 없다. 존재는 어디서나 존재자의 존재이며 존재자 또한 언제나 존재의 존재자이다.

예를 든 고향과 풍경의 '있음'이라는 존재는 존재자처럼 사물적으로 있는 것이 아니며, 존재자 편에서 볼 때는 마치 없는 것과도 같다. 그것은 존재란 이런 존재자가 그렇게 있다는 사건 자체를 가리키기 때문이다. 그래서 하이데거는 존재를 차라리 없음無이라고까지 표현한다. 그것은 실제로 사고나 수술로 수족을 잃어버린 사람들이 경험하는 '수족 환상'을 통해서 증명된다. 육체적으로는 손발이 없지만 그들은 계속 존재한다고 느낀다고 한다.

다만 우리는 이러한 존재 자체를 존재자와 같은 것으로 착각한다. 하이데거가 강조하는 바는 이제까지 전통 형이상학은 존재와 존재자 사이의 구별인 존재론적 차이에 주목하지 않았다는 것이다. 전통 형이상학은 존재하는 것 전체를 또 하나의 상위 개념인 존재자로 규정하려는 존재자

중심의 태도—모든 것의 최종 근거를 구명하려는 근거 해명의 의지, 신적인 존재로서 모든 것을 설명하려는 신학적 요소 그리고 존재하는 모든 것을 개념으로 장악하려는 학문적인 자세 등을 취해왔던 것이다.

현실에서 보면, 종교의 가공적인 인격신 또는 나치즘이나 스탈린주의와 같은 정치적인 이데올로기가 우상시하는 독일민족이나 프롤레타리아당 독재 등을 최고의 존재자로 착각하면서 그러한 것들의 숭배를 통해서 자신의 존재 자체와 하나가 되었다고 생각해왔던 것이다. 그것들은 존재자 전체를 특정한 존재자로 하여금 지배하게 함으로써 자신의 확실한 안정을 확보하려는 태도에 지나지 않은 것이다.

존재자는 자연과 세계 안에 객체적으로 있는 모든 것이며, 경험과 역사를 통해 주어지는 것이기도 하다. 하이데거에게 존재 의미를 묻는다는 것은 존재자 전체의 맥락을 통해서 가능하다는 것이다. 존재자를 존재의 관점에서 고찰한다는 것은 역사학이나 자연과학처럼 어떤 사건을 그것에 선행하거나 동시적인, 혹은 후속하는 사건과의 연관하에서 고찰하지 않는 것이다.

이 경우에 어떤 사건은 다른 사건에 대한 원인이나 결과로서 고찰될 뿐이며 결코 그것 자체로서 파악되지 않는다. 그것은 항상 설명되어야 할 다른 사건의 계기로 간주될 뿐이고, 어떤 자연연관이나 역사적 연관의 한 계기로 간주될 뿐이다. 따라서 개별 과학에서도 존재자는 그 자체로서 파악되지 못한다.

인간이 존재하기 훨씬 전부터 이 우주 안에서는 끊임없이 온갖 형태와 종류의 사물들이 생성하고 소멸되는 존재 발생의 사건이 전개되어왔다. 인간의 출현 역시 그러한 존재 발생 사건의 일부분일 뿐이다. 그런데 우리는 사물에 대한 인간만의 독특한 존재 이해의 특징에 유념할 필요가 있다.

하이데거의 존재 분석을 단순하게 말한다면, 사람이 사물을 지각하거나 인지하는 것은 존재의 사실을 전제로 한다는 것이다. 그러면서 모든 존재자들을 존재자들이게끔 하는 '존재'는 무엇인가 하는 존재에 대해 물음을 던질 수 있는 독특한 존재자가 인간인 것이다. 인간만이 독특한 존재 이해를 하기 때문에 있음과 없음을 구별할 수 있는 '자리'이다. 다시 말해 인간은 존재 사건이 일어나고 있는 현장이다. 이 점을 부각시키기 위해 하이데거는 인간은 '존재가 나타나는 그 자리'—그런 의미에서 현존재(Dasein, 거기-있음)라고 하는 것이다.

이제부터 우리는 인간을 존재의 부름에 응답하는 '존재의 목동'이라고 보아야 한다. 앞에서 예를 든 것처럼, 어느 날 갑자기 고향 혹은 풍경의 있음(존재)이 부르고 있는 것에 내가 응답하고 있는 것이라고 생각할 수 있다. 존재가 이렇게 자신을 열어 보이고 인간이 그것에 호응하는 응답의 관계를 존재의 생기生起라고 부른다. 하이데거의 존재 사유는 전통 형이상학이 사유하지 않거나 사유하지 못하는 존재의 생기에 대한 사유이다. 그는 바로 '시간 속에서' 스스로 개시하는 존재의 생기와 존재 사건의 발생을 보았으며, 이 둘이 어떤 관계에 있는지를 탐구한다.

하이데거에게서 존재가 어떻게 드러나고, 인간이 그것을 체험하게 되는가는 분명한 방법이 있는 것으로 보이지는 않는다. 그것은 존재가 "실재하는 사물의 전부" 또는 추상적 개념으로 종합될 수 있는 것들 전부가 아니라, 존재 그 자체이기 때문이다. 그것은 개념화되고 추상화되는 것들에 선행하고 그것의 바탕이 된다.

비록 개념적 명증이 없다 하여도, 일정한 종류의 사물들을 정의하는 부분적이고 지역적인 존재론regional ontology이 있을 수 있다. 그러면서 이 부분적 존재에도 스스로를 넘어서 전체를 지향하는 것이 있을 수 있다. 이제 인간은 자신의 관계 맺음의 영역을 그가 그 자리에서 만나는 것들을 넘어서 존재하는 것 전체에로 확장하기에 이른다.

존재의 열림

하이데거는 과학이 가장 근원적이고 엄정한 현실인식을 가능하게 해주는 게 아니라고 말한다. 과학의 현실은 주로 효과적으로 작용하는 것을 지칭한다. 모든 과학기술을 동원하여 자연만물을 사람의 편의에 봉사하게 해야 한다는 생각의 보편화는 새삼스럽게 거론할 필요도 없다. 과학이 보여주는 대상의 세계는 일정한 조작을 거쳐 구성된 것이다. 과학은 대상으로 고정된 것만을 실재로 인정한다. 또, 이러한 사실들을 이론을 통해 분과화되고 서로 연관된 다양한 인과관계 속에서 조망할 수 있다는 것이다.

이러한 과정에서 놓치는 것은 실재가 현존하는 것으로부터 나오는 과정이라는 점이다. 실재는 "현존하는 것이 현존하게 되는 것"을 말하며, 현실을 이루고 있는 대상과 사실은 그것의 한 결과라는 것을 간과하게 된다. 그리고 이론은 "현존하는 것이 나타나는 모습을 주의 깊게 봄으로써 보는 것 가운데 머무는 것" 또는 "현존하는 것의 드러남에 대한 경의의 주시"라는 것을 잊어버리는 것이라고 할 수 있다. 그러므로 "과학적 표상은 자연의 본질을 포괄할 수 없다. 자연의 대상성은 처음부터 자연이 스스로를 보여주는 한 가지 모양에 불과하기 때문이다." 과학은 존재의 가능성을 외곬으로 한정하는 경향이 있다.

미국의 현상학자 알폰소 링기스Alphons Lingis의 글에 「원소적 바탕The Elemental Background」이라는 글이 있다. 이것은 물질적 존재이며 배경으로서 지구를 예로 들면서, 우리의 지각 체험의 배경의 문제를 다룬 것이다.

링기스는 인간의 현존과 그 큰 바탕에 대한 후설이나 하이데거의 생각을 수긍하면서도 이 바탕이 멀리 추상적으로 존재하는 것이 아니라 직접적으로 감각적 경험으로 존재한다고 말한다. 원재훈의 시 「은행나무 아래서 우산을 쓰고—그리운 102」는 배경 혹은 바탕에 대한 감각적 지각 체험을 잘 표현하고 있다.

> 은행나무 아래서 우산을 쓰고
> 그대를 기다린다
> 뚝뚝 떨어지는 빗방울들
> 저것 좀 봐, 꼭 시간이 떨어지는 것 같아
> 기다린다 저 빗방울이 흐르고 흘러
> 강물이 되고 바다가 되고
> 저 우주의 끝까지 흘러가
> 다시 은행나무 아래의 빗방울로 돌아올 때까지
> 그 풍경에 나도 한 방울의 물방울이 될 때까지
>
> 은행나무 아래서 우산을 쓰고
> 그대를 기다리다 보면
> 내 삶은 내가 어쩔 수 있는 것이 아니었다
> 은행나무 잎이 떨어지고
> 떨어지고 떨어지는 나뭇잎을 보면
> 내가 진정으로 사랑하는 것은 내가 어쩔 수 없는 그대
> 그대 안의 더 작은 그대
> 빗방울처럼 뚝뚝 떨어져 내 어깨에 기대는 따뜻한 습기
> 내 가슴을 적시는 그대

은행나무 아래서 우산을 쓰고

자꾸자꾸 작아지는 은행나무 잎을 따라

나도 작아져 저 나뭇가지 끝 매달린 한 장의 나뭇잎이 된다

거기에서 우산도 없이 비를 맞고

넌 누굴 기다리니 넌 누굴 기다리니

나뭇잎이 속삭이는 소리를 들으며

이건 방울들의 소리인 줄도 몰라 하면서

빗방울보다 아니 그 속의 더 작은 빗방울보다 작아지는

내가, 내 삶에 그대가 오는 이렇게 아름다운 한 순간을

기다려온 것인 줄 몰라 한다

감각적으로 직접 체험되는 세계에 대한 강조는 레비나스에게서도 발견된다. 이 시는 레비나스의 '무한' 관념을 적절하게 표현하고 있다. 그의 무한은 나의 의식으로 투명하게 알 수 없는 세계, 즉 타자들로 우글거리고 있다는 것이다. 세계에 대한 체험에서 사람의 삶의 원소적 바탕을 이루는 지구, 바다, 빛, 도시와 같은 것들은 우리를 둘러싸고 있으면서, 소유할 수도 없고 형체도 없고 시작도 끝도 없는 어떤 것이다.

그래서 원소적 바탕을 무의 심연이라고 표현할 수도 있다. 그것들은 "하나의 체계로 조직화되는 기술적 목적성", "대상적 작용의 지표 체계"로 환원할 수 없다. 하이데거도 비슷하게 우리의 체험은 그곳에 선행하는 어떤 바탕 위에서 일어난다고 생각하였다. 그것은 궁극적으로 존재의 열림으로 이어진다.

하이데거가 전통 형이상학에 대해서 문제 삼는 것은—대략적으로 정리할 때—형이상학은 존재와 존재자 사이의 갈라짐을 구별할 수 있는 존재론적 차이에 주목하지 못하였고, 다시 말해 존재로서의 존재에 주목

하지 않고 언제나 존재의 열림 안에서 드러나고 있는 존재자만을 사유하고 탐구했다는 것이다.

이렇듯 존재론적 차이를 망각하며 진행되어온 서양 형이상학의 전개 속에 눈에 띄는 특징은 철저한 존재자 중심의 태도이다. 그 대표적인 태도가 과학적 또는 실증적 태도이다. 그러한 과학적 태도에서는 존재가 열리는 발생적 사건 전체를 고찰하지 못하고 특정한 존재자의 차원만을 부각시키면서 존재의 열림을 등한시해온 것이다. 관심이 되고 있는 것은 오로지 존재자뿐이고 그 이외에는 아무것도 아니다.

전통 형이상학은 존재론적 차이에 대한 경험을 차츰차츰 로고스의 차원에만 국한시킨다. 그런 연유로 해서 사유 자체에 대한 규정도 표상하는 사유, 개념적 파악, 대상적 인식으로 축소시키게 된다. 게다가 존재자도 앞에 마주 세워진 대상 또는 지배의 의지에 의해 생산된 물품으로 되며, 존재도 내용이 텅 빈 존재성에서 시작해서 대상성 내지 부품성으로 파악된다. 그로 인해 자연도 다양한 생산과 교환의 가치가 되어버린다.

존재의 열림은 무의 심연, 즉 이미 언급한 바가 있는 '숲 속의 빈터'와 같은 곳에서 일어난다. 그러니만큼 세계를 향하는 궁극적인 인식과 행위는 이러한 존재의 열림 그리고 그 무의 바탕을 되돌아보는 일을 의미한다. 그런데 실증주의적 추세는 존재의 열림에 관한 형이상학적 탐구 주제 내지는 대상뿐 아니라 존립의 근거까지 여지없이 빼앗아가버렸다.

특히 자연을 이해하는 과정에서, 설명하여 친숙한 것으로 만드는 과정에서 인간은 추상화와 일반화의 방법을 끌어들이게 되며 원인과 근거를 찾아 나서게 된다. 그러는 중에 이해될 수 없는 것과 설명될 수 없는 것을 낯설다는 이유로 차츰 멀리하게 된다.

친숙함 속에서 놀라지 않고 안정 속에 살기를 바라는 인간은 갈수록 더욱 더 이해와 설명의 시각으로 자연을, 존재하는 것 그 자체로 보게 된다. 이렇게 자연의 대상화가 이뤄진다. 대상화란 자연이 더 이상 그것의 다차원성에서, 즉 전체적인 존재의 충족 안에서 파악되지 못하고 처음부터 하나의 관점, 즉 자연과학적 탐구에 접근 가능하게 한다. 과학은 결국 이 세계에서 존재자를 대하며 다루고 처리하는 존재 방식의 한 양태일 뿐이다.

게다가 과학적 사고는 사물을 우리의 시킴에 따라 대령하게 하는 사고이다. 사실 이것은 과학에 한정된 이야기는 아니다. 이것은 시대의 사고 틀이 되어 있다. 그것은 오늘의 행동을 규정하고 언어를 규정한다. 오늘의 정보 생산과 여론 형성을 목표로 하는 언술과 그 언술이 지향하는 목표들은 모두 사물과 사람을 대령시키고자 하는 언어이다.

카오스 이론에서 언급했듯이, 사람이 생각할 수 있는 정도의 변수를 넘어가는 복잡계에서의 우연성이 중요한 몫을 담당한다는 것, 다시 말해 원인과 결과의 관계가 규명될 수 없는 예측 불가능성이 이미 체계 내에 포함되어 있다. 그것은 적어도 선형적인 인과의 합리적 법칙이라는 관점에서 볼 때 신비의 영역에 속한다.

그 영역은 의도적인 조작이나 통제를 통해 제어할 수 없다. 이런 복잡하고 비선형적인 현상을 이해하려면 전체가 부분의 합보다 크다는 인식에서 출발해야 한다. 여기에 하이데거 식의 생각은 스스로를 있음대로의 사물에 맡기는 사고이다. 그것은 차라리 존재에 대한 경건한 열림의 느낌이다.

오늘날 우리는 과학의 눈부신 발전을 이룩했다. 과학은 영역을 전문화했기 때문에 학문의 자격을 얻는다. 그런데 전문화된 지식에 사로잡힌 학문은 전체를 완성할 수가 없다. 과학은 존재자들을 대상으로 사고할 수 있지만 존재자의 전체인 존재에 대해서는 무능함을 보이고 있다. 우리는 사물과 자연 그리고 인간들이 갖는 존재 본래의 충만함과 생생함을 지각하는 능력도 상실했다.

인간은 존재하면서 자기 자신과 관계를 맺고 자기 자신이 아닌 다른 존재자와 관계를 맺는다. 이렇게 존재자와 관계를 맺으면서 인간은 각기 나름대로 어떻게든지 이미 그가 관계를 맺고 있는 그 존재자의 존재를 이해하고 있다. 물론 이때의 존재 이해는 존재자의 존재에 대한 개념적 이론적 파악이 아닌 이론 이전의(서술 이전의) 존재 이해이다. 지성적으로 존재자 전체를 파악하는 것은 불가능하다.

우리가 일차적으로 존재자 전체를 대면하게 되는 것은 지성이 아니라 이러저러한 "기분"에 빠져 있는 "처해 있음"이다. 이러한 기분의 처해 있음은 그때마다 나름대로 자신의 방식으로 존재자 전체를 드러낸다. 하이데거는 우리가 살고 있는 세계의 자명성을 파괴하고 존재자 전체를 낯설게 드러내는 근본 기분들, 예를 들어 불안과 같은 근본 기분들이 그러한 자명성을 깨뜨리고 우리를 사태 자체에 직면시키는 근본 기분들 안으로 진입하지 않으면 안 된다고 본다. 그러한 근본 기분들이야말로 후설이 사태 자체를 드러내기 위해서 우선적으로 필요하다고 생각했던 현상학적 환원을 대신하는 것이라고 할 수 있다.

하이데거는 사태 자체를 우리가 드러내기 위해서는 무엇보다도 우리가 그동안 잠재웠던 근본 기분 자체를 일깨우는 것이 필수적이라고 본다. 근본 기분이야말로 우리 인간과 세계의 진리가 드러나는 장이기 때문에 우리가 인간과 세계를 제대로 이해하기 위해서는 근본 기분을 일깨워야 하는 것이다. 이런 경우 다시 말해 근본 기분에서 자신을 드러내는 인간과 세계의 진리에 귀를 기울이는 것을 사유의 경건함이라고 말한다.

존재의 진리

우리 인간은 사물을 항상 어떤 관점에서 본다. 사물들을 아무리 선입견 없이 보겠다고 우리가 아무리 결의해도 우리가 의식하지 못하는 선입견이 항상 거기에 개입해 있는 것이다. 개별자를 그 자체로서 파악하고 그 자체로 존중한다는 것은, 존재자를 그렇게 그 자체로서 파악하고 그 자체로서 존중하겠다는 결의만으로는 되지 않는다.

하이데거에게 철학적 사고의 근본은 존재에 대한 경이감이다. 오직 존재자의 낯설음이 우리를 압박해 올 때에만, 존재자는 경이를 불러일으키며 놀라움의 대상이 된다. 이때 존재자 자체가 탐구의 대상이 되면서 "왜"라는 존재 물음이 성립한다. 예로부터 일상적 태도를 넘어서게 하는 경이감은 철학이 시작하는 신비로운 내적 체험이었다.

또 자연이 드러난다는 것 자체가 사람들로 하여금 그 신비를 느끼게 한다. 신비는 세상만물이 드러나면서 동시에 스스로를 감추는 까닭에 생겨난다. 드러남은 감춤 가운데 일어나는 작은 사건에 불과한 것이다. 드러남은 감춤과 더불어 존재의 무한한 신비를 우리에게 느끼게 한다.

우리가 존재의 관점에 설 경우에만 우리가 진정으로 각각의 존재자들을 그 자체로서 통찰할 수 있는 것이다. 하이데거는 모든 것을 넘어서는 바탕에 존재 자체가 있다고 생각한다. 그 존재는 스스로 드러내면서 동시에 스스로 감춘다. 드러난 모습이 진리이다. 우리는 의식하고 있지 않으나 자기 사유의 뿌리를 이루는 어떤 의미들의 구도하에 놓여 있는 것이다. 그러나 사고의 기반을 이루는 그 진리는 그대로 진리로 남아 있을 수 없다. 존재의 진리는 드러나면서 감추어진다. 그러나 일단 드러난 존재─그러면서 존재 자체를 떠난 존재는 역사적으로 사실적으로 설정된 존재의 방향과 구역의 바탕이 된다.

그리하여 모든 개념과 표상의 모태가 된다. 이것은 역사적 지평을 이루면서도 반드시 근원적 존재에 일치하는 것이 아니다. 이 근원적 존재는 늘 새롭게 갱신되어야 한다. 이것들은 고정된 것이 아니고 사건이며 사건으로 계속 이어져나간다. 진리는 존재의 사건이고, 존재는 어떤 형태로든 드러나 있는 것이다.

과학과 기술은 그 나름의 진리이면서 "보다 근원적인 드러남"으로 돌아가고 "보다 시원적인 진리의 요청"을 경험할 길을 차단한다. 그것은 하이데거의 기술 개념이 재현 기술의 속성을 갖고 있기 때문이다. 그에 따르면, 재현은 근대성과 산업화와 밀접하게 연관된 사유 양식으로서 사물, 상태, 과정을 선택적으로 대상화한다. 다시 말해 재현 과정은 사물이나 상태들의 내부를 계산 가능한 행위나 조작의 대상으로 바꾸는 속성을 갖고 있다. 예컨대 인간이 노동하는 신체, 소비자, 역할 수행자로, 자연이 원재료로, 제품과 용역이 대상이나 행동으로 다시 제시되는re-presented 것이다.

재현은 세계의 속성이나 단면을 대상화한다는 점에서 선택적이다. 하이데거의 기술 개념이 선택적 대상화의 재현 원리가 적용됨에 따라 시원적 진리의 요청은 차단될 수밖에 없다. 근대적 산업화 시대의 경제성의 원리는 도구적인 방식의 재현을 지배적이게 한다. 선별적 재현은 통치가로 하여금 세계를 지배하고 통제할 수 있게 하는 능력을 부여한다.

시원적인 진리란, 그것이 과학적인 것이든 아니든 인간을 포함한다. 하이데거 식으로 말하면 세계와 진리 또는 존재에 대한 인간의 열림 없이는 어떠한 진리도 불가능한 것이기 때문이다. 세계를 선별적으로 대상화하여 다루는 재현 기술과는 달리 진리는 결코 존재의 일면성에서 이루어지지 않으며, 그 진리에 답할 수 있는 역동성은 인간의 존재론적 결단을 비추는 행위에서 이루어진다.

순수 객관적 지식이란 존재할 수 없다. 아니 존재하더라도 인간 존재에게는 어떤 의미도 지니지 못한다. 객관적 지식은 그 존재자가 지니는 존재로서의 의미에 대해서 아무것도 말해주지 않는다. 시원적 진리에는 초월적 결단과 존재론적 의미가 상호작용한다. 앞에서 말했듯이, 인간이야말로 존재가 드러나는 그곳이기 때문이다.

진리는 사물적인 존재자에 대한 지식을 넘어서는 존재의 의미에 관계할 때 올바르게 제시된다. 시원적 진리에 관한 문제 설정은 존재자 전체의 존재 의미에 대한 물음이자 세계의 근거에 대한 물음인 것이다. 보다 근본적으로 시원적 진리는 인간의 존재론적 열림 속에 포함된다. 이때 진리와 시가 열리는 공간이 펼쳐진다.

시원적 진리에 근거할 때 비로소 인간의 지적 활동과 지식이 올바른 의미를 지닐 수 있을 것이다. 그것은 분과학문의 틀을 넘어서 자리하는 인간의 모든 존재론적 노력과 투신을 의미한다. 존재의 열림이 일어나는 사유 작업은 인간의 존재론적 의미를 해석하고 이해하는 모든 성찰적 노력을 의미한다. 그것은 자기이해의 근본적 변혁으로 나아가게 한다.

그렇다고 그것이 단순한 인문주의로 돌아가는 것일 수는 없다. 푸코가 말하는 것처럼 인간 그 자체가 발명이며 이데올로기일 수 있다. 그리고 오류의 원천일 수도 있다. 생물학적 진리도 이 열림의 시원 또는 더 전통적인 관점으로 말하면, 인식론적 토대와의 관련 위에서 생각해야 마땅하다. 진화가 사실이라고 한다면, 그것도 이 인간의 시원적 열림에 관계하여 이행되어야 한다.

진리를 향한 시원적 열림은 우리의 현재에서 드러나는 근원성과 초월성을 감지하고 이해하는 사유의 새로움이다. 이 열림으로부터 과학이 나오고 수학과 논리의 세계가 나오며, 윤리와 도덕 그리고 아름다움의 세계가 나온다. 결국 세계와 진리 또는 존재에 대한 인간의 열림 없이는 어떠한 진리도 불가능한 것이다.

형상의 변주

이제 우리는 개념의 현미경 속에 들어오는 것만을 존재라고 보던 좁은 시각을 버릴 때가 되었다. 존재자만이 학문적 탐구의 대상이 되어야 한다는 로고스 중심적 대응태도 역시 벗어나야 한다. 당면한 것은 존재가 주어지고 있는 존재 발생 사건 자체에 주목해야 하며 거기에 맞는 삶의 태도를 추구해야 한다.

존재 사건에 대한 새로운 시각을 마련하기 위해서는 존재의 빛을 볼 줄 하는 안목을 키워야 한다. 메를로퐁티가 지각을 절대적으로 우선시한 것은, 그것은 언어나 개념 이전의 사건, 세계와 인간 사이에 일어나는 존재론적 사건을 들여다볼 수 있게 하기 때문이다. 아주 구체적인 지각, 그 지각이 일으키는 상상적 공간, 이러한 것들을 통해서 안목을 키우는 마음을 만들어내야 한다.

삶의 근본에 대한 통찰은 진리가 드러나는 엄숙한 느낌을 마음속에 불러일으킨다. 진리의 사건적 성격—그것이 일정한 사정이나 사건에 고유한 것으로 발생한다는 것은 우리의 감각 또는 지각의 작용에 이미 들어 있는 것이다. 우리의 외부 세계에 대한 감각적 체험은—가장 기초적인 경우에 있어서도—자신의 느낌과 체험에 '일정한 형식을 부여하는' 지각 작용에 의하여 객관적인 세계에 대한 의미 있는 형상의 인지가 된다.

형상은 간단히 말해 직접 눈앞에 주어지듯이 보이는 '모양새'라고 할 수 있다. 사물이 스스로 자신을 드러내는 모습인 것이다. 그런데 형상 또는 형상화, 즉 형태 혹은 형식이 부여된 대상으로 인지됨으로 해서 원래 주어진 대상과 주체 사이에 '거리'가 생겨나게 된다. 조금 달리 말하면, 우리가 지각하게 되는 세계는 원초적으로는 물질적으로 주어진다고 할 수 있다. 그러나 그것이 지각되는 것은 형상적 구성을 통해서이다.

현상학적으로 말하여, 의식의 지향성에 대응하여 나타나는 현상은 언제나, 질료hyle와 형상morphe의 종합으로서만 의식의 지평에 나타난다. 형상은 물질적 세계를 떠날 수 없고, 그것과 분리되어서는 참다운 호소력을 가질 수 없다. 그러면서도 질료의 신비와 형상의 신비는 우리로부터 멀리 있는 것이 아니다. 그것은 우리에게 극히 가까이 있으면서도, 합리적 인식의 대상으로 주어지지 않는 신비로 남아 있다.

이탈리아의 사회학자가 토리노의 노동자들과 한 농촌의 농민을 비교 조사한 바에 의하면, 농민들은 공장 노동자들에 비하여 오락을 덜 필요로 하고 그런 만큼 삶 자체가 즐거움을 포함하고 있었다는 것이다. 오늘날 실제적인 일로 인하여 지평적 의식의 협소화를 경험하는 것은 도시의 근로자들일 것이다. 이것은 공장에서 일을 하든 회사에서 일을 하든 마찬가지일 것이다.

더구나 오늘날 도시에서 주거의 형태까지도 사람을 보다 큰 지평으로 열어놓기보다는 삶의 세계에 그것을 한정시킨다. 특히 사람의 욕망 충족의 필요가 규정하는 대상들에 한정하게끔 설계되어 있어서 이러한 지평의 협소화는 더욱 조장될 수밖에 없다. 공간과 시간의 넓이는 그 자체로 우리의 마음을 커다란 긍정으로 이끌어간다. 특히 트인 공간에 대한 느낌은 심미적인 의미를 갖는데, 바라보는 공간은 우리의 감각을 가득히 채워준다.

미학자들은 흔히 서양 말에서 미학이라는 말이 희랍어의 감각적이라는 말, 'aestheai'에서 나온 것임을 지적한다. 미적 체험은 세계가 우리의 감각에 맞닿는 데에서 일어나고 어떤 때 이 맞닿음은 과부족 없이 적절한 것이 된다. 실러에 따르면, 심미적인 것이 놀이의 결과라고 한다. 독일어의 '슈필'(Spiel, 놀이, 유희)은 형상을 가지고 노는 것인데, 우리말의 '논다'와 아주 비슷하다고 한다. 나사못을 박을 때 나사가 흔들거리면, '이거 놀아서 안 된다'라는 말을 한다. 즉, 놀아선 안 되고 단단히 조여야 한다는 것이다.

이처럼 논다는 것은 여유가 있는 마음의 상태이다. 다시 말해서 논다는 건 여유가 생겨서 무엇을 보면서도 다른 것을 볼 수 있도록 거리를 유지하게 하는 마음의 공간을 갖는 것이라고 할 수 있다. 형상을 이해한다는 것은 감각으로부터 좀 거리를 가지고 감각적 내용을 형상으로 옮기는 것인데, 감각적 세계의 형상을 가지고 노는 것이 심미적인 것을 만들어낸다.

인생의 많은 것이 이 형상화 작용을 통하지 않고서는 정말 아름다운 것으로 될 수가 없다. 온전한 삶을 사는 데에 미적 체험의 계기가 정말 중요하다. 게슈탈트 심리학의 관점에서 회화를 해석하려고 하는 학자들, 가령 루돌프 아른하임Rudolf Arnheim 등 게슈탈트 심리학자나, 그 영향을 강하게 받은 E. H. 곰브리치Gombrich 같은 사람들은 좋은 그림의 밑에 들어 있는 바 어느 정도 일반화할 수 있는 좋은 모양, 게슈탈트를 말한다.

건물에 있어서 건물 파사드facade는 전체적으로 볼 때 창과 벽으로 구성되어 있으며 창 배치의 특성에 따라 그 건물의 시각적 특성이 결정된다고 할 수 있다. 창은 도형figure으로 기능하고 벽은 배경background으로 기능하게 되는데 창과 벽은 적절한 면적 대비를 이루어야 비로소 보기 좋은 건물이 된다. 그러나 간판이 배경의 역할을 담당하는 벽에 부착됨으로써 시각적으로 도형으로 기능해야 하는 창의 역할을 빼앗음으로 해서 간판이 다닥다닥 붙어 있는 건물을 바라볼 때 시각적 혼란을 느끼고 불쾌함을 갖게 하는 것이다. 창과 창 사이를 모두 간판으로 메우는 것은 창과 벽의 경계를 무너뜨릴 뿐만 아니라 건물 전체의 흐름Context을 단절시키는 것이다.

하늘과 땅과 산과 물과 나무 그리고 사람의 거주들로 이루어진 공간 환경에 대한 우리 느낌의 밑에 놓여 있는 것도 이와 비슷한 게슈탈트라고 해야 할는지 모른다. 자연물의 모든 형상들은 우리 마음에 깊은 영향을 준다. 뿐만 아니라 어떠한 풍경이든지 그것은 사람의 눈과의 만남에서 새로운 가능성을 열어나가게 된다.

사람은 예로부터 꽃과 나무와 들과 산과 짐승을 좋아하고 가꾸었을 뿐만 아니라 이것들에서 깊은 정신적 의미를 발견하였다. 좋은 경치가 좋은 게슈탈트에 관계되어 있다고 한다면, 그것은 보는 사람의 풍경에 대한 경험, 삶에 대한 경험에서 형성되어 나오는 어떤 본질적 형상의 성격을 갖는다고도 할 수 있다.

좋은 풍경이 주는 감흥을 쉽게 설명할 수는 없다. 분명한 것은 좋은 모양의 발견에서 오는 기쁨이라는 것이다. 그런데 무한히 변용하는 형상은 어찌되었든 사람이 보고 생각하는 행위가 이 형상들을 구체화하는 고리가 된다. 그렇게 생각할 때, 문득 올려보거나 물끄러미 보는 풍경은 전혀 우발적인 것이면서도 어떤 현실의 과정 속에 있는 것이다.

우리는 현실의 세계를 생각하고 그것이 거울처럼 밝은 인식에 분명하게 투영될 수 있다는 인식의 원형을 가지고 있다. 보고 생각하는 행위의 무한한 전개와 그것의 사건적이고 형상적인 성격을 참작할 때, 세계를 비추는 거울은 무수한 거울들의 집합 또는 수정의 반사체들의 집합인지 모른다. 또는 그러한 수정의 반사체들이 바로 세계의 총체 그것일 수도 있다.

수없는 경험적 사실들이 바로 좋은 모양을 만들어내는 실험의 현장이라 할 수 있다. 그러면서 그것들은 끊임없이 좋은 모양으로 수렴해간다. 그 과정에서 형상의 변주가 일어난다. 그리고 단일한 삶과 세계를 이루어낸다. 이것은 뒤집어서 말할 수도 있다. 삶과 세계는 원래부터 단일한 것이라고 할 수 있기 때문에 이 단일성이 수없는 다른 모양으로 표현되는 것이다.

그런데 이 단일성은 하나의 추상적 구도 속에서 포착될 수 있는 것이 아니다. 그것은 좋은 모양에 접근해가는 구체적인 경험적 사실 속에서만 그것을 보여주는 주체라고 말할 수 있을 뿐이다. 세계는 개개인의 지각 능력과의 관계에서 늘 새로운 사건으로 다가온다. 그런 의미에서 사람의 지각적 체험은 언제나 세계의 새로운 양상을 드러내고 그것을 풍부하게 한다.

세계의 심미적 감식과 이해의 기초도 마찬가지라고 할 수 있다. 미의 감정은 스스로 보편적이고 즉각적이며 이해타산에서 벗어나 있기를 희망하는 반성적이고 개별적인 판단이다. 여기에서 중요한 것은 가장 근본적으로는 충실하고 충만한 감각이다. 그러나 그것은 동시에 형태를 계기로 발생하기 때문에 이성적 구도 속에 편입될 수 있어야 한다.

이 과정을 보다 분명히 하는 것이 예술작품이다. 예술은 무엇보다도 현실을 형상화한다. 독창적인 예술작품이 우리에게 새로 보여주는 것도 이러한 것이다. 원래 좋은 것이었든 아니든 작가의 친숙하고 깊어진 눈으로 그의 대상물에서 새로운 형상을 발견하고 구성하여 우리에게 그것을 볼 수 있게 해주는 것이다. 작업한다는 것은 진리를 형상 속에 확실히 하는 것이다. 우리의 미적 감수성 그리고 이성적 능력에 호소하는 형상들이 세계의 우주에서 발견된다는 것은 틀림이 없다.

3부

마음의 동심원적 형이상학

인간 존재의 형이상학

유한한 인간의 탄생과 종말

인간중심주의로의 방향 전환은 근대의 가장 근본적인 특징이다. 인간은 이제 진리의 근거를 외부에 설정하지 않고 자기의식을 통해 그것을 정당화하고자 한다. 근대에 이르면 인간의 의지에 의해 정복될 수 있는 대상으로서의 세계가 재창조되며, 역사 또한 대상화된다. 데카르트와 스피노자 이래 관념론의 역사에 서 있는 철학자들은 외부로부터 강요되는 수동성을 내면의 힘을 통하여 능동적으로 역전시킬 수 있다는 것을 의심하지 않았다. 그들에게 외면이란 내면으로부터의 투사를 통하여 형상화된 것에 불과했다. 모든 질서의 근원은 내면성, 반성적 태도, 주체성을 통해 확보되지 않으면 안 되었다.

근대의 심리적 자아 혹은 경험적 자아가 지닌 내면의 심적 능력을 통하여 외면을 구성할 수 있게 된 인간은 신의 자리에 들어앉게 되었다. 신의 계시로 설명되던 세상의 온갖 이치를 인간의 이성에 의해 밝혀보겠다는 것이 계몽철학의 의도이다. 하지만 신의 자리에 오른 인간은 이제 자신을 근거 지어줄 어떠한 정초도 없는 허무의 상태에 다다르게 된다.

따라서 이성의 자기 능력에 대한 비판이 선행되어야 할 상황에 처하게 된 것이다. 칸트는 인식 가능성의 조건들을 정당화하는 작업을 비판철학이란 이름으로 아주 좁게 제한시킨다. 그의 철학은 모든 진리의 본부를 인간 이성에 두지만, 그 이성은 자기비판을 통하여 한계를 자각한 이성이다.

칸트의 코페르니쿠스적 전회는 우리의 인식이 대상을 따라가는 것이 아니라 대상이 우리의 개념적 질서를 따라온다는 입장이다. 우리는 사물 자체를 알 수는 없고 다만 그것이 우리에게 드러나는 현상만 인식할 뿐이다. 칸트 이래로 우리가 인식하는 것은 사물 그 자체가 아니다. 다만 현상이라는 기본적 통찰을 지닌 철학이 성립한다. 우리가 순수한 감각 자료들을 먼저 받아들인 후 그것들을 토대로 하여 사물이 무엇인지를 파악하게 된다는 것이다.

푸코의 말을 빌리자면, 칸트가 인간에게서 실증성을 통해 드러나는 유한성을 바로 인식의 가능 근거로 전환시킨 것이다. 따라서 인간의 유한성에 대한 탐구는 당연히 인간 자신의 경험적이고 실증적인 층위에서 이루어질 수밖에 없다.

푸코는 칸트에 와서 정점을 찍은 근대적 인간의 가장 큰 특징으로 '유한성'을 제시하고 있으며, 이 유한한 인간에 대한 탐구와 더불어 비로소 근대성이 확립되었다고 주장한다. 칸트 이전에는 인간의 유한성은 인간 자신의 실증적인 경험의 차원에서 탐구되지 않았으며, 인간의 경험에 선행하여 존재하는 신의 무한성에 관련해서만 이해되었다.

칸트는 전통 형이상학의 본래 대상들을 무제약적인 영역 안에서 아주 조심스럽게 규정할 것을 요구한다. 그것은 신과 연관해서 이해되었던 목적론적 지평이 해소되면서 오직 인간 이해는 자기의 내면성을 근거로 해서 진행되어야 한다는 것이다. 근대에서는 더 이상 신의 무한성에 의존하여 인간의 유한성을 사유하지 않으며 유한성 그 자체를 근본적인 것으로 고려하기 시작한다. 칸트는 거대한 체계를 구축했던 재래의 형이상학을 비판 폐기하고, 자기 분수를 아는 '새로운 형이상학'을 추구했던 것이다.

실증성의 측면에서 볼 때, 이 시대에 이르러 이제 인간의 유한성이 전면적으로 부각된다. 푸코는 바로 근대 철학의 가장 극적인 전환점인 칸트의 『인간학』에서 유한한 인간이 '경험적-초월적 이중체'로 나타난다고 지적하면서, 이것을 근대적 인간의 핵심적인 특징으로 제시한다.

그렇다면 어떠한 의미에서 근대적 인간은 경험적-초월적 이중체를 이루는가? 즉, 어떻게 인간은 '경험적 대상'인 동시에 경험을 근거 짓는 '초월적 주체'의 위치를 가지는가? 푸코의 칸트 해석을 살펴봄으로써 이에 대한 답변을 얻을 수 있다.

칸트 철학은 '경험적 통각'과 '초월적 통각'으로 구분하여 작업을 한다. '경험적 통각'은 우리의 내적 직관에 주어지는 경험의 대상에 대한 의식이다. 즉, 우리가 자신을 내적으로 촉발하는 대로 감각적 직관에 주어지는 우리의 내적인 상태들에 대한 의식이다. 그런데 내가 겪는 모든 잡다한 경험이 정체성 없이 흩어져버리는 것이 아니라 정체성을 지닌 하나의 의식인 '나의' 경험으로서 통일되려면, 배후에서 이것들을 통일시켜주는 초월적 통각의 작용이 필요하다.

초월적 통각은 대상을 종합적 통일 작용으로 조건 짓는 자기의식이다. 따라서 칸트는 이러한 초월적 통각의 작용을 "자기의식의 초월적 통일"이라고 부른다. 이로써 '초월적인 것'이란 인간 인식 능력 너머의 것이 아니라, 인간의 인식 능력이, 인간의 의식이 자신을 넘어 대상 안으로 들어가는(초월하는) 자발적 작동을 말한다.

칸트에게서 '초월적'이란 "경험에 (선험적으로) 선행하는 것이긴 하지만, 오직 경험 인식을 가능하게 하는 데에만 사용하도록 정해져 있는 어떤 것을 의미한다." 즉, 경험적 대상들이 아니라, 이 경험적 대상 일반을 가능하게 해주는 선험적인 조건을 탐구하는 작업이 곧 칸트의 초월철학이다.

그런데 초월적 통각은 우리에게 경험적 대상으로 주어지지 않는다. 그렇기 때문에 초월적 통각은 모든 인식의 배후에 있는 것이지만, 그것 자체가 '존재하는 실체'로서 인식될 수는 없는 것이다. '나는 생각한다'라는 초월적 통각은 모든 표상을 규정된 개념적 통일성 아래로 종합한다는 점에서 나의 사유가 가능하기 위해 근본적으로 전제되어야 하는 것이지만, 나는 초월적 통각 그 자체를 경험적 대상으로 사유할 수는 없다.

칸트의 초월적 통각은 "사유 아래에서 사유되지는 않지만 그렇다고 사유와 무관하지도 않은 것"이라는 점을 이해하는 것이 중요하다. 칸트에게 있어, 자아는 통각의 형식적 원리이며, 실체가 결코 아니다. '나는 생각한다'는 자기의식은 인식 일반에 관계하는 단순한 주관적 조건이다. 그것은 대상 인식의 가능 조건이지 생각하는 존재로 표상될 수 없다. 별도의 존재론적으로 확인되지 않는다는 것이다. 의식의 초월적 작용을 통해서만 우리 인간에게 대상 인식이 가능함을 해명할 수 있다.

고전시대 데카르트의 '코기토 에르고 숨'은 철저한 의심으로도 결코 희생될 수 없는 하나의 존재판단을 표현하고 있었다. 그래서 데카르트의 코기토에서는 나의 사유가 나의 존재와 일치하였지만 앞에서 보았다시피 칸트 철학은 표상과 존재가 더 이상 일치하지 않는다는 사실을 잘 보여준다. 다시 말해 데카르트의 자아는 사유의 주체이지 경험의 주체가 아니기 때문에 외적 대상의 존재성과 상관없이 존재함이 드러나지만, 칸트의 자아는 인식론적 자아로서 지각을 통한 경험 작용 없이는 그 존재성이 의식될 수 없다.

칸트의 초월철학은 이런 지평에서 우리가 알 수 있는 영역과 우리가 알 수 없는 영역을 명백히 설정한다. 푸코의 표현에 의하면, 칸트가 '경험적 통각/초월적 통각'의 이중체에서 사유의 작업을 하였더니 그와 동시에 경험적으로 사유할 수 없는 비사유라는 타자가 출현한 것이다. 비사유란 초월적 특권을 부여받은 인간이라는 개념이 인정되는 한 언제나 그에 동반되어 나타나는 침묵의 그림자인 것이다. 그 결과 '경험적-초월적 이중체'라는 불안정성을 떠맡은 인간은 비사유와의 역동적인 관계 맺음을 통해 존립할 수밖에 없는 존재로 화하게 되는 것이다. 이제 근대적 인간은 더 이상 자신을 굳건하고 궁극적인 지점으로 자각할 수 없으며, 스스로 존재할 수 있도록 하기 위해 끊임없이 자아실현이라는 추가적 노력을 필요로 하게 된다.

그런데 안타깝게도 근대적 사유는 경험적인 것과 초월적인 것의 사이에 존재하는 공간 속에서, 자신이 그 안에서 깨어 있노라고, 고뇌하고 있노라고 착각하고 있다. 그러한 착각은 정보화 시대에서는 필연적으로 종말을 고할 수밖에 없다. 경험적/초월적 이중체로서 근대적 인간은 말하자면 기호와 정보의 홍수와 범람 속에서 익사할 위기에 처해 있는 것이다.

부풀어가는 기호와 정보의 양과 속도 그리고 그 잡다함으로 인해 외면의 지배력이 월등하여 내면을 소진시켜버리고 피곤하게 하여 급기야 자기 분열 증세를 보이고 있다.

푸코는 인간이라고 하는 이 경험적-초월적 이중체의 형성이야말로 우리 시대까지 이어지고 있는 근대성의 문턱을 형성한다고 본다. 그는 『서설』에서 모든 사유와 지식을 출현시키는 주체로서의 인간 개념을 마치 영원불변한 근본 개념처럼 간주했던 근대적 사유들은 '인간학적 환상'에 빠져 있을 뿐이라고 지적한다.

인간에 대한 푸코의 탐구가 궁극적으로 도달한 곳은 이러한 '경험적-초월적 이중체'로서의 인간 개념이 결국에는 소멸될 것이라는 전망이다.

즉, 푸코는 사유의 근거로서의 인간 개념은 항구적인 개념이 아니라 근대에 들어서야 비로소 등장한 "비교적 최근의 발명품"이었으며, 따라서 새로운 에피스테메의 출현에 의해 교체될 것이라고 전망하고 있다. 푸코의 문제 인식과 전망에 터한다고 한다면, 칸트적 의미에서 바라본 유한성의 인간 종말 이후 우리는 누구인가라는 물음을 던져보아야 한다.

형이상학적 본성

여기서 형이상학은 학문으로서의 형이상학을 의미하는 것은 아니다. 일차적으로 전통적이며 철학적 관점에서 이해되지만—형이하학과 관련된 형이상학이라는 관점에서만 굳이 이해되어야 할 까닭은 없다. 형이상학이란 말은 본래 주어진 조건을 넘어선 지평을 사유하려는 특성을 정의한 개념이다. 조건 지어졌지만 그 조건성을 넘어서는 것, 한계에 직면해 있지만 그것을 넘어서는 본성을 조건 지어진 비조건성이란 말로 규정하기로 하자.

이런 넘어섬을 초월로 개념화한다면, 이것이 인간의 본래적 모습 가운데 하나인 것이 분명하다. 이런 모습을 초월성이라 정의한다면, 인간은 이 초월성을 떠나 이해되지 않는 존재이다. 삶의 기본적인 생존 본능에서부터 시작하여 아름다운 형상, 수학적 형태, 종교적인 차원의 성스러움 등이 형이상학적 의미를 갖고 있는 것이다. 우주의 무한성과 이 무한한 연속성에 대해 생각하면서 느끼는 경외감 같은 형이상학적 전율도 있는 것이다.

이런 초월성에 관계하는 학문이 바로 형이상학이다. 형이상학적 존재로서 인간의 본성은 바로 이러한 규정에 놓여 있다. 그것은 생명체의 조건과 실존적 한계를 넘어 의미를 만들어가는 초월적 존재를 가리키는 말이다. 살면서 자기를 초월해서 볼 수 있다는 것, 그것은 자기에게 엄격하면서 다른 사람에게 관대하되 무조건적으로 관대한 것이 아니라 보편적 관점으로 다시 승화하는 과정인 것이다.

사람은 역사의 자궁 속에서 태어나지만 존재하게 되는 과정에서 어떤 근원적인 원형을 그 속에 품게 된다. 그러한 원형이 없다면 세상 속에 우리 인간이 유일하고도 고유한 어떤 것으로 존재한다는 것을 알 수 없을 것이다. 인간 존재가 형이상학적이라는 것, 다시 말해 형이상학적 차원이 인간 존재의 근본이라는 것은 고대 철학에서부터 문제 삼아왔다. 형이상학적 사유는 존재하는 것 전체에 대한 일의적 규정을 추구한다. 그래서 존재하는 것 전체의 원리를 어떤 최상의 존재자, 즉 신·정신·물질·주체·실체 등에서 구했다.

인간이 형이상학적 존재라고 하는 것은 인간이 더 큰 세계가 있다는 것을 자각하는 것에서 출발한다. 더 큰 세계에 대하여—고대 그리스 자연철학자인 헤라클레이토스에 의하면, 세계는 끊임없이 변화하며 이런 변화야말로 세계의 근원적 특성이다. 그는 이런 끊임없는 더 큰 세계의 변화의 원리를 'logos'란 말로 규정하고, 이 원리를 이해하는 인간의 능력을 지성nous이라 했다. 지성은 'logos'에서 분화되었기에 이것을 이해하고 찾을 수 있는 능력이다. 이런 지성적 행위는 인간의 형이상학적 본성과는 분리될 수 없는 근본 조건이 되었다.

이런 생각을 이어받은 플라톤은 인간이란 지성으로 이데아의 세계를 향해 가는 존재라고 생각했다. 인간의 영혼은 이데아 세계에서 인간의 육체에 갇힌 존재이기에 이 굴레를 넘어 이데아 세계를 향한 상승 운동을 한다. 이제 인간은 자신의 조건성을 넘어설 수 있는, 근본적으로 초월적인 존재이다. 플라톤이야말로 이데아의 세계와 같은 더 큰 세계에 대한 체험을 인간 존재의 중요한 면으로 받아들인 것이라고 할 수 있다.

사람의 삶을 둘러싸고 있는 가장 큰 테두리는 죽음이라고 할 수 있다. 자신의 책 『죽음에 대한 거부The Denial of Death』에서, 어네스트 베커Ernest Becker는 인간이 '항문을 가진 신Gods with anuses'과 같다고 주장하였다. 모든 동물들 가운데 오로지 인간들만이 자신이 죽을 것이라는 사실을 의식하고 있다.

하이데거 역시 인간을 인간답게 하는 것은 다름 아닌 죽음이며, 인간이 죽을 수밖에 없다는 사실은 인간의 본질에 속한다고 말한다. 우리는 어차피 죽음으로 끝나는 허망한 삶을 왜 살아야 하는지 물을 수 있으며 어떻게 제대로 사는 것인지를 물을 수 있다. 죽음을 생각한다는 것은 시간의 한계 안에 있다는 사실을 상기하고 그 안에서 할 수 있는 일을 한껏 하도록 기획하는 데에 도움을 준다.

인간은 다른 존재가 되는 것이 아니라 인간이 자기를 변화시켜서 자신의 다른 모습이 되도록 그렇게 변화되어갈 뿐이다. 자신이 죽을 수밖에 없음을 염려하는 시간적인 존재로서, 다시 말해 자신에게 주어진 시간을 스스로 떠맡아 자신의 있음을 창조해가는 존재로 파악할 수 있다. 하이데거는 이렇게 자신의 존재를 문제 삼을 수 있는 인간의 존재 성격을 실존Existenz이라고 한다.

죽음은 체념이나 병적 집착을 하게하는 것보다는 삶의 절실한 완성에 관계되어 있다고 할 수 있다. 죽음을 의식하게 되어서야 비로소 자신의 본래적인 가능성, 즉 자신의 장래로 나아가는 동시에 탄생에서 현재에 이르는 과거를 새롭게 경험하게 된다. 그런데 죽음을 부정하는 문화는 죽어야 하는 존재에게 가혹하기 짝이 없다.

노베르트 엘리아스Norbert Elias는 '우리 시대 죽어가는 이의 고독'에 대해서 말한다. 그것은 삶의 탄생이라는 시작 지점과 죽음이라는 마지막 지점 사이에 존재하는 다양한 시간들의 피할 수 없는 유한성 안에서의 순환이라는 상상을 잃어버렸기 때문에 나타났다는 것이다. 아무리 발버둥을 쳐도 이러한 유한성을 뛰어넘을 수가 없다. 오규원의 시 「죽고 난 뒤의 팬티」에서 죽음을 의식하는 인간 모습의 단편이 잘 드러나 있다.

가벼운 교통사고를 세 번 겪고 난 뒤 나는 겁쟁이가 되었습니다. 시속 80킬로미터만 가까워져도 앞 좌석의 등받이를 움켜쥐고 언제 팬티를 갈아입었는지 어떤지를 확인하기 위하여 재빨리 눈동자를 굴립니다.

산 자도 아닌 죽은 자의 죽고 난 뒤의 부끄러움, 죽고 난 뒤에 팬티가 깨끗한지 아닌지에 왜 신경이 쓰이는지 그게 뭐가 중요하다고 신경이 쓰이는지 정말 우습기만 합니다. 세상이 우스운 일로 가득하니 그것이라고 아니 우스울 이유가 없기는 하지만.

이 시는 우리의 고독을 위로해줄 멋있는 상상이 이 시대에서는 아직 존재하고 있지 않다는 안타까운 심정을 표현하고 있다. 그럼에도 불구하고 아마 이 시에서 말하려고 한 것은 죽음을 느끼는 순간이 동시에 삶을 가장 강렬하게 느낄 수 있는 순간이라는 점이라고 본다. 죽음은 이런 의미에서 나의 존재와 내가 소중하게 생각하는 모든 것을 앗아가는 재앙이 아니라 오히려 우리로 하여금 자신을 비롯한 모든 존재자의 고유한 존재를 훤히 드러내면서 그것들에 대한 우리의 감각을 일깨우는 것이다.

인간은 다가올 죽음을 예견하는 유일한 존재로서 시간의 한계를 의식함과 동시에 그것을 뛰어넘어 시간을 자신의 세계와 역사로 만들며 의미를 형성하는 존재인 것이다. 이러한 차원에서 인간은 자신의 생물학적 한계, 시간적 유한성의 한계를 넘어서는 존재론적 초월의 의미를 가지고 있다. 이런 점에서 인간은 근본적으로 현실적 세계를 넘어 그 이상의 것을 지향하고 그를 향해 가는 형이상학적 존재이다.

인간은 자신의 육체를 넘어서는 정신적 초월성의 능력을 가지고 있으면서도, 자신의 존재가 언젠가는 시들어 사라져버릴 유한한 살과 뼈의 구조에 의존하고 있다는 역설을 안고 삶을 영위한다. "인간은 죽음을 떠나서 살 수 없다"는 키에르케고르의 말에서 볼 수 있듯이, 죽음은 삶의 종말 또는 삶의 끝, 다시 말해 인간에게 부여된 시간과 깊은 관련이 있다. 죽음을 극복하려는 모든 시도들은 형이상학적이다.

인간은 육체를 가진 존재로 태어남과 죽음에 의해 규정된 자기의 시간을 가진 시간적 존재이다. 인간은 다른 동물과는 달리 자신이 원하든 원하지 않든 탄생에서 죽음에 이르는 자신의 존재 전체를 문제 삼는 자다. 죽음을 염두에 둔 인간이 '나라는 존재는 무엇이고 세계는 무엇인가'라는 형이상학적인 의문에 사로잡힐 수 있다. 모든 존재자 중에서 오직 인간만이 자신의 존재에 대해서 의문을 품을 수 있고 자신의 존재를 문제 삼을 수 있다.

하이데거는 형이상학을 "존재하는 것 전체로의 침입 사건"이라고 말한 바 있다. 인간이 다른 존재자와 다른 것은 바로 이것이다. 이러한 존재하는 것 전체로의 침입 사건은 인간이 있음으로 일어난다. 인간이 존재하는 곳이면 어디에서건—깊이와 폭, 체계의 차이는 있을지언정—이러한 원초적 사건이 벌어지고 있는 것이다.

인간은 존재와 존재자의 존재론적 차이의 세계에 체류한다. 이때 인간이 의식을 갖게 되면서 문화가 생겨나고 역사가 성립하게 된다. 이것이 '존재자 전체로의 침입 사건'이다. 이것은 새로운 양상으로 전개되기 시작하는 존재 사건에 바탕하고 있는 것이다. 다시 말해 인간의 있음과 존재하는 것 전체로의 침입 사건은 함께 일어난다. 인간은 존재하는 것 전체에 끼어들고 있다.

그리고 지금까지의 싸움은 존재하는 것 전체를 둘러싼 싸움이라고 할 수 있다. 즉, 서양적인 존재하는 것 전체로의 침입 사건과 동양적인 존재하는 것 전체로의 침입 사건이 서로 맞붙어서 문명의 충돌을 일으킨 것이다. 이제 인간은 물리·화학적 진화에, 그리고 최근의 생명 복제와 같은 생명체 진화에도 개입하고 있다. 나아가 인공 지능과 같은 인식론적 진화와 우주의 진화에까지도 인간은 관여하려고 하는 것이다.

이처럼 인간은 근본적으로 현실적 세계를 넘어 그 이상의 것을 지향하고 그를 향해가는 자기 초월적 의지를 가진 형이상학적 존재다. 인간의 존재론적 조건이 초월이라면 문화적 존재로서의 인간은 곧 초월적 존재이기도 하다. 그러기에 초월에 대한 열망 없는 인간은 무의미한 존재일 것이다. 이제 문화는 삶을 초월적으로 정위시키는 행위에서 궁극적인 의미를 얻게 된다. 인간은 근본적으로 의미를 추구하는 존재이다. 자신의 한계와 모순에도 불구하고 이를 넘어 자신의 존재를 넘어서는 초월에의 지향은 인간 존재성의 본질인 것이다.

이데올로기적 존재

형이상학적 본성은 인간의 존재 방식, 삶의 질서의 가능성과 관련하여 생각해볼 수 있는 주제이다. 앞에서 언급한 바 있는 베커는, 인간은 자신이 느끼는 음울한 공포를 무의식이 도사리고 있는 저 깊숙한 곳에 깊이 눌러 넣음으로써, 시시각각 다가오는 죽음의 현실을 부정하려고 애쓰면서 삶의 많은 부분을 보낸다고 주장한다.

결과적으로 그것은 우리들의 상징적인 행위와 삶을 구성하는 많은 부분들을, 생명의 유한함을 회피해가고자 하는 과정으로서 이해해보도록 권장한다. 타인들과 함께 공통의 규범, 신념, 견해, 사회적 행위의 집합체로서 문화를 창조하는 과정에 참여함으로써, 우리는 우리 자신들보다 더 크고, 더 오래가는 어떤 것 속에 우리 자신을 위치시키고자 노력하고 있는 것이다. 이런 경우 이데올로기는 세계관의 개념에 가깝다고 할 수 있다. 세계관은 보통 죽음의 의미나 우주에서 인간의 위치 등과 같은 근본적인 문제에 집착하게 된다.

우주는 너무 광활해서 우리가 그 앞에만 있으면 한없이 작다는 것을 경험한다. 무한에 비하면 우리는 아주 작고 작은 티끌에 지나지 않는다. 즉, 무를 경험한다. 우리 인간들은 자기의 존재기반이 사실 아무것에도 기초하지 않는다는 것을 경험한다. 바로 그렇기에 인간은 자기의 무를 극복하기 위해 더 높은 초월자에 의존한다. 우리는 자기 안에 존재 근거를 지니고 있지 않기에 무를 경험하면서 무를 극복하기 위해 신에게 모든 것을 맡기는 삶에 우리를 온전히 내맡긴다.

역사를 돌이켜 보면, 인간이 존재론적 초월에 대한 맹목 속에 빠져 있을 때, 형이상학은 '존재-신-학'으로서 자신의 잠재력을 펼쳐간다. 모든 존재자들을 서로 근거 짓고 근거되는 관계에서 최후의 원인에 이르고, 이 최후의 원인에 의하여 존재하는 것 전체가 기초 지어진다. 이런 최고의 원인은 존재하는 것들 중에서 가장 탁월한 존재자—그것들의 빈번한 사례가 신적인 것들(신·영혼·불멸하는 것들)로 명명되었다. 형이상학은 존재의 의미를 가장 탁월한 존재자로서의 신적인 것에 기초 짓는다는 뜻에서 신학이다.

베커가 보여준 것처럼, 우리 모두에게 닥치기 마련인 죽음의 관점에서 보게 된다면, 우리가 생의 과정에서 만들어낸 문화적 창조물들이란 것은, 우리들이 실제보다 더 위대하고 더 강인하다는 환상을 만들어내도록 도와주는 일종의 방어체계인 것으로 이해해볼 수 있다. 인간 존재의 바닥 모를 심연은 그것을 느끼는 자들로 하여금 그것을 넘어서도록 한다. 인간은 그 존재조건들이 자기를 뛰어넘어 가도록 그렇게 조건 지어져 있다.

종교, 이데올로기, 국사國史, 공통가치 체계 속에서 찾을 수 있는 계속성과 발전은, 우리들로 하여금 우리 스스로를 삶의 경계를 넘어서 계속 지속되는 패턴의 일부분이라고 믿게끔 도와주는 것이다. 그러므로 심지어 결국엔 전쟁으로 귀결되거나 혹은 죽음에 이르는 결과를 초래하더라도, 사람들이 자신의 기본적인 신념을 수호하는 데 왜 그토록 열성적이었던가를 이런 관점에서 해석해볼 경우, 그것은 하등 이상한 일이 아닐 수 있다.

인간의 형이상학적 본성이 단적으로 드러나는 곳이 종교이다. 더 큰 주체인 신과의 관계를 통해서 자신이 신자라는 존재감을 확인한다. 거기에는 여러 가지 의례행위—세례, 견진성사, 영성체, 고해성사, 종부성사 등과 같은 관습적 실행이 뒤따른다. 종교적 의례가 관습적으로 '체험된 관계'의 문제라고 하더라도, 그 관계는 적어도 어떤 사회적 조건에서는 사실이 아닌 주장과 신념을 종종 포함한다. 이렇게 형성된 종교적 세계관을 통해서 한 개인은 신이나 의무·정의 등을 믿는다.

종교 중에서도 이데올로기적 '구조'의 전형적인 예는 기독교이다. 알튀세르가 알아보았듯이, 기독교는 그 추종자들에게, 하느님인 절대 주체를 통해 그러한 이미지를 반추함으로써 개개인을 개별적 주체로서 호명을 한다. 호명된 개인 주체는 신에게 복종하고 그의 백성임을 스스로 인정함으로써, 큰 주체에게 종속된 주체라는 사실을 확인하게 된다. 이와 같이 사람이 신과 같은 큰 주체의 부름을 통해서 자신을 발견한다는 것은 인간의 실존 속에 들어 있는 피할 수 없는 구조라고 볼 수 있다.

종교처럼 개인들에게 신념이나 믿음을 갖도록 하는 표상체계를 이데올로기라고 한다. 축구경기가 벌어지는 상황에 대해서 대한민국의 한 국민으로서 한 개인이 어떤 관계를 맺어야 하는가를 가르쳐주는 것 역시 이데올로기이다. 이데올로기 속에서 개인들이 신념과 믿음을 갖도록 표상되는 것은 개인의 실제 존재조건이나 실재 세계가 아니다. 그런데 이데올로기는 우리들의 문화적·사회적 실존의 바탕이 된다. 심지어 세계에 대한 우리들의 인식은 이데올로기가 만들어놓은 틀 속에서 이루어질 수도 있다.

이데올로기는 역사적 현상이 아니라 오히려 겉보기에 매우 많은 현실을 견디지 못하는 인간 정신 속의 고유한 경향이다. 종교를 통해서 보았다시피 이데올로기 속에 표상되는 것은 개인들의 존재를 지배하는 실제 세계들의 세계가 아니라, 그들이 살고 있는 실재 관계들에 대한 개인들의 상상적 관계이다. 그렇기 때문에 유토피아에 대한 상상적 기획도 가능한 것이다.

이데올로기는 개인들의 존재조건이기 때문에 항상 존재할 것이다. 그러므로 인간은 이데올로기적 존재라고 할 수 있다. 사회 문화적 제도의 제반 실천들 속에 이데올로기가 들어 있다. 이데올로기란 세상에 대해서 사고하고 추정할 수 있는 준거틀이다. 즉, 사람들은 이데올로기 안에서 자신들이 처한 시간/공간적 사건들을 해석해낸다.

서사에 대한 욕구

종교와 더불어 이데올로기적 효과가 강하게 드러나는 지적 영역의 하나는 역사이다. 역사는 왜곡된 역사이든 왜곡되지 않은 역사이든 지배 이데올로기가 원하는 상황의 그림을 기정사실화하는 역할을 가지고 있다. 일본 교과서의 역사 왜곡에서 보았듯이 이데올로기적 편향이 심하기도 하지만, 민족의 정체성을 불러일으키는 역사는 사고와 행동에 있어서 모범을 제공해준다.

비록 이것은 사실적 인간관계에서의 모범이라기보다는 도덕적 모범이고, 사실에 관계된다고 하더라도 실제적 행동의 시나리오에 씨앗이 될 만한 이미지에 있어서의 모범이다. 역사의 도덕적 모범이 이데올로기적 효과를 낳는다. 역사적으로 구성된 도덕적 모범 속에서 개인들에게 표상되는 것은 무엇보다도 존재조건에 대한 그들의 상상적 관계를 민족적 정체성으로 표상한다고 할 수 있다.

이와 같이 민족의 문화 역사적 정체성은 현재의 상황에 대한 재현이 아니다. 그보다는 개인이 현재 상황과 맺어야 하는 가상적 관계의 재현이다. 이것은 정체성 구성을 위하여서만이 아니라 그것을 발판으로 행동해야 하는 자신감을 갖는 데에 도움이 되는 일이다.

정체성의 현상들이 상상계로 짜여 있다고 해서 제한적이고 비현실적인 의미로 받아들여서는 안 된다. 상상계는 미망迷妄을 의미하지 않으며, 우리 스스로 이야기들을 서술한다는 것, 그리고 우리가 이야기를 만들어내는 역량을 지니고 있다는 것을 의미한다. 우리는 이런 이야기들 속에서 우리 자신을 최대한으로 고립시키거나 또는 반대로 이런 이야기들을 수단으로 하여 우리와 다소간 가까운 모든 종류의 "타인들"과 소통하려고 시도한다.

사람이 사회적 존재인 한 역사는 집단의 시간을 전체화한다. 그리고 이것은 개인적·집단적 정체성의 구성에 깊이 짜이면서 들어간다. 이러한 심리적 요청으로 기억과 역사가 이해됨과 동시에 그것을 발판으로 행동의 자신감을 갖는 데에 도움이 되는 것은 물론이고 사람의 행동의 차원에서 배울 수 있는 압도적인 모범이 드러난다.

한편, 포스트모던한 유토피아는 정체성에 대해서 다른 관점을 제시한다. 그것은 특별히 규정된 정체성을 전혀 갖지 않는다는 사실, 정체화된 사실들 사이에 아무런 위계가 존재하지 않는다는 사실이다. 이는 절대적으로 하나로 존재한다는 사실이 아니라 아무것도 존재하지 않는다는 사실―곧, 아무런 질서도, 아무런 중심축도, 아무런 특권적인 이름도 없는 가운데―만남과 결합, 융합, 섞임, 필요, 용도 내지 유용성에 따라 원하는 모든 것으로 존재한다는 것이다.

이것은 하나의 인성이나 역할에서 다른 인성이나 역할로 부유한다는 것을 의미한다. 이러한 포스트모던한 정체성 현상들은 우리에게 가능할 뿐만 아니라 지극히 해방적이라고 주장하면서 이런 상황을 이상화한다. 그런데 이것이 시사하는 바는 시장 및 소비사회, 세계화의 경향과 공명한다는 점이다.

사람은 부유하는 존재가 아니라 일정한 공간에 존재하고 또 시간의 지속 속에 존재한다. 그 안에서의 좌표를 확인하는 것은 생존의 필수 조건이다. 실천적 행동은 시공간을 일정한 구도 속에 조직화함으로써 가능하다. 그러면서 이 구도는 여기 이 자리만이 아니라 일체의 시공간을 지향한다. 인간의 경험은 그 자체로는 하나의 사건일 뿐이다. 그런 사건들이 서사로 구성되고 전수되는 과정을 통해 의미를 가지게 되는 것이다.

시간의 측면에 있어서 기억은 개체적 존재의 시간적 깊이를 전체화한다. 우리가 살았던 시간에 대한 의미를 포착하기 위해서는 서사의 형식을 쓸 수밖에 없다. 삶의 경험이 서사로 구성되는 과정에서 그 사회의 '메타 규범'으로 가능하게 된다. 서사는 개인의 차원을 넘어 문화적 차원에서 구성된다. 인간은 문화적 차원의 서사를 배움으로써 그 의미를 공유하게 되고 자신의 서사를 새롭게 구성할 수 있다.

헤이든 화이트에 따르면 역사는 서사적 구조를 가지고 있고 거의 선험적인 이 구조가 내용을 미리 결정한다. 역사는 행동하는 인간으로 이루어지고 인간 행동 자체가 시작과 가운데와 끝이 있는 구조를 가지고 있다. 역사는 이것을 재현하고자 한다. 충분하게 이해될 수 있도록 밝혀지지는 않았으나, 역사는 일반적으로 인간의 서사에 대한 필요로 연결되어 있을 것이라고 생각된다.

인간은 이야기 속에서 살아가는 서사적 존재다. 이야기 속에서 태어나 이야기를 만들며 살다가 어떤 내용이든 한 편의 자기 이야기를 완성해간다. 내가 누구냐 하는 질문에 대해서 말할 수 있는 것은 각자는 자신이 살아온 길 전체를 이야기로 말하지 않으면 안 된다. 나는 내 삶의 자서전을 스스로 쓰고 있는 것이다. 서사, 설화 또는 이야기는 실천적 존재로서의 인간이 그 자신과 세계에 대해서 가지고 있는 가장 원초적인 이해의 방식이다. 우리는 우리 자신의 행동을 서사적으로 이해한다. 그보다 더 근원적으로는 서사에 대한 욕구는 인간 존재의 기본 구조에서 온다고 할 수 있다.

사실 생각해보면 충만한 오늘의 삶만이 생존의 유일한 시간이고 그것의 연장선상에서 미래만이 의미 있는 관심의 대상이 되어 마땅하다. 과거가 의미를 갖는다면, 그것은 그것이 오늘에 있어서도 살아 있는 힘으로 작용하는 한도에서이다. 인간 존재의 시간성의 측면에서 보면, 과거의 수용은 서사적 욕구에 따른 생존의 형이상학적 고양에 기여할 수 있다. 이것은 사람들이 추구하는 세속 역사와는 다른 차원에서 획득되는 역사의 다른 의미에 관계하는 일이다.

과거와 현재 그리고 미래를 잇는 서사가 근원적인 실존적 욕구라고 하더라도 그것이 삶과 세계에 대한 진실을 보장하는 것은 아니다. 우리의 지향이 과거를 향한 것이든 현재와 미래를 향한 것이든, 어떤 경우에나 그것은 깊은 차원에서 오늘의 실천적인 기획에 의하여 동기 지어진 것이라고 할 수 있다. 말할 것도 없이 진보주의나 보수주의나 다 같이 현재의 정치에 대한 입장을 나타낸다. 정치적 또는 도덕적 기획에서도 실천적 기획에 불가피할 수밖에 없는 모순과 갈등을 최소한으로 하고, 참으로 보다 나은 삶의 실천을 향해 가는 데에 있어서 주관과 주체의 정화는 필수적이다.

형이상학적 정서

인식한다는 것이 주관적인 형식에 의하여 구성되는 것이라고 하지만 그럼에도 불구하고 인식의 대상에 의하여 제약을 받을 수밖에 없다. 산을 보는 우리의 눈이 산에 의해서 제약받듯이, 특히 우리에게 맞서는 대상의 규모가 큰 경우에는 더욱 그러하다. 그런 경우에는 생각하는 것이 아니라 생각의 밑에 잠겨 있는 느낌을 아는 것이다.

거대한 산을 볼 때 느끼는 숭고와 같이 규모는 정서적 정황을 조성한다. 대상이나 타자가 너무 압도적이기 때문에 그 앞에서 우리가 한없이 작다는 것을 느끼게 된다. 숭고는 하나의 느낌이되 일상적인 의미의 느낌을 능가하는, 바로 한계에 다다른 주체가 겪는 느낌이다. 숭고는 이성으로 헤아릴 수 없는 아름다움을 말한다.

그러면서도 숭고는 우리를 변화시켜서 우리를 높은 곳으로 끌고 간다. 극도에 다다른 팽창과 이완 속에서—다른 표현으로, 충일감과 심연 속에서 이제 더 이상 자기 자신이 아닌 스스로를 그래도 일순간 여전히 느끼고 있는 상상력의 상태라고 할 수 있다.

우주의 은하계는 너무 광대하지만 우주는 자신이 넓다는 것을 모른다. 하지만 인간은 우주의 광활한 크기 앞에서 아무것도 아니지만 사고실험을 통해서 그 무한대를 경험하고 싶어 한다. 인간은 형이상학적 존재이기 때문이다. 인간은 빅뱅에서 우주팽창에 이르기까지 우주 전체를 알고 싶은 형이상학적 욕구를 가지고 있다.

그러나 전체는 알려지지 않는다. 학문은 전체를 모르기 때문에 바로 그 전체 앞에서 좌절한다. 하지만 학문은 전체를 자신의 추구 대상으로 삼는다는 점에서 전체와 관계한다. 예를 들어 생물학은 생명의 복잡성을 모르기 때문에 한계를 경험하지만 동시에 생명의 복잡성 전체를 알려고 노력한다. 부분들의 합이 전체는 아니다.

지적 숭고미란 전체 앞에서의 좌절의 경험을 말한다. 하지만 그 좌절이 학문으로 하여금 전체를 탐구하도록 부추긴다. 전체는 알려지지 않은 타자이지만 동시에 학문으로 하여금 전체를 탐구하도록 부추긴다는 점에서 지적 숭고의 토대가 된다.

여기에서 우리가 주목하여야 할 것은 감정의 깊이이다. 산이나 지구가 우리에게 감정적 의미를 갖는 것은 단순히 커다란 땅덩어리라는 사실로 인한 것이 아니라, 그것이 우리의 삶에 깊이 관계되어 있기 때문이다. 물론 여기에서 삶에 대한 관계란 실용적인 것이라기보다는 삶의 전체에 대한 느낌이다.

전체는 배경 또는 바탕의 감정으로서 우리에게 현존하는 것이 되는 것이다. 그것은 우리에게 사람을 넘어가는 힘—지질학적인 과정이든 그 물질의 과정의 배경을 이루는 우주의 과정이든 아니면 다른 보다 초월적인 존재이든 사람을 넘어가는 현존을 생각하게 하는 것이다. 사람의 초월적 지향은 이 시점과 지점을 넘어가는 조금 더 넓은 세계로 향하여 한없이 큰 세계에 연속적으로 맞닿아 있다.

정지용이 「춘설春雪」에서, "문 열자 선뜻!/먼 산이 이마에 차다"라고 갑작스럽게 다가서는 산의 느낌을 말하였을 때, 산을 보는 감정이나 감흥은 작은 지각 체험에 촉발되어 삶의 실용적 맥락을 넘어가는 형이상학적 해방감을 가져온다. 형이상학적 해방감은 개념적으로 정의되지 아니하면서 하나의 이념적 성격을 가진 정서라고 할 수 있다.

이와 같이 거나 깊이는 이념적으로 구성되고, 거기에 실존적 느낌이 따른다면 그것이 형이상학적인 것으로 느껴지는 것이라고 할 수 있다. 그러나 우리가 느끼는 바로는 이념보다는 정서이다. 이 정서가 먼 것을 현존하게 한다. 그것은 무한으로 이어지고, 무한한 사고의 가능성을 포함하여 신비로서 체험되어 비로소 원초적인 성격을 회복한다.

사람은 태어나면서부터 변화하면서도 한결같은 하늘과, 수없는 지형적 변용을 보이면서도 지속하는 땅에서 산다. 그리하여 하늘과 땅 그리고 그것이 시사하는 거대한 공간은 우리의 삶의 근간을 이루고 우리는 다른 많은 인상으로부터 그 바탕의 표정을 읽어내는 것을 익혀온 것이다. 삶의 큰 테두리를 의식하는 것은 구체적인 현실에서 일어나면서도 형이상학적이라고 할 수밖에 없는 비실용적 성격을 갖는다. 그럼에도 불구하고 그것이 실존과 인식의 안정을 보장한다.

세계의 동심원적 구조

세계에의 원근법적 열림

애초에 인공 원근법으로서의 원근법이 탄생한 계기는 자연현상에서 대상들이 멀어질수록 작아지면서 수렴되는 현상, 즉 자연 원근법 현상의 신비를 밝히고 적절히 재현하기 위한 것이었다. 원근법은 주체가 자신의 존재를 확신하고, 자신이 표상한 대상 세계를 구성 또는 통제하는 재현 기법이라고 할 수 있다.

그리고 이 표상된 대상 세계가 자기 바깥에 있는 객관적인 현실이라고 확신하는 것은 재현의 투명성이라는 신화에 의거한다. 즉 표상의 대상과 표상된 것이 일치할 때, 인식과 사물이 일치할 때 그것을 진리로 규정한다. 그러나 이러한 재현은 결코 존재의 진리를 드러내는 행위일 수가 없다.

우리가 대상을 바라본다는 것은 존재 세계에 들어간다는 것이며, 대상에 거주한다는 것이다. 모든 인식은 지각을 통해 형성된다. 메를로퐁티에게 있어, 무엇을 안다는 것은 지각의 지평 속에서 형성된다. 생각한다는 반성의 모든 영역은 지각한다는 전-반성적인 영역에 근거한다. 따라서 우리는 순수한 생각하는 존재가 아니라 지각의 주체인 몸으로서 세계와 끊임없는 관계를 맺어가는 존재자이다. 이제 세계는 대상이 될 수 없고 늘 우리의 몸과 연루된다. 몸-주체와 세계는 완전히 해명될 수 있는 객관적인 관계가 아니다.

우리는 물건 덩어리와는 다르게 매우 독특한 방식으로 세계를 향하여 열려 있는 몸-주체이다. 그가 어딘가에 우연히 버려졌는지 아니면 바로 그 장소가 자신에게 속해 있고 자신과 한 몸처럼 묶여 있다고 느끼는지에 따라 각기 다를 수 있다. 몸-주체인 인간은 공간 속 '어딘가에', 즉 특정한 위치에 존재한다. 사물들에 대한 인간의 관계는 오히려 공간성을 통해 설명되어야 한다.

우리는 자신이 점하고 있는 위치를 하나의 점으로 생각해볼 수 있다. 공간은 일종의 매개체가 되고 나는 그 안에 처해 있는 것이다. 다시 말해 인간이 공간에서 특정한 지점에 묶여 있고 그 공간을 "안쪽"에서만 관찰할 수 있다. 이런 매개체로서의 공간에 대해 인간은 공간 속의 사물이 아니라 공간과도 실제로 특정한 방식으로 관계를 맺으며 그러면서도 공간을 대상화하지도 않는다. 공간은 주체와 무관한 그릇도 아니고 단순히 주관적인 설계도 아닌 이 열려 있음의 한 존재 방식이라고 말할 수 있다.

자아의 독특한 존재 방식은 세상에의 열림에 있어 일정한 관점 또는 시점perspective으로 정의될 수 있다. 모든 사물은 일정한 시점에 제 모습을 드러낸다. 사물이 항상 일정한 "원근법적인 단축법"으로만 보이고 평행선이 무한대에서 만나는 것처럼 보이는 이유도 여기에 있다. 시점은 인간을 공간 속의 특정 상황에 세울 뿐만 아니라 그가 이 상황을 인식하여 공간에서 확고한 입지를 얻고 조망하도록 도와준다. 공간은 그곳을 채우고 있는 개별 사물들을 제외한다면 가장 일반적인 형태의 세계이다. 이런 의미에서 공간과 세계는 서로 근접하며 때로는 동일한 뜻을 가지고 있다.

원근법의 중요한 발견은 객관성의 발견이 아니다. '주체'의 발견이다. 인식하는 주체, 즉 '주관성'의 발견이라는 뜻이다. 원근법은 방법론이라는 점에서 객관적이면서 모든 사람에게 자기 공간을 가질 수 있게 하는 원리이다. 원근법에서 주체는 가시적인 공간에서 대상 세계를 합리적으로 조직하고 배열한다. 주체는 이 조직과 배열의 중심이다. 따라서 주체와 분리된 대상 세계의 창출과 존재는 주체 자신에게 의존하는 것이다.

객관성과 합리성으로 요약할 수 있는 원근법이 동시에 주체의 발견을 포함한다는 것은 아주 흥미로운 사실이다. 퍼스펙티브perspective를 한자로 번역하면, 이 주관과 객관의 양면성이 절묘하게 표현된다. 주관적 시점을 뜻할 때는 '관점'으로, 객관적 시점을 뜻할 때는 '원근법'으로 번역되는 것이다. 이것은 가시적 세계의 중심으로서의 주체가 세계를 구성하는 동시에 그것의 객관성을 요구한다는 것과 직결되어 있다. 주체와 객관성의 종합이 원근법을 통해서 성사된다고 할 수 있다.

원근법의 고정된 시점은 개인의 중요성이 인식되는 서양사의 전개와 병행된다. 주체는 세계의 일정한 원근법적인 열림 속에 하나의 기하학적 점과 같은 것이다. 리얼리즘적 재현이라는 측면에서 현대성의 주체와 원근법이 시각적 차원에서 연계되어 있다. 원근법의 소실점은 화면을 기준으로 정반대편에 있는 화가의 시선을 전제로 한다. 물론 이 시선은 하나다. 하지만 파노프스키E. Panofsky의 말대로, 원근법은 "외부 세계를 자아의 영역의 확대라는 관점에서 확보하고 체계화한 것"으로 말하는 것도 가능해진다. 그는 원근법이 무한성을 화면으로 끌어들이는 것을 가능하게 했다고 한다. 그것은 역으로 감각적 세계가 무한으로 이어진다는 것을 보여준 것이다. 세계로의 원근법적 열림은 인간의 삶을 일정한 방향으로 규정하면서 불확실성으로 열어놓는다. 그리하여 그것은 위기가 되어 삶의 과제에 대한 실존적 결단을 요구하게 된다.

자아를 한 점에 비유한다면, 그것은 고정된 점이 아니라 움직이는 점에 비유되어야 한다는 것에 주의하여야 한다. 데카르트는 사물의 형식적 관련을 분명히 볼 수 있는 직관 능력의 작용, 즉 이성적 사유에 그의 자아를 일치시켰다. 이것이 "나는 생각한다, 고로 나는 존재한다"의 한 가지 의미이다. 윌리엄 제임스Willam James가 말했듯이, 우리는 "내 신체, 정신 능력, 의지……" 또는 현대인의 상당수가 그러하듯이 "나의 예금통장"에 나를 일치시킬 수 있다는 것에 관계되는 것일 것이다. 하나의 고정된 관점에서 시계視界를 조직화할 때 원근법은 성립된다. 물론 이 고정된 관점이란 있을 수 있는 넓은 관점의 폭 가운데서 선택된 것일 것이다. 종종 가상적으로 선택된 점에 따라서 시계가 배열될 수 있다.

그런데 놀라운 것은 3차원적인 지각이 타자와의 밀접한 연관성 속에서 일어난다는 것이다. 사람의 공간 경험에 대하여 현상학적 분석을 시도한 프랑스의 철학자 피에르 카우프만Pierre Kaufmann은 어떤 물건이 물건으로서 지각되는 '감각적 의미의 장'은 타자와의 '공존의 장'이라고 말한다.

한 대상물의 입체적 파악은 '예상지각'을 필요로 한다. 어찌 보면 평면으로 생각될 수 있는 시각적 인상은 이 '예상지각'에 의하여 여러 가변적인 국면으로 변용되며 이 국면들이 통일됨으로써 하나의 대상물의 지각이 성립되는 것이다. 다시 말하면 대상물이란 여러 관점에서 본 원근법의 종합인데, 카우프만에 의하면 이 원근법은 사실 우리가 내면화하는 '타자'의 관점이다. 따라서 타자는 늘 '의미의 공동수립자'가 된다.

메를로퐁티의 견해에 의하면, 어린이가 거울의 영상을 자기의 모습으로 받아들이게 되는 것은 자기 자신에 대하여 타자의 관점을 취할 수 있음으로써 가능하다는 것이다. 즉, 어린아이는 본능적으로 거울에 비친 모습이 다른 사람의 눈에 비치는 자기의 모습이라는 것을 알게 될 때에야 비로소 그것이 자기라는 것을 안다는 것이다.

물론 어린이가 이것을 어떤 지적인 분석 내지 통일작용을 통하여 아는 것은 아니다. 이러한 앎이 가능해지는 것은 보다 직접적인 '다른 사람들과의 공존의 통일작용'을 통해서이다. 그래서 우리는 역지사지가 가능한 것이라고 할 수 있다. 거울의 경험을 통하여 '나'와 '남'은 뚜렷해지면서 동시에 '나'와 '남'은 하나의 연속체, 하나의 동일 체계를 이룬다. 관점의 여하에 따라 '내'가 '너'일 수 있고 또 '네'가 '나'일 수 있다는 관점의 다변적 보완성이 지각 능력이라 할 수 있는 것이다.

좀 더 미시적인 검토를 거친 바에 따르면, '나'와 '남'의 관계에서 단순히 끊임없이 상호작용의 상태라기보다는 서로를 갈라놓을 수 없는 삼투 상태에 있다고 해야 할 것이다. 그래서 나의 관점에서 이야기하면 다른 사람은 나의 의도에 대하여 열리는 움직임의 장에 또 다른 의도로서 등장한다. 원근법도 여기에서 출발하는 것이다. 왜냐하면 거울의 경험은 바로 일정한 관점으로부터 사물의 관찰이 가능하다는 깨달음의 시작이기 때문이다.

세계는 사유 내지 의식으로서의 세계가 아니고 지각하고 있는 바로 그것이 세계인 것이다. 그것은 모든 지각적 경험들의 환경이며, 지평들의 지평이다. 그런데 그것은 서로 다른 시각들을 통해 얻어진 다양성이다. 그것은 모든 곳으로부터의 관점을 의미하며, 무한하게 많은 어떤 곳들을 미리 전제하고 있다. 그러면서 주체는 스스로를 어떤 관점에 던질 수 있는 능력에 의하여 특징지어진다는 것을 확인하게 된다.

이런 주체를 비유한다면, 강물 위에 떠 있는 배를 타고 있는 주체라고 할 수 있다. 이 주체는 자신이 처한 상황에서 풍경을 바라보는 주체, 그가 보는 풍경이 세계 전부가 아님을 알지만 또한 자신이 보는 풍경이 세계 전부로 확장될 수 있다는 것을 아는 주체, 그 자신이 배와 함께 움직이는 주체이다. 그럼으로써 세계로의 원근법적 열림이 구현된다. 구극적으로 이러한 열림에 의한 주체적 자각은 세계 그 자체가 주체성의 대응물이라는 데까지 도달할 수 있다.

이때의 주체성도 단순히 의식수준에서의 의지와 일치시킬 수는 없다. 그것은 우리의 의식적 의도를 초월하고 우리의 존재 그것과 더불어 열리는 것이다. 다시 말해 자기 자신을 늘 넘어선다. 그리고 이 넘어서는 자리에는 세계의 새로운 현출에 대한 경이가 동반된다. 이렇게 볼 때, 구극적인 주체성은 우리의 존재와 세계의 존재 그것을 가능하게 해주는 근본 바탕에 일치한다.

동심원적 세계상

사람이 자기 삶을 살고 또 그것을 전체와의 관련 속에서 산다고 할 때, 이 전체는 하나라기보다는 몇 개의 동심원으로 나누어 구성된다. 나를 둘러싸고 있는 세계에는, 가깝고 먼 가족 또는 사회학자들이 일차적 관계라고 부르는 사람들이 있고 또 그 곁에, 내 주변에는 그 밖의 세계와는 구분되는 한 동심원이 있다.

물론 이 가까운 세계는 핵가족에서 일가친척으로 확대될 수도 있고, 실질적으로 친구나 친지를 포함할 수도 있다. 이 가까운 친밀한 주변을 넘어서면 동네나 고장이 있고, 현대에 와서 가장 중요한 것으로는 민족국가가 있다. 이것을 넘어서 민족국가들과 여러 사회집단들의 세계가 우리의 삶을 규정하는 것으로, 또는 요즘과 같은 국제화된 시대에서는 직접적으로 우리가 부딪히는 환경으로 존재한다.

동심원적 세계상은 생활세계에 뿌리내린 개인적 실존의 관점에서 모든 것을 탐구하고 문제 삼을 수 있는 사유 이미지라는 데에 그 특징이 있다고 할 수 있다. 이것은 특정 현상에 대한 해석을 지향하는 접근이며, 이 해석 안에서 자기 자신과의 연관성을 전면에 부각시키는 것이다. 그렇게 함으로써 이러한 현상에 대한 자신만의 자세와 태도를 만들게 된다.

삶의 동심원적 테두리를 삶의 이해라는 관점에서 조금 더 단순하게 정리할 수 있다. 우리 삶의 동심원은 단순히 나와 나의 일상적 삶을 구획하는 나의 주변과 사회 전체, 이 세 가지로 생각해볼 수 있다. 그것은 구체적 인간이 그의 일상적 또는 비일상적 삶을 살아가는 데 지나쳐야 할 여러 얼크러진 사회적 사실들을 이야기하고 이것을 통하여 이러한 사실들을 한데 묶는 사회의 틀이나 짜임새에 이르려고 할 수 있다.

그리고 그것을 넘어서 자연의 세계, 즉 더 먼 우주 공간으로 연결되어 있으면서도, 적어도 삶의 직접적인 이해라는 관점에서는 모든 것의 궁극적인 한계를 이루는 공기와 물들의 자연 세계가 있다. 박노해의 「인디라의 구슬」은 세계의 동심원적 이미지를 어느 정도 구현하고 있다.

> 인디라의 하늘에는 구슬로 된 그물이 걸려 있는데 구슬 하나하나는 다른 구슬 모두를 비추고 있어 어떤 구슬 하나라도 소리를 내면 그물에 달린 다른 구슬 모두에 그 울림이 연달아 퍼진다 한다. 화엄경

> 작은 연어 한 마리도 한 생을 돌아오면서 안답니다
> 작은 철새 한 마리도 창공을 넘어오면서 안답니다
> 지구가 끝도 없이 크고 무한정한 게 아니라는 것을
> 한 바퀴 크게 돌고 보면 이리도 작고 여린
> 푸른 별 하나에 지나지 않는다는 것을

지구 마을 저편에서 그대가 울면 내가 웁니다
누군가 등불 켜면 내 앞길도 환해집니다
내가 많이 갖고 쓰면 저리 굶주려 쓰러지고
나 하나 바로 살면 시든 희망도 살아납니다

인생이 참 마음대로 되지 않습니다
세상이 참 생각대로 되지 않습니다
한때는 씩씩했는데, 자신만만했는데,
내가 이리 작아져 보잘것없습니다
아닙니다
내가 작은 게 아니라 큰 세상을 알게 된 것입니다
세상의 관계 그물이 이다지도 복잡 미묘하고 광대한 것을
알게 된 것입니다 세상도 인생도 나도
생동하는 우주 그물에 이어진 작으나 큰 존재입니다

지금은 '개인의 시대'라고 합니다
우주 기운으로 태어나 우주만큼 소중한 한 생명,
한 인간이 먼저, 내가 먼저입니다
국가와 민족을 위해서 내 한 몸 바치는 것을 미덕으로 교육받아온
'개인 없는 우리'에서
자유롭게 독립하여 주체적인 개인들의 연대-
'개인 있는 우리'가 되어야 합니다

그리고 지금은 '정보화시대'라고 합니다
세계 구석구석을 연결하는 거대한 정보 네트워크가

구슬처럼 빛나는 개개인을 하나로 엮어가고 있습니다
우리는 모두 인드라의 구슬처럼
지구 마을의 큰 울림을 만들어가는 주체입니다

새벽 찬물로 얼굴 씻고 서툰 붓글씨로 내 마음에 씁니다
오늘부터 내가 먼저!

내가 먼저 인사하기

내가 먼저 달라지기

내가 먼저 정직하기

내가 먼저 실행하기

내가 먼저 벽 허물기

내가 먼저 돕고 살기

내가 먼저 손 내밀기

내가 먼저 연대하기

무조건 내가 먼저

속아도 내가 먼저

말없이 내가 먼저

끝까지 내가 먼저

　시인은 젊은 날을 성찰하면서 큰 세상을 알게 되었다고 한다. 그러면서 '세상의 관계 그물이 이다지도 복잡 미묘하고 광대한 것을 알게 된 것입니다 세상도 인생도 나도 생동하는 우주 그물에 이어진 작으나 큰 존재입니다'라고 했듯이, 시인은 세계의 동심원적 이미지에 다가서고 있는 것으로 보인다.

위의 시에서도 드러나고 있듯이, 사람이 보다 넓고 지속적인 자아에 이르려고 한다면 그때 큰 것과의 관계를 가지려는 근원적인 요청을 의식하게 된다. 루이 알튀세르는 종교에서 신과 신자의 관계를 분석하면서, 큰 주체의 부름을 받아서 사람은 주체가 된다고 말한 바 있다. 알튀세르에 의하면, 오늘날 국가의 이데올로기 기구가 국민을 호명하는 큰 주체의 역할을 담당한다고 한다.

이 큰 주체는 민족국가일 때도 있다. 에티엔 발리바르Etienne Balibar는 주체에 대해 쓴 글에서 시민으로 주체적 존재가 된다는 것은 종종 사람을 종속 관계에 묶어두려는 국가의 계략이라고 주장한다. 알튀세르나 발리바르 모두 비판적인 관점에서 보는 것도 타당성이 있지만, 결국 사람이 큰 부름에 응해서 자신을 발견한다는 것은 인간 실존 속에 들어 있는 피할 수 없는 구조의 일부라고 할 수 있다.

루소의 경우에도 그가 독립적 개인의 주체로 서기 위해서는 그 주체성을 호명하는 큰 주체가 필요했다고 할 수 있다. 루소도 '거짓된 사회적 가치'를 극복하고자 사회를 넘어가는 초월적 질서의 부름으로 자연을 요청한다. 사람다운 삶을 가능하게 하고 그 바탕에서 개인적 실천에도 안정감을 주는 큰 것에 대한 갈구가 사람 존재의 근본에 있다고 할 수 있다. 하이데거가 말하는 '존재'라는 말로 표현될 수도 있고, 그는 존재를 쉽게 규정할 수 없는 걸로 말하면서도 그런 것이 있다고 암시한다.

사람에게는 커다란 존재에 대한 어떤 관계를 수립해야 된다는 마음이 있다고 볼 수 있다. 인문과학적 마음 역시 개인과 사회 그리고 자연으로 구성되는 동심원적 삶의 큰 테두리를 설정하여 현실에 기반을 둔 삶의 전체성을 사고한다. 이 동심원들은 서로 연결되어 있고 상호작용 속에 있으면서도, 사람에 따라 다른 의미를 갖는 것일 수 있다. 동심원적 삶의 테두리들은 따로따로 존재하면서 서로 삼투되어 하나로 존재한다.

그것은 인간의 가장 일상적인 경험 세계의 바탕 조직이 되어 있다. 사회와 자연은, 적어도 평상적 관점에서 인간의 가장 근본적인 두 개의 테두리이다. 사회는 물론 개인적 관계의 전체를 말하기도 하고 동네와 같은 작은 공동체를 말하기도 하지만, 조금 더 추상화된 관점에서 정치의 세계를 말한다.

사회는 계급, 계층, 직업, 지역성 등을 중심으로 결정화하는 집단, 또 다른 이해관계, 직업, 이념, 취미 등으로 응결되는 집단으로 이루어진다고 하겠지만, 실제 그것이 현실화되는 것은 보다 구체적인 생활의 영역에서이다. 큰 의미에서 사회 전체가 아니라 보통의 사람이 사는 생활 영역은 상호 의존 관계가 성립하는 공간이다.

그것은 물리적 공간으로서의 동네이고, 동네 사람들 간에 서로 대응하는 보이지 않는 생활의 제도나 인간 상호 간의 규약이 만들어지는 공간이다. 동네에서는 가게에 가면 믿을 수가 있다. 이곳 사람이 좋아서라기보다는 동네 사람들을 상대로 장사를 해야 하는데 거기서 속임수를 쓰면 장사를 못하게 되기 때문이다. 그것은 의식적으로 생각해서 그렇게 되는 것이 아니라 저절로 한 동네라는 느낌이 있어서 그렇게 되는 것이라고 할 수 있다.

지리적 형태로부터 시작해서 하나의 좋은 테두리가 있으면, 그 안에서 사람들은 도덕적이고 뭐고 굳이 생각할 필요 없이 인간관계가 자연스럽게 된다. 동네처럼 자기가 알아볼 수 있는 세계 속에 사는 것이 사람의 도덕적인 것, 내면적인 것을 길러주는 테두리가 된다.

매우 현실적인 의미에서의 인간의 상호 연계성은 바로 생활공간에서 나온다. 상호 지향적이며 상호 의존적인 공간으로서의 사회 이념은 추상적으로가 아니라 생활의 틀로서 존재해야 하는 것이 마땅하지만, 우리의 현대사는 이러한 상호 의존 공간의 자연스러운 확대가 아니라 그것이 파괴되는 과정으로 진행되어왔다고 할 수 있다.

개인과 사회 그리고 자연의 동심원적 관계는 선형적으로 확대되는 것이 아니라 순환적인 변증법 속에 존재한다. 그러면서도 이 순환의 회로의 바탕이 되는 것은 자연이다. 그것은 이 둘을 초월하여 존재하면서 그 사이에 끼어드는 매개자이다. 자연은 인간의 보다 근본적인 바탕이고, 사실에 있어서는 개인적 삶에 보다 직접적으로 이어져 있다. 사실 자연은 사람의 삶의 환경적 조건이면서도 사람의 내면에 이미 들어가 있다. 내면에 있다는 것은 제일차적으로는 그것이 천부의 생물학적 자질이라는 말이다.

이것은 다시 본능 그리고 정신적 요구로서 인간의 생존 방식에 표현된다. 삶을 규정하는 생물학적 조건들은 대체로는 사회적 변용을 통하여 삶의 실존적 조건이 된다. 그런데 사람이 아름다운 자연에 대하여 가지고 있는 심미적인 갈구도 존재한다. 일상적으로 그것은 모든 사람이 가지고 있는 자연에의 근접성에 대한 내면적 요구로서 나타난다.

개인과 사회 그리고 자연의 동심원적 다이어그램을 생각한다면, 개인은 단순히 사회로만 환원될 수 없다. 그것은 존재론적 의미에서만이 아니라 경험적으로도 자연으로 열려 있다. 이 관점에서 개인의 집합으로서의 사회는 이차적인 성격의 범주일 뿐이다. 이제 생각해보려는 것은 개인으로부터 출발하는 삶의 방법이다. 그런 다음에 그것은 다른 보다 넓은 세계로 나아가는 것이 된다.

전체는 전체 안에 있다

그리스인들이 가지고 있던 세계에 대한 '코스모스kosmos'라는 개념은 '질서 잡힌 전체'라는 의미이다. '코스모스'를 '질서 잡힌 전체'라고 할 때, 이미 거기에는 질서와 전체라는 의미가 들어 있다. 이것은 질서를 알아보는 '눈'을 전제로 한다. 어느 과학자는 "인간이 있기 전에 코스모스는 없었다"라고 말한다.

이는 인간이 있기 전에 우주는 다만 먼지 덩어리에 불과할 뿐이었으며 인간이 있음으로 비로소 그 우주에 질서가 부여되었음을 의미하는 것이다. 즉, 인간이 있음으로 해서 우주는 질서 잡힌 것으로 깨달아지게 되는 것이다. 다시 말해 인간이 있음으로 인해서 우주가 비로소 깨어나는 것이다. 따라서 '코스모스'라는 말 자체에는 이미 인간과의 대응관계가 함축돼 있다.

우리가 산업혁명 이래로 분업화된 영역에서 부분의 일과 씨름하면서 살고 있을지라도, 알고 보면 그 부분을 포괄하고 있는 삶의 전체성 속에 살고 있는 것이다. 물론 전체가 처음에는 확실하게 나타나지 않을 수도 있다. 즉 삶의 전체성이라는 윤곽이 처음에는 분명하지 않을지도 모른다. 그냥 어렴풋이 잘 모르지만 전체를 느낄 뿐이다. "이게 아닌데" 하면서 하게 되는 일이나 무엇인가 잘 모르지만 석연치 않음을 느끼는 것 등은 전체성을 느끼는 것이다. 또한 무엇인가가 이루어질 것 같은 막연한 감 같은 것도 전체성을 느끼는 증거이다.

즉, 전체는 현실적으로 분명히 나타날 수도 있지만, 아직 가상의 세계로 남아 있을 수도 있다. 그러나 분명한 것은 우리가 인식하든 아니든 반드시 전체로부터 삶이 시작된다는 사실이다. 따라서 우리의 사고도 이러한 전체로부터 시작되어야 한다. 즉, 삶에서는 전체가 항상 먼저이다. 전체는 부분보다 먼저인 것이다.

게슈탈트 심리학은 심리 현상, 특히 지각에 대한 전체성의 관점에서의 탐구라고 할 수 있다. 삶의 전체성 원리와 영역을 알려주는 게슈탈트 심리학은 우리가 게슈탈트 사고를 함으로써 전체성의 윤곽을 밝혀내고 전체성으로부터 사고해야 한다는 점을 부각한다. 전체가 먼저고 전체로부터 사고해야 삶을 온전하게 이해할 수 있음을 알려주는 게슈탈트 사고로 인하여 우리는 전체성 사고에 한발 더 접근할 수 있는 기회를 얻게 된다.

어떤 종류이든 전체에 대한 의미가 그로써 구성된 것처럼 보이는 부분들을 선행한다. 하이데거의 견해는 일종의 전체성의 사고holism, 즉 모든 사물들의 의미가 선행하며, 그것이 적절성의 포착을 가능하게 하거나 특수한 부분들의 얽힘을 가능하게 한다는 것이다. 개별적인 지각은 이미 포괄적이며 암묵적인 전체 문맥 이해의 부분일 뿐이다.

이것 역시 게슈탈트 심리학에 근거한 것이기도 하다. 게슈탈트란 "형태(Form)"를 의미하는 독일어로 확장적 의미는 "전체적 형태"를 지칭한다. 따라서 게슈탈트는 단순히 "전체(Whole, Holos)"라고 번역되기도 한다. 우리는 형태, 즉 전체 속에 살고 있다. 여기서 전체는 부분의 합을 넘어서며, 전체는 부분의 합으로 환원이 불가능한 존재를 의미한다. 즉, 게슈탈트란 의미 있게 조직된 전체로서 부분들에게는 절대 존재하지 않는 전체만의 고유한 특징을 가지고 있다. 따라서 단순히 부분들을 모두 합해놓는다고 해서 이는 전체가 아니며, 또한 이로써 전체가 설명되거나 이해되는 것도 아니다.

전체성에 대한 요구는 사람이 가진 근본적인 요구의 하나이다. 그것은 전체를 어떤 식으로건 포괄하는 의미를 가지며, 이성의 능력은 전체를 파악하는 것이라 할 수 있다. 전체와 관련지어 본다면, 나를 포함한 전체를 세계 또는 우주라고 할 수 있다. 세계라는 말만큼 다양한 의미를 갖는 것도 없다.

하이데거가 세계 내 존재라고 할 때의 세계, 바탕Grund), 열림das Öffene

등으로 지칭하기도 한다. 그리고 자연이라는 개념, 즉 '피지스physis'인데 이것을 라틴어로 번역하면 '나투라natura'이다. 피지스도 '존재하는 것 전체'를 의미한다.

현실적으로 어떤 사항의 바탕을 이루는 것 또는 테두리는 일정한 것이 아니다. 그것은 우리의 필요와 능력에 의하여 정해진다. 또, 우리의 관심의 이동과 더불어 이동한다. 그것은 우리의 주체에 대응하여 창조적으로 구성된다.

이렇게 보면, 우리의 전체성에 대한 관계는 극히 자기중심적인 것이다. 이것은 사회적 실천의 관점에서 문제적이라고 할 수밖에 없다. 개인에게 우선적으로 중요한 것은 실존을 둘러싸고 있는 여러 사회적 차원이다. 그것은 쉽게 현실을 통제할 수 있는 지렛대가 된다. 그래서 전체성에 대한 요구는 현실에 맞는 것이든 아니든 그것은 통제를 위한 심리적 요구를 충족해준다.

게슈탈트 심리학자들이 지적하듯이 우리의 지각작용의 기본 법칙의 하나는 어떠한 대상이든지 그것의 배경과의 관계에서만 지각된다는 것이다. 이 배경의 최종적인 것은 물론 세계 전체이다. 강조할 필요가 있는 것은 전체의 주요성이다. 문제의 상황을 이루는 전체야말로 문제의 타당성과 문제 해결의 방향을 규정한다. 이것을 마음에 분명히 해두는 것은 중요하다. 전체적 상황이 잘못 판단되었을 때 우리가 그 점을 의식하지 않고 추구하는 부분적인 문제는 전혀 무의미한 것일 수가 있는 것이다.

의미론에서 문장의 의미를 파악하려고 한다면 그것은 개개의 낱말을 따져보는 것이 아니라 그 문장이 속한 단락을 파악해야 하는 것과 같다. 낱말에 대해 문장이 전체이고, 문장 전체는 단락 전체 안에서 의미를 갖는다. 전체성이란 그것을 넘어서서 다른 전체성에 이르는 것을 의미한다. 한 사물이 그 한 사물이 되는 데에는, 가깝고 멀고 직접적이고 간접적인 차이는 있을망정, 동심원적으로 한없이 확산되는 삶 전체, 세계 전체가 거기에 관계된다. 이러한 과정을 '전체는 전체 안에 있다'라는 언표로 표현할 수 있겠다.

그것은 마치 독자가 텍스트를 제대로 이해하려면 그 텍스트가 놓여 있는 전체 맥락을 잘 알아야 하는 것과 같다. 텍스트는 콘텍스트 안에서의 텍스트다. 이 콘텍스트는 생활 세계라는 삶의 맥락에 뿌리를 내리고 있다. 그리고 삶의 장은 더 큰 콘텍스트에 뿌리를 두고 있으니, 역사, 전통, 문화가 그것이다. 문제가 되는 콘텍스트에 대한 상황의식을 높이려고 한다면 그것은 적어도 이상적으로 전체적인 세계 이해와의 관련 속에서 문제를 파악하는 것이다.

'전체는 전체 안에 있다'라는 것은 박노해의 시 〈인디라의 구슬〉에서도 시사하는 바이지만, 인디라의 그물 비유는 예전부터 화엄 불교의 유명한 테제, '일즉다一卽多 다즉일多卽一, "개별자는 전체이고 전체는 곧 개별자다"라는 논리를 설명하는 데 자주 사용되었다. 이러한 태도는 전체주의적 결정론에 수렴되는 것을 피하게 할 수 있다. 전체성 개념을 잘못 이해하면, 이데올로기적 피해를 가져올 수 있다. 헤겔적 마르크스주의에서는 전체성을 흔히 총체성으로 표현하는데, 이것은 중요한 개념으로 전체주의와도 통하는 면이 있다.

'전체는 전체 안에 있다'는 속류 마르크스주의의 도식적 이성보다 유연한 탐구적 이성이다. 개인적인 문제나 사회에서 벌어지는 일들, 또는 물리적 세계의 현상을 큰 테두리에서 파악하는 것은 중요한 일이다 하지만 그렇다고 그것을 지나치게 단순화하여 모든 것을 도식으로 파악할 수 있는 것처럼 생각해서는 안 된다는 점을 분명히 할 필요가 있다.

상황 내지 콘텍스트는 동심원처럼 문제를 둘러싸고 있어서 동심원의 하나만을 문제 상황으로 파악하는 것은 얼마든지 가능하다. 또 생각해야 할 것은, 어쩌면 이 동심원의 어느 하나도 반드시 엄격하게 부분적인 것이라고 말할 수 없다는 점이다. 그리고 어느 상황도 기계적으로 분석되는 구성 분자의 총체로서만 생각될 수는 없는 일이다. 구성 요소나 범위는 관점에 따라 달라진다.

텍스트가 있고, 그것은 또한 그것이 놓여 있는 전체적인 콘텍스트가 있고, 이 콘텍스트는 그 안에 일부 떼어다 담아낸 생생한 삶의 현장이 있고, 이 삶의 현장은 그것이 이루어지고 있는 생활 세계가 있고, 이 생활 세계는 그것이 여기까지 이어져 내려온 역사적, 문화적 맥락이 있다. 진리는 이와 같은 식으로 점점 더 큰 맥락 안으로 퍼져나갈 수 있다.

형이상학적 본성이란 더 큰 전체 속에서 존재 의미를 파악하려는 힘 혹은 성향이라 할 수 있다. 그것은 전체를 전체로서 볼 수 있는 위치를 세우는 것으로서 근본적인 자기를 찾고 자기를 보다 확실한 바탕 위에서 세우려는 자기 형성의 문제와 관련되어 있다. 그것은 사람에게 주어진 가능성이다. 동시에 그것은 스스로 창조한 것이다. 그러나 그것은 한편으로는 알 수 없는 존재의 바다에서의 항해에 관한 문제이기도 하다.

형이상학적 반성

인간은 자연을 변형하고, 개조하여 자신의 삶에 맞게 바꾸어간다. 여기서 나아가 인간은 이러한 변형의 과정 안에서 단순한 변형을 넘어, 그 안에서 자연을 이해하고 자신의 의지와 의미 체험을 바라보게 된다. 이러한 의지와 의미 체험을 존재성으로 규정한다면 자연을 변형하는 인간 행위 속에는 그러한 존재성이 자리하고 있으며, 그 행위는 이러한 존재성의 드러남으로 이해할 수 있다.

이런 행위가 오늘의 세계, 삶과 역사를 이루는 것이다. 문화는 이러한 공간의 전체이다. 그것은 다양한 삶의 요인들을 하나의 질서로 종합하는 전체성이다. 또한 개인적으로나 사회적으로나 사람으로 하여금 삶의 의미를 느낄 수 있게 하는 매개체인 것이다. 문화적 존재인 인간은 단순한 생존의 영역을 넘어, 즐거움, 기쁨, 또한 슬픔과 어떤 체험들, 놀이와 축제를 벌인다.

인간의 문화는 세계와 자연, 자신과 다른 인간을 이해하고 그 의미를 되돌아보는 틀을 지니고 있다. 이것은 인간이 자신을 성찰하고, 그 의미를 묻고 현실과 초월 세계 모두를 생각할 수 있는 인간의 마음을 보여준다. 달리 말하면, 사람이 잠자는 상태에서 벗어난다는 것은 실존적 행위를 통해서이다. 그것은 상황 속에서 그리고 보다 큰 전체성과의 관계 속에서 자신을 되돌아본다는 것이다. 문제를 널리 통찰하는 사람은 절로 그의 윤리적 감성과 판단이 작용하기 마련이다.

당연히 전체는 구체적 사실들의 총화로서 구성된다. 그러나 그것이 구체적 사물들의 필연적 연관관계에서 나오는 것은 아니다. 사물들은 인과관계에 있으면서 또한 인간적 행동의 가능성이기도 하면서 사물의 암시이기도 하다. 이러한 가능성 또는 암시가 있는 한 사물들은 새로운 전체성으로 구성될 수 있다. 그러므로 전체란 언제나 하나의 가정 또는 요청의 성격을 가진다. 그것은 있을 수 있는 가능성 중의 하나이며 선택의 대상이 될 수 있다.

하나의 전체성의 이념을 선택하는 것은 다른 전체의 가능성, 또 그와 아울러 그 안에 생성되는 사실들을 송두리째 배제한다는 것을 뜻한다. 전체성의 선택과 그것을 위한 투쟁은 불가피하며 또 가장 심각한 것이다. 개인과 사회가 일정한 윤리적 규범에 따라 움직이고 있다면, 구태여 전체성의 선택을 둘러싼 형이상학적 위기의식이 존재하지 않고 또 존재할 필요도 없었을 것이다. 그러나 삶은 늘 이 선택되는 전체를 초월한다. 삶은 더 큰 전체이다.

일반적으로 반성이란 어떤 정해진 기준이나 판단 규칙 없이, 따라서 어떤 쾌감을 유발할 일종의 대상 또는 유일한 대상을 예견하지 않은 채 판단을 내리는 것이다. 그런데 반성이 전체의 전체로의 구성이라고 한다면 그것을 형이상학적 반성이라고 할 수 있다. 이때 형이상학적 반성은 이성의 작용을 끊임없이 새로 열리는 공간으로 나아가게 할 수 있다.

그런데 형이상학적 반성은 아무 곳에서나 일어나는 것이 아니다. 모든 이해 관심을 넘어서는 형이상학적 반성은 자신이 거주하는 독특한 장소에 자리해야 한다. 그것은 가곡 「보리수」의 주인공을 통해서 뭔가를 시사받는다.

성문 앞 우물 곁에 서 있는 보리수
나는 그 그늘에서 단꿈을 꾸었네
가지에 사랑의 말 새기어 놓고서
기쁠 때나 슬플 때나 찾아온 나무 밑

'성문 앞 우물 곁에'라는 장소성이 시사하는 바는 형이상학적 반성은 세간적이되 초세간적인 위치에 있다는 것이다. 기쁠 때나 슬플 때나 그 반성이 자신의 진리에 도달하려면 성문 안쪽은 벗어날 필요가 있다. 하지만 삶 그 자체를 등지는 것이 아닌 삶의 가장자리에서 초연하는 마음으로 위치하여야 한다. 그 장소는 자신에게 살가운 곳이기도 하다.

흔히 지적되는 도구적 이성, 물질주의, 소비주의의 폐단은 형이상학적 반성에서 벗어난 안이한 태도에 관련된다. 세상사의 모든 이해관계나 도구적 합목적성의 질서에서 해방되어, 보다 큰 질서의 원리를 통하여, 반성적 관계에 있는 실존은 세계로, 창조적 삶으로 나아간다. 그러나 그것은 완전히 큰 것에 흡수되는 것을 의미하는 것이 아니다. 사람이 이 큰 질서의 일부가 된다면, 그것은 반성적이고 비판적인 관계 속에서만 일어나는 일이다.

그리고 다른 한편에서 큰 질서 자체가 촉구하여 정신으로 일깨워지는 경우에는 세계 창조적 삶을 살게 된다. 그리하여 주체적인 것은 이성적 질서 자체의 수정과 변형 그리고 창조를 뜻한다. 개인적이면서 사회적인 삶은 그 자체로 중요한 실천적 의미를 가지면서, 지적 반성 속에 거두어 들여질 때, 또 다른 초개인적인 의미를 가지게 된다.

자기 또는 자아 형성의 문제를 생각할 때 하나의 축을 이루는 것은 자아의 총체적인 모습에 대한 반성적 의식이다. 반성은 대상을 그것을 넘어가는 관점에서 본다는 것을 의미한다. 자아 반성에서 자아를 넘어가는 관점은 자아—조합된 자아—전체를 넘어가는 전체의 관점이다. 이 전체는 자아의식의 운동이면서, 많은 경우, 자아의 외부에 설정되는 큰 것이기 쉽다. 이 큰 것에 사회가 있고 자연이 있고 또는 더 큰 초월적 차원이 있다. 어쨌든 현실적으로 사람이 보다 넓고 지속적인 자아에 이르는 것은—이 의식은 자아 형성의 전체이고 소득이라고 할 것인데—그것을 넘어가는 큰 것과의 관계를 통해서이다.

우리가 개인을 생각할 때도 그렇다. 그리고 그 개인이 그의 자질과 능력을 사회적으로 발전시킬 수 있다는 것을 말할 때, 그것은 자연이 부여한 인간적 자질과 능력을 발굴해낸다는 것을 말한다. 성이나 나이에 의한 사람의 구분도 사람의 주어진 생물학적 구분을 말하는 것이다. 인간의 삶을 규정하는 여러 조건은 생물학적이면서도 대체적으로는 사회적 변용을 통하여 삶의 사실적 조건이 된다.

어떻게 출발했든 사회는 그 자체로 사람의 생존을 규제한다. 이때 자연과 사회는 혼성되어 존재한다고 할 수도 있고 서로 교차하면서 존재한다고 할 수도 있다. 여기서도 자연이 사회적 인간관계에서도 기본이 된다. 자연은 여전히 가장 기본적인 바탕이 된다. 사회화된 인간관계를 넘어 여러 인간적 관계가 생기고 연대가 생기는 것은 모든 인간이 자연적 조건을 공유하기 때문이다. 이것은 자아를 넓게 하는 과정의 논리가 요구하는 것이기도 하다. 그것 또한 형이상학적 반성으로 성취되는 것이다.

전체로서의 자연

인간의 존재 기반으로서의 자연

인간 형성에 관련되는 큰 요소는 개인과 사회이지만, 특히 강조되어
야 할 것은 모든 것의 바탕으로서의 자연이다. 말할 것도 없이 사람은
자연이 제공하는 물질적 자원과 그러한 것들이 총체적으로 구성되는 환
경의 뒷받침이 없이는 생존을 지속할 수 없다. 생존의 문제를 떠나서도
사람은 초목이 있는 자연 친화적인 환경에서만 행복하다고 하지 않을
수 없다.

자연 이해는 자연의 일부인 인간이 자신의 존재를 이해하는 지평으로
자리한다. 그러기에 인간의 존재론적 영역은 그 시대의 자연 이해를 통
해 새롭게 이해될 것이다. 인간은 그 자신 자연에 의해 생겨난 일부이지
만, 그럼에도 그 자연에 의미를 부여하고 나아갈 방향을 결정하는 존재
이다.

자연은 개체적인 부분들이 독립적으로 모여 있는 것이 아니라, 그것들
이 서로 상호작용하면서 이루어가는 거대한 전체이다. 이 자연의 세계는
가장 먼 테두리를 이루며, 추상적으로 존재하는 전체성이면서도, 바로
가까운 데에도 존재하는 바탕이어서, 바로 나 자신의 안에도 있고 나 자
신이기도 하다. 그리하여 그것은 가장 넓은 전체이면서 가장 작은 부분

이 되어 우리 삶의 크고 작은 것을 하나로 묶어놓는 전부가 된다.

인간은 자연을 통제하지만 전체를 통제하지는 못한다. 쓰나미 앞에서 인간들이 얼마나 무기력했던가를 기억하는 것만으로도 충분하다. 인간은 생존의 전체를 의식할 때 우리는 그것에 대립하면서 또 그를 포함하는 자연의 커다란 신비를 느낄 수 있게 된다. 여기에도 아마 자연은 크게뿐만 아니라 작게도 모든 인간 활동의 바탕으로 포함되어야 하겠지만, 그것은 이 모든 구분 속에 저절로 들어 있는 바탕으로서 꼭 대상적으로 구분하여 따로 생각할 필요가 없을는지도 모른다. 그럼에도 불구하고 그 의의는 우리로 하여금 보다 깊고 크게 살 수 있는 가능성을 열어준다는 데에 있다.

우리의 모든 사회관계는 이 자연이라는 바탕과의 착잡한 관계 속에서만 성립한다. '자연이란 책을 읽는다'라는 명제가 있다고 한다. 중세에 이 명제는 자연의 존재론적 의미를 해석하는 자연철학 작업을 의미했다. 자연은 생명은 물론, 인간의 존재 의미까지 담겨 있는 거대한 책이라 할 수 있다.

우리는 유독 꽃이나 나무를 보고 즐거운 마음을 갖는다는 것은 새삼스럽지만 신기한 체험이라고 할 수 있다. 자연의 모든 것, 즉 그것들이 어울려 이루는 경치가 누구에게나 형언할 수 없는 감동을 불러일으키는 것도 마찬가지이다. 여행을 하다가 들녘 저편으로 또는 먼 산봉우리 너머로 지평선을 의식하면서 자연스러운 '있음'을 보았던 기억들이 있을 것이다. 그러한 '있음'은 하나의 전체성으로 드러내준다. 우리 또한 그런 '있음' 속에 있었던 것을 본능적으로 깨닫는다.

도덕적 인간, 공작의 인간, 유희의 인간은 인간 본성에 관계되는 것이면서 궁극적으로 사회적 존재로서의 인간의 여러 측면, 그러니까 부분적 요소를 나타낸다. 이에 대하여 자연은 이것을 넘어가는 삶의 전체적인 조건을 생각할 것을 요구한다. 다만 자연은 개인의 삶 그리고 모든 삶의 가장 큰 테두리를 이루면서도, 대체로는, 특히 현대 산업 사회에 있어서, 사회적으로 매개된다. 이때 문제가 되는 것은 자연에 대한 과학적 발견과 지식이 아니라 그에 대한 해석에 관한 것이다.

역사에서 보았듯이 사회 이데올로기에 따라 해석된 생명과학의 지식은 치명적인 결과를 초래한다. 그 결과는 사회윤리학적 층위를 넘어 인간의 존재에까지 영향을 미치기 때문이다. 우생학이 인종주의적으로 해석됨으로써 나치에 의해 정치적으로 악용된 것, 미국의 우생학이 거세법과 인종차별적인 이민법에 악용된 사례가 대표적인 경우이다. 이 외에도 유전자 조작과 유전공학에 따른 사회적 차별과 역차별의 문제는 결코 간과할 수 없는 사회 윤리적인 문제이다.

그러나 특히 상시할 필요가 있는 것은 자연이 사회적 인간관계에서도 기본이 된다는 사실이다. 가장 큰 테두리를 이루는 전체로서의 자연은 앎의 대상이 아니기에 우리는 전체를 그릴 수는 없다. 단지 우리는 전체에 대해 다 알 수 없다는 것을 알고 있기에 우리 앎을 수정해나갈 준비가 되어 있다. 초월과 확장은 불가피하지만 그렇다고 해서 그것이 완결되는 것은 아니다.

과학은 현재까지의 학문의 역사에서 자연을 이해하는 가장 타당성을 지닌 체계이다. 하지만 과학은 분명 자연과 사물에 대한 특정한 방법론에 의한 체계에 불과하다. 우리는 자연을 이해하는 특정한 사유체계인 과학의 층위에 머물러 있을 필요는 없다. 과학 지식을 넘어 인간의 존재론적 지평에서 과학이 갖는 인간학적 의미를 해석하고 그 의미를 부여해야 한다.

자연과 사회는 혼성되어 존재한다고 할 수도 있고 서로 교차하면서 존재한다고 할 수도 있다. 그러면서 자연은 여전히 가장 기본적인 바탕이 된다. 실러는 자연에 대한 존재론적 층위에서 해석학적 지평의 단서를 발견한다. 그는 산천초목의 자연에서 "조용한 창조적인 생명, 스스로에서 나오는 편안한 움직임, 스스로의 법에 따른 있음, 내적인 필연성, 스스로와의 영원한 일체성"을 보았다.

근대의 인간은 물론 이러한 자연의 삶을 떠나 있는 존재이다. 그러나 실러에게 인간의 도덕적 이상의 하나는 이 자연의 본래의 상태를 회복하는 일이었다. 어떠한 경우에나, 그것이 무엇이든지 간에, 본성에 맞는 상태에 있는 인간의 삶은 실러가 말한 조용한 있음에 근접하는 것일 것이다.

아름다운 자연에 대하여 사람이 가지는 심미적 갈구를 보더라도 사람은 사회적 한정을 넘어 보편적 인간의 개념으로 나아갈 수 있다. 개인은 여기에서 자연이라고 부른 더 큰 테두리와의 관계를 의식화함으로써만, 보다 경직된 사회 범주를 넘어갈 수 있고 보다 진정한 자아로서 정립될 수 있다. 적어도 자연은 사람이 쉽게 접할 수 있는 가장 큰 테두리이다.

이것이 사람이 가지고 있는 큰 것에 대한 근원적 요청을 충족시킨다. 이럴 수 있는 것은 경험적으로도 자연이 모든 것의 근본이기 때문이다. 한 개인의 자연에 대한 근원적 요청은 존재론적 의미에서만이 아니라 경험적으로도 자연으로 열려 있는 보다 넓은 세계로 이어지게 한다.

내면성과 세계의 열림

한때 칼 포퍼의 『열린 사회와 그 적들』이라는 책이 나오면서 '열려 있다'는 것이 최선의 상태라고 생각한 적이 있다. 그런데 인지과학자 마투라나Humberto Maturana와 바렐라Francisco Varela에 따르면, 그저 외부에 '열려 있는' 상태로는 생명이 성립할 수 없다는 것이다. 생명이 성립하려면 개체가 성립되어야 한다고 한다. 마치 우리가 햇볕, 바람, 비, 눈을 막고 아늑하게 살기 위한 집이 필요하듯이, 생명은 외부 환경과 격리된 내부 공간을 필요로 한다. 세포막이 세포질과 세포핵을 내부에 갖고 있으면서 외부로는 일정한 폐쇄성을 띠는 것을 생각해보면 좋을 것 같다.

개체가 폐쇄적인 상태에서 세계를 이해하고 구성할 수 있는 힘을 가진 다는 것이 신비롭기만 하다. 그 힘은 간단히 포착되는 원리라고 할 수는 없다. 그러나 개체가 된다는 것은 자기에 대한 의식을 가진 존재가 된다 는 것이고, 자기가 행하는 행위를 의식하고 그것을 적어도 어느 정도까 지는 스스로 선택할 수 있는 행위로 생각할 수 있어야 한다는 것을 의미 한다. 그러므로 인간의 개체성은 단순히 주어진 것이 아니라 그것은 발 견되고 형성되어야 할 과제이다.

우리는 외적 세계에 대하여 별도로 체험의 세계를 만들어낸다. 그것 의 근거는 내면이다. 내면의 성장은 소외의 표현이지만 동시에 인간 존재 의 심화를 매개하는 수단이 되기도 한다. 인간의 내면적 체험은 단순한 주관적 체험이라고만 할 수 없다. 그것은 기분이 그러한 상태인 것처럼, 심리 속에서 일어나면서 존재의 열린 공간 속에 일어나는 사건이다. 사 람은 이 존재의 열림에 참여한다. 그런 의미에서 사람은 형이상학적 존 재이다.

로버트 루이스 스티븐슨Robert Louis Stevenson의 어린 시절 이야기에 나 오는 놀이가 있다. 그것은 아이들이 밤에 품속에 등잔을 품고 자연의 외 진 곳에 모여들었다가 그것을 서로 보여주는, 아무런 의미가 없는 놀이 에 대한 것이다. 놀이의 핵심은 단지 빛이 새어 나오지 않게 등잔을 간직 하고 밤길을 간다는 것, 그리고 그것을 친구들에게 보여준다는 것뿐이다. 재미의 일부는 아마 아이들이 자기들만의 비밀결사와 같은 것을 가졌다는 데에서 오는 것일 것이다.

겉으로는 보여주는 것으로 놀이를 즐기는 것 같지만 내면성의 관점에서 보면, 그 기쁨은 "어둠의 기둥이 되는 우리가 우리의 어리석은 가슴 깊이에 허리춤에 등잔을 지니고 있다는 것, 그리고 그것을 혼자만 알고 있다는 것, 그리하여 고양되어 노래할 수 있다는 것"에서 오는 것이라고 한다. 이것은 깊고 넓은 마음의 무한성 속으로 해방되는 것을 뜻한다. 거기에는 기쁨이 반드시 수반된다. 사람들은 이 마음의 무한한 가능성을 희생함으로써, 전문적인 직업 그리고 특정한 의무에 헌신하고, 그 밖의 다른 모든 것을 외면하여 버리고 만다.

또 하나의 예는 허드슨 W. Hudson의 아르헨티나의 평원에 대한 묘사이다. 그는 쌀쌀한 겨울날 말을 타고 넓은 평원으로 한없이 간다. 한 5마일을 가면 모든 것으로부터 500마일은 상거해 있는 듯한 느낌이 든다. 동물 한 마리 움직이는 것이 없다. 그는 언덕을 올라 안개 낀 지평선을 향하여 머리를 내어다본다. 그리고 다시 조그만 나무숲으로 간다. 결국 그는 같은 자리에 가야 편안한 마음이 된다. 평원에는 하루 내 아무 소리도 들리지 않는다. 풀잎 흔들리는 소리도 없다. 생각도 완전히 정지된다.

그는 "기다림과 깨어 있음suspense and watchfulness"의 상태에 있다. 그것은 생각하는 것이 아니다. 그에게 그것은 그와 그의 지능 사이가 차단된 상태에 있다는 느낌을 준다. 그러나 그것은 극히 강렬한 깨어 있음의 상태이다. 제임스는 이것이 "아무것도 일어나지 않고 아무것도 생각하는 것이 없고 아무것도 기술할 것이 없는, 모든 것이 비어 있는" 상태라고 말한다.

위의 두 예에서 말하고자 하는 것은 세계의 전체에 대한 어떤 원형적 체험이다. 이 체험은 외면적인 것이라기보다 내면적인 체험이다. 내면은 대개 자연—산, 평원, 해, 하늘, 먼 바다 등 큰 스케일의 자연을 향하여 열린다. 여기에 전체성의 느낌이 있는 것은 틀림없다.

지리산을 가본 사람들이 대개 공통적으로 하는 말이 있다. 지리산은 어머니처럼 크고 넓은 산이며, 주능선 어느 곳에서 바라보더라도 마치 거대한 초록색 바다 한가운데 떠 있다는 느낌을 받는다는 것이다. 한도 끝도 없이 펼쳐진 수많은 능선들, 봉우리들, 그리고 그 사이에 펼쳐진 크고 작은 계곡들이 열어주는 지평에 대한 전체 체험이라고 할 수 있다.

우리의 세계에 대한 체험에서 가장 중요한 바탕을 이루는 것은 지구, 바다, 빛, 도시와 같은—링기스가 말한 것처럼 거대한 원소적인elemental 현상이다. 그중에서 바다의 경험을 예로 든다면, 우리의 경험은 바다에서 헤엄을 치는 것과 같은 것으로 대표된다. 바다에서 헤엄치는 사람에게 바다는 감각적 즐김의 대상으로 그러나 그 실체의 파악을 허용하지 않는 환영幻影처럼 나타난다. 그것은 대상화하여 파악하기 어려운 환경이다.

깊이의 생태학

어떤 사람이 생명이나 동물에 대해서 이야기하는 것을 보면, 유기동물이 되어버린 강아지나 고양이에 대해서는 관심을 표명하지만 환경오염이나 기후변화 등 생태계에 대해서는 둔감하다는 인상을 받을 때가 있다. 특히 지구 온난화는 어느 한 국가나 개인들의 문제가 아니다. 사용 가능한 화석 연료의 고갈은 전 지구적인 생태학적 문제에 속한다. 문제가 생기는 것은 인간의 경제활동이 지구환경이 감당할 수 있는 이상으로 과대해졌기 때문이다. 후쿠시마 발전소의 사고가 극적으로 그 실상을 보여주고 있다.

환경은 세계적인 관점에서 가장 중요한 문제이다. 이것은 물질과 경제 그리고 인간 생존의 총체적인 조건에 관계되는 문제다. 환경보호론자들의 일각에서는, 동물보호주의와 생명보호주의자들의 사고 속에 지나친 개체중심주의가 자리 잡고 있다고 비판하기도 한다. 그래서 눈에 보이는 개체만을 사랑할 것이 아니라, 그와 연결되어 있는 생태계 전체를 생각하기를 독려하곤 한다. 또한 생존경쟁을 바라보는 관점도 개체적 차원이 아니라 생태학적인 총체적인 맥락에서 생각되어야 한다는 것이다.

생태학적 관점에서 자연은 삶의 전체적인 조건을 생각할 것을 요구한다. 자연은 우리의 감성의 생물학적 근본으로 작용하거나 우리에게 사회적, 역사적, 문화적 환경의 일부로 나타나기 마련이다. 그렇지만 개인과 사회에 대하여 자연은 완전히 독립하여 존재하지 않으면서도 무시될 수 없는 독자성을 갖는다. 이것을 잊지 않는 것은 개인의 삶에 중요할 뿐만 아니라, 결정적인 삶의 한정 조건으로서의 삶을 생각하고 그 사회 질서를 생각하는 데에 중요하다.

생태학적 사고는 그 나름대로 적정한 범위의 크기를 가지고 진행되는 사고다. 그리고 생태계라는 연결망의 생산적이고 창조적인 능력에 주목할 필요가 있다. 그것은 각각의 개체가 서로 연결되어 있으며 따로 분리하거나 떨어져서는 존재할 수 없다는 일종의 시스템적 사유로 나아간다. 이러한 생태중심주의와 개체중심주의는 서로가 대립하는 입장이 아니라 사실은 서로 보완적인 관계가 될 수 있다. 개체는 생태계와 연결되어 있으면서도 자율적인 행동과 활동을 한다는 의미에서, 생명과 자연의 관계는 생태적이면서도 개체적이다.

여기에서 생각해보고자 하는 것은 사람의 삶을 통합하는 자연과 사회 그리고 마음가짐의 깊이의 생태학이다. 깊이의 생태학은 오늘의 과학기술적이고 정치경제적인 언어가 지나치게 삶과 세계의 표면적인 현상만을 말하는 것이라고 느낀다.

따라서 깊이의 생태학은 생태계와 환경의 위기에 처하여, 그 대책으로서 경제학이나 과학기술의 대책이 불충분함을 지적하거나 그것을 배격할 필요가 있다. 그래야 인간의 자연에 대한 관계를 근본적으로 재정립할 수 있기 때문이다. 기술적 대처 방안이 아니라 근본적인 태도의 전환을 통하여 삶의 방식 전부를 자연 착취적인 것으로부터 자연 친화적인 것으로 바꾸어야 한다.

그러나 깊이의 생태학이 주장하는 바는 오늘의 환경문제의 긴박성을 생각할 때 지나치게 낭만적이라는 인상을 준다. 역사는 불가역적이라는 관점에서 보면 과학기술의 문명을 백지로 돌리는 것은 불가능하다. 그러한 의미에서 현실 개입의 수단으로서 과학기술적 해결을 외면하는 것은 매우 비현실적인 일이 될 것이다. 그렇지만 한편으로 보면, 자연에 대한 외경심이 없는 곳에서 많은 환경 대책은 곧 작동하지 않는 녹슨 기계가 되고 말 것이다. 그런 점에서 깊이의 생대학은 역설적으로 환경문제의 기술주의적 해결에도 필수 불가결한 것이다.

깊이의 생태학이 지향하는 바는 자연과의 일체감 속에서 새로운 삶의 방식을 만들어내는 것이다. 구체적으로 이것은 전통적으로 철학자나 구도자나 시인이 목표로 하던 자연 속에서의 삶을 전체적인 삶의 방식으로 확장하는 것을 통하여 이루어진다. 자연을 가까이 알고 인간 자신의 내면에 친숙해지는 관찰과 명상, 시적·철학적 경지에 이르는 것이 깊이의 생태학에 이르는 기본이다.

깊이는 실존의 느낌이다. 깊은 생각은 주관적인 기분이나 평가를 넘어서 세계와 인간 존재의 근원적 현상에 관한 중요한 진실을 담고 있는 생각을 말한다. 깊이란 세계 자체의 객관적 속성에 근원적으로 관계되어 있는 어떤 것이다. 그것은, 메를로퐁티가 분석한 공간적 깊이처럼, 객관주의를 초월하여 세계와 실존의 근원적 현상의 한 특성을 이룬다. 깊이의 중요한 속성은 그것이 대체로 정서적인 감흥을 수반한다는 것이다.

깊이의 생태학이라는 말에서 깊이는 단순히 시적인 비유의 성격을 넘어 물리적 객관성에 기초하면서도 인간 존재의 형이상학적 구조에서 나오는 전율을 지칭하는 언어라고 할 수 있다. 오늘의 삶에서 우리가 잊어버린 것은 일체의 깊이에 대한 감각이다. 오늘의 생태계의 위기도 이러한 깊이의 상실에 연루되어 있다. 깊이의 생태학은 적어도 세계와 인간의 생존에 상실된 것이 있다는 것을 지적하는 점만으로도 매우 중요한 기능을 수행한다고 할 것이다.

깊은 공간과 실존

인간은 몸을 가지고 자기 주위 환경에 참여하고 자기의 목적을 달성하는 생명체이다. 몸은 특정 장소를 통해 세계와 관련 맺으며 실존을 표현한다. 우리가 한 폭의 그림을 바라볼 때 그 그림은 우리에게 어떤 생각을 불러일으킨다. 이런 관념은 머릿속에서 솟구치는 것이 아니라, 반드시 그 그림의 형태나 색깔과 관계하여 나타나는 것이다. 즉, 그림과 그림에 대한 관념 사이에는 그것을 가능케 하는 몸의 지각 현상이 관여하고 있다.

몸은 장소이든 공간이든 이미 삶의 장에 속한 것이라고 할 수 있는데, 그중에서 대표적인 것을 우리는 동네라고 불러왔다. 동네의 공간의식이 모든 활동 그 자체 의미를 형성하는 배경된다는 점이 중요하다. 동네와 같은 공간의식은 거기에 사는 주민들이 부여한 의미의 세계에서만이 인식될 수 있는 대상이다. 인간은 언제나 사회적 관계 속에서 형성된 역사적 존재이다. 따라서 인간의 인지 속에 장소와 공간은 절대적인 실체라기보다 자신의 경험과 의미 속에서 각기 상이하게 구성되는 것이 당연하다. 개개인이 가지는 경험과 폭과 가치에 따라 다르게 인식될 수밖에 없다.

그렇다고 한다면 공간과의 관계 맺음에 있어 개인들 간의 충돌과 섞임, 혹은 침투와 교차 그리고 개인들의 특정한 배열은 불가피하다. 공간은 기하학적 특성이 아니라 각 부분마다 다른 경험을 불러일으키고 다른 의미로 분절되는 경관적 영역인 것이다. 우리가 어떤 낯선 세계에 들어갔을 때 그 세계가 갖고 있는 자연의 경이로운 경관과 그 경관의 분포적 특성에 대해 그리고 그 속에서 살고 있는 사람들의 삶의 양식에 호기심과 관심을 갖는 것은 자연스러운 발상이다.

공간은 일상적 삶을 사는 인간에게 늘 열려 있는 형이상학이라고 할 수 있다. 우리가 서 있는 바탕이기 때문에 알기가 어렵지만 깊이의 공간 역시 우리가 생각하는 것보다는 우리의 일상생활의 긴밀한 현상이라고 할 수 있다. 인간 존재의 깊이의 비밀을 숨겨 가지고 있는 가장 분명한 물리적 기초는 공간의 역사役事이다. 도시 공간의 설계, 국토의 설계 등이 깊은 공간을 사유하게 한다.

우리가 새로운 곳으로 이사하였을 경우 가장 먼저 '주변 경관이 어떠한가? 시장과 학교는 어디에 있는가? 도로의 분포는 어떻게 되어 있는가? 저것은 뭐지? 저것은 왜 저기에 있지?'라는 경관·위치·분포·입지적 특성 등에 관심을 갖는 것은 자연스럽다. 그러니만큼 거기에는 깊은 공간성의 규칙이 움직인다.

건축의 공간적 역사는 깊이의 공간에서 나오는 인간 존재의 근원적 공간성의 부름에 응하는 것일 수 있다. 이때 실존은 세계에 거주하면서 또한 세계를 향해 나아가고, 세계로 초월하는 존재로서의 인간 존재를 나타낸다. 이렇듯 세계에 참여하며 세계에 몸담고 있는 사람이 적어도 지상에 거주해야 한다고 할 때, 최종적인 틀인 공간은 무엇인가를 느끼게 한다. 공간은 실증주의적 접근 방법에서 언급되는 추론을 위한 대상이 아니라 인간과 그 거주 장소로서의 세계 사이에 직접적인 감정적·정서적 관계가 존재하는 세계라고 할 수 있다. "이 집에 오니까 느낌이 좋다" 혹은 "여기에 오니까 분위기가 좋다"라고 하듯이 느낌이나 분위기는 공간의식의 발현이라고 할 수 있다. 그것은 물건 자체의 속성보다는 물건이 우리에게 연상시키는 어떤 공간의식, 거기서 뭔가 떠도는 공간적 감각을 일컫는다.

이처럼 인간의 의식 속에는 본능적으로 장소와 공간에 대한 호기심과 관심을 갖고 있으며 이것은 원시 시대부터 현재에 이르기까지 인간의 본성 속에 깊숙이 내재되어 있다. 단지 그 호기심과 관심의 대상과 영역의 차이가 있을 뿐이다. 공간은 밖에 존재하는 것이기도 하지만 사람 마음속에도 존재하는 것이다. 좋은 경치만 보아도 마음이 너그러워진다고 한다. 마음에 공간이 생기는 것이다.

칸트는 공간을 감성과 인식의 직관 형식으로 말한 바 있다. 이 관점에서 공간은 사물이나 사물의 지각을 선행하며 그것을 가능하게 하는 조건이다. 그러한 만큼 공간은 근원적인 것이다. 이것은 숨어 있는 형식이라고 할 수 있는데, 우리의 모든 지각 인식 활동 속에 들어 있다. 마음속에 공간의식을 기르고 살리기 위해 체험적으로 새롭게 하는 것이 필요하다.

메를로퐁티는 공간이 주체에 의해 구성됨과 동시에 "이미 구성되어 있음을 본질"로 한다고 파악한다. 이때 이미 "구성되어 있음"은 내가 있기 이전에 어떤 세계가 존재하고 내 이전의 다른 존재라는 선개인적 차원과 결부된다. 도시계획이 생기기 전의 도시 공간은 자연발생적이고 누적적인 것이지만, 거기에도 공간과 집단적 삶의 연계 관계에 대한 암묵적 이해가 삼투되어 있기 마련이다.

메를로퐁티에게도 공간은 지각의 조건이고 상황 속에 있을 수밖에 없는 인간 존재 자체의 근원적 조건이다. 그것은 구조적 질서와 한계로 정의되어 있다. 내가 보는 공간은 이미 역사적으로 여러 주체에 의해 구성된 것이다. 인간 삶의 조건이라는 관점에서 특히 중요한 것은 이 공간이 실존적이라는 점, 또는 메를로퐁티가 강조하는 바로는 인간의 실존이 공간적이라는 점이다.

건축과 도시가 공간의 작업이고 이 작업의 수행에 공간적 존재로서 인간의 개체적이고 집단적인 삶의 행복과 자기실현이 담겨 있다고 한다면, 우리는 이 복합적인 공간을 고려하여야 한다. 건축물은 어떤 경우에나 보이는 것 이상의 깊은 구조를 스스로 안에 감추어 가지고 있다. 그것은 성수대교와 삼풍백화점의 붕괴, 터키와 대만의 지진에서 부실 건축물의 문제가 보여주는 바와 같다. 건축물과 건축 공간은 물리적인 것들─물질에 대한 중력의 법칙을 존중해야 하고, 물의 역학과 햇빛의 움직임 등의 것과 아울러 문화적인 것을 포함하는 중층적인 공간 속에 존재한다.

삶의 공간이 성립하기 위해서는 순전히 공리적이고 합리적인 관점에서 계산될 수도 있으나 심미적 요소는 필수 불가결하다. 심미적 요소는 어떤 경우에나 건축과 건축 공간을 규정하는 큰 틀의 현존을 가장 분명하게 느끼게 해준다. 심미성은 건축과 건축 공간 어디에나 존재한다. 아마 가장 중요한 미적 체험은 무한과 무변의 체험일 것이다.

공간의 끝에는 무한이 있다. 무한의 의의는 그것이 전체성의 가장자리를 이룬다는 데에 있다. 그러면서 그것은 측정할 수 있는 공간을 초월한다. 무한으로 초월하는 감각적 세계의 전체를 보여준다는 점에서 가장 뛰어난 예의 하나는 동양의 사원 건축이다. 동양의 사원은 그 자체를 두

드러지게 하는 것보다는 그것이 커다란 자연 속에 있음을 느끼게 하여 무한으로 이어지는 무진성을 체감토록 한다. 공간의 심미성으로 접근되는 근원적 공간의 체험은 특권적 체험임이 틀림없다. 이러한 근원적 공간 의식으로서의 심미성 속에 존재함으로써 우리의 삶을 풍부하게 할 수 있다.

전체로서의 사회

개인과 사회의 역학

사회를 생물 유기체나 자동 시계, 또는 벌떼가 북적이는 벌집에 비유하는 것은 잘못이다. 사회는 그와 같이 물리적으로 분명한 윤곽을 갖는 객관적 실체가 아니라, 각자의 앞에 상호 주관적으로 존재하는 공간이기 때문이다. 이러한 상호 주관적인 사회적 공간은 중세의 신분적 질서가 해체되는 근대 이후에 출현한다. 근대적 인간의 기초가 된 것은 구체적인 의미에서 인간 상호 의존이 인지된 결과이다. 근대화, 즉 문명화로 표현되는 근대화는 사람이 상호 의존의 상태에서 하나의 삶의 방식—문명화된 삶의 방식, 보통 사람들의 삶의 공간을 포함하는 삶의 방식을 만들어내는 과정이었다.

그런 근대사회에서는 당연히 다른 사람과 공통으로 알고 있고 또 알 수 있는 상호 주관적 세계를 경험할 수 있어야만 개인 간 상호작용이 가능해진다. 게다가 개개인에 우선해서 선험적으로 존재하는 상호 주관적 세계로서의 객관적인 사회적 현실이 개인 행동에 대한 지침을 제공하는 동시에 개인 행동을 제약한다.

개인과 사회의 역학이란 다른 사람과 지속적으로 상호작용하고 의사소통하지 않는 한 내가 존재할 수 없다는 것을 의미한다. 우리가 나고 자란 세계는 사람들 개개인의 사회적 실존 방식, 사람들 사이에서 일이 돌아가는 방식, 통상 충족되곤 하는 기대들, 그리고 그러한 기대들 아래에 놓인 심층의 규범 등으로 구성된다. 아울러 이러한 규칙들은 우리의 의식에는 잘 포착되지 않는다는 점에서 영향력이 곱절로 커진다.

우리는 생물학적 존재로서 또 사회적 존재로서 주어진 본능과 충동과 욕망 그리고 내적인 소망에 따르고, 또 사회가 다져 놓은 삶의 길을 따라 걸어간다. 그것은 우리가 서로에게 바라는 어떤 규범적인 기대감이라든지, 사회생활 속에서 통상적으로 행해지는 집단적인 실천을 가능하게 만드는 공통의 이해를 공유하게 한다. 우리가 공통의 실천을 할 때 조화를 이루는 방식에 대한 모종의 감각 역시 포함한다.

우리들은 생리적이고 물리적인 요소들만을 바탕으로 세계를 인식하거나 해석하고 추리하지 않는다. 자신이 속한 사회에서 배우고 익힌 문화도 세계를 이해하는 중요한 틀로 작용한다. 그리하여 사회적으로 바람직하고 사회가 승인한 규범과 행동양식으로 사는 것을 배우는 것은 대체로 사회화의 과정에 일치한다. 사회화의 과정은 적어도 처음에는 사회적 관습에 순응하도록 권장하는 데서 출발한다. 서로 다른 사회는 당연히 서로 다르게 발전하고, 서로 다른 속도로 발전하기 마련이다. 어떻게 출발했든 사회는 그 자체로 사람의 생존을 규제한다.

지금껏 지속되어온 삶의 흐름이 갑자기 끊어지는 급격한 변화가 일어나지 않는 한, 우리는 자신들이 가지고 있는 이러한 관성을 의식하지 못한다. 많은 경우 성장한다는 것은 독자적 인간으로 자기를 형성한다는 것을 말하는 것은 아니다. 그것보다는 오히려 주어진 사회적 요구에 합치되는 인간이 된다는 것을 말한다. 사회적 범주로서 사람의 삶에 결정적인 영향을 주는 것을 사회 계급이나 신분과 같은 것이다. 생물학적 특성을 보이는 민족이나 성 그리고 연령이 중요한 것도 그것이 사회적 범주로 사실성을 얻기 때문이다.

강조하는 것은 사회가 제공하는 여러 길과 길잡이이다. 그것은 상당 부분 스스로를 형성하는 것이 아니라 사회적 타자에게 그것을 맡기는 일을 의미한다. 그리하여 그것은 대체로는 자기 형성보다는 별로 반성되지 않는 정형화를 지향한다. 형성보다는 성형을 의미하는 경우가 많은 것이다.

우리 사회에서 교육이 의무가 된다는 것은 인간의 성장 과정에서 개인의 독특한 발전을 도와주는 것이 교육의 본령이라는 생각이 들어 있는 것이다. 그러나 여기에 전제되어 있는 것은 개인의 발전의 총체가 사회의 필요를 충당한다는 것이다. 그러나 이것은 지나치게 낙관적인 전제라고 할 수 있다. 오히려 사회와 국가의 필요가 교육의 대전제가 될 뿐만 아니라 그 세부 과정에 스며들기 마련이다. 이 과정에서 가장 손쉬운 준거점이 되는 것은 집단의 이름이다.

서양 문명의 도전과 일본 제국주의의 지배로 인하여 우리는 민족을 삶의 가장 중요한 큰 틀로 생각하지 않을 수 없었다. 그 이후 비록 분단 상황에서나마, 국가 건설의 역사, 근대화는 국가와 사회의 실체를 하나의 단순한 직접적인 전체성으로 받아들이는 것을 요구하였다. 민주화 투쟁은, 그것이 표방하는 민주주의라는 명분에도 불구하고, 모든 투쟁이 그러하듯이, 집단 내의 개인이 아니라 집단의 중요성을 강조하는 정치적인 움직임이 되었다. 민족적 사명으로 파악되는 통일의 구호도 그러한 절대화에 기여한다고 볼 수 있다.

집단은 이념화된 전체성으로서 집단 구성원의 마음에 존재하기 마련이다. 이념성이 강조될수록 전체성으로서의 사회가 강화된다. 이런 경우 사회는 현실적인 관계보다는 상징적으로 또는 보이지 않는 힘의 체계로서 그 연장선상에서 존재하게 된다. 전체성으로서의 사회에 대한 개념은 현대에 와서 더욱 강화되었다.

우리 사회에서 도덕주의의 전통은 이것을 강화한다. 그리하여 개인의 자기 형성은 개체적 발전이 아니라 사회가 부과하는 도덕적 당위의 내면화를 의미한다. 개인도 거기에서 개인적 성취감을 얻는다. 그런데 이 도덕주의는 많은 경우 순수한 것이라기보다는 숨은 개인주의에 연결되어 있다. 개인의 성장, 이익, 도덕주의, 사회와 국가의 요구—이러한 것들이 혼합되어 움직이는 것이 우리 사회 동역학의 특징이다. 교육도 이 동역학 속에서 움직인다.

이 동역학에서 개인과 사회의 어느 쪽에 역점을 두던지 이것을 하나로 묶고 있는 것은 이익의 논리이다. 개인이 이익에 의하여 움직이는 것은 물론이지만, 사회적 필요도 거의 전적으로 집단적인 이익으로 이해된다. 대체로 집단의 목적은 반성의 대상이 되기 어렵기 때문에 목적이 된 집단의 이익도 반성의 대상이 되지 아니한다. 그리고 개인의 이익 추구가 집단의 이익에 일치할 때, 그것은 특히 반성의 대상이 되지 아니한다.

개인적 추구와 사회적 성취의 모순적 일체화는 인간의 사회생활의 복잡한 변증법 속에 움직인다. 개인적인 동기 또는 이기적인 동기의 중요성에도 불구하고, 사회 전체로 보아, 우위에 있는 것은 사회의 필요이다. 어떻게 시작되었든지 개인 이익의 세계에서 사회성의 강조는 심리적인 강제력의 동원—도덕적 수사를 수반하는 강제력의 행사를 의미한다. 그리하여 가치와 도덕의 왜곡, 위선, 숨은 폭력으로 나아가는 계기가 될 수 있다.

개인은 독자적인 존재이면서 보다 큰 바탕에 열려 있음으로만 참다운 가치를 갖는 존재이다. 개인이 좁은 자아의 한계를 넘어갈 수 있는 것은 현실의 사회적 관계에 의하여 촉발된다. 그런 인간에게 전체적인 사회적 관계에 대한 보편화의 훈련이 없다면, 사람이 자연과 우주적인 진리로 나아갈 수 있을는지 자못 의심스럽다고 하지 않을 수 없다.

인간의 자기 형성은 지극히 현실적인 차원에서 자신의 삶을 살고자 하는 노력이면서 그것을 보편적인 차원에서 이해하고 형성하려는 시도이다. 그러면서 여기에는 사회와 문화가 개입된다. 생물학적인 것들도 사회와 문화에 의하여 형성된 형태로 사람의 삶에 내재한다. 사유의 문화적 전통에 의지하지 않고는 초개인적인 넓은 공간을 바르게 인식할 도리가 없다는 점에서도 그러하다.

결국 사람의 일은 개인적인 것도 사회와 인간적 한계의 테두리 안에서 일어날 수밖에 없고, 또 그 안에서 의미 있는 것으로 정당화되는 것이 아닐 수 없다. 다만 이 테두리는, 적어도 인간에게 가능한 범위 안에서는, 우상화되는 것이 아니라 반성적으로 수용되는 것이라야 할 것이다. 이때, 개인과 사회의 관계는 하나가 다른 것을 흡수하는 것이라기보다는 긴장과 길항을 통하여 하나로 지양되는 것이 될 것이다. 이러한 과정 속에서 개체의 개체성과 함께 사회의 사회성도 온전하면서 하나의 삶의 공간을 이루는 것이 될 것이다.

도덕과 윤리

사회는 개인 간 상호작용의 지평이다. 우리는 이 지평에서 타인의 존재를 알아보고, 나의 알아봄을 그가 의식하게 함으로써 그의 사회적 성원권을 인정하게 되는 것이다. 동시에 나는 이러한 행위를 통해 나 역시 그에게 드러내 보이고 있는 것이다. 사람은 거울을 통해서 자기를 안다. 그때, 보는 눈은 사회의 눈에 의하여 형성된 것이다. 거울의 이미지는 사회성이 개인의 의식에 삼투해오고 그것이 이상형으로 정련되는 과정으로 암시된다.

도덕의 기준도 그러한 거울에 의하여 형성된다. 사회성에서 나오는 도덕과 윤리의 기준은 사람의 행동에 대하여 지침이 되고 비판의 기준이 될 수 있다. 그것은 인간이 다른 사람과의 관계 그리고 그것의 총체로서의 사회의 규범적 정의定義에 민감하다는 것을 전제한다. 그러한 의미에서 사람은 윤리적 존재 그리고 도덕적 존재이다.

인간의 현실은 도덕적 시비로 재단되지 않지만 그럼에도 불구하고 사회로부터 주어지는 윤리적 요구와 도덕주의에 반응하게 된다. 인식의 대상이 인식의 주체를 통제하는 셈이다. 사회와 개인 가운데 사회의 우위는 불가피한 것일 수 있으면서도, 일방적으로 강조될 때, 그것은 도덕과 윤리에 관계된 인간 심리의 부분을 이중화한다. 이는 입신양명의 출세욕이 결국 사회봉사로 귀착하는 것에서 볼 수 있다.

너 나 할 것 없이 우리는 모두 세계가 만들어놓은 이러한 문화적 굴레 안에서 살아간다. 한 사회의 문화는 구성원들에게 행동양식의 규범과 정서의 규범, 욕망의 규범을 지킬 것을 명령한다. 규범의 명령을 어기기가 쉽지 않다. 규범의 부당성을 인지하고 있더라도 마찬가지다. 부당한 규범을 바꾸려는 노력이 앎의 차원에만 머무른다면 그 부당한 규범은 털끝 하나도 바뀌지 않는다.

도덕과 윤리에 대하여 사회성의 강조는 끊임없이 나타난다. 윤리와 도덕의 근원을 사회의 집단성에 두는 뒤르켐과 같은 학자의 생각도 그러하지만, 민족주의나 마르크스주의의 계급윤리도 여기에 속한다. 우리나라에서 실천적 의미에서의 도덕과 윤리는 특히 집단적 성격을 갖는다. 공동체적 상식이 삶의 지혜가 되는 것임은 인정하지 않을 수 없지만, 실천적 선택의 기준으로서 그것은 매우 불확실한 것이 될 수밖에 없다.

인간이 상황이나 조건들의 제약을 받는 것은 사실이다. 윤리적 행위

역시 그 행위 규범이 입각한 역사적 조건들에 묶여 있는 것은 사실이다. 하지만 그렇다고 해서 우리의 개별 행위가 이런 조건들에 결정되어 있는 것은 아니다. 인간은 조건들과 역사적 문맥에 제약받고 있음에도 불구하고 인간의 자유와 자기 결정은 이런 것들을 의식적으로 검증하는 것을 불가피하게 하고 있다.

인간은 자신이 '조건화된' 존재이면서도 동시에 그 조건 형성을 뛰어넘을 수도 있는 존재이다. 그런 인간이 실천적 영역에서 판단을 할 때는 공동체적 상식과 문제적 상황의 섬세한 관련들을 하나의 일관성 속에서 바라보는 눈길이 필요하다. 일관된 진위의 판단을 위하여 초연하게 움직이는 눈길에 의해서 비로소 드러나게 되는 것은 이성이다.

그러나 이 이성은 어떤 법칙을 발견하는 것이 아니라 현장적 판단에 작용하는 이성이다. 엄정한 이성의 도덕에 의한 도움이 없는 사회에서, 공동체의 실천적 지혜란 이해와 거래의 계책을 의미하는 것에 불과할 수 있다. 공동체의 이익을 계속적으로 강조하다 보면, 도덕과 윤리를 이해관계로 환원하게 된다.

정의가 허구적 이념으로 전락한 현대 사회에서는 선을 실현하고자 하는 윤리-정치적 기획이 강조되어야 한다. 현실 정치는 이념으로 정의를 내세우지만 실질적으로는 그러한 이념의 허구 아래서 부정의를 비호한다. 현실은 정의의 실현조건을 탐색해야 할 형국에 놓여 있다. 부정의를 없애기 위한 대안으로서 적극적으로 선을 지향할 것을 주장할 필요가 있다.

정치의 대상인 정의의 실현이 방해받고 있는 상황에서 선을 새롭게 할 윤리-정치적 선택을 고려할 필요가 있다. 선은 이미 주어져 있는 것이 아니라 정치 그 자체에 의해, 그 구성에서부터 실현에 이르기까지 만들어져야 하기 때문이다. 특히 어떤 도덕과 윤리가 삶의 필연적인 바탕인가 하는 것은 끊임없이 검토되어야 하는 것일 것이다.

현대 사회에서의 사회계약은 바로 이익에 기초한 계약의 관계이다. 오늘날의 세속화된 사회에서 그러한 검토가 어떻게 가능한 것인지를 말할 수는 없다. 하지만 우리의 윤리-정치적 선택의 본질은 세상에 개입하고자 내가 의식적으로 취한 선택이라는 것이다. 칸트의 도덕 철학에서 특히 강조되는 것은 인간의 자유 의지를 전제하지 않고는 도덕이 무의미하다는 점이다. 도덕의 핵심은 자유이다. 만일 무서워서 무엇을 했다고 하면, 그것은 무서워서 한 것이지 그 자체를 위하여 한 것이 아닌 것이다.

칸트에게 자유는 인간을 인식과 윤리적 실천의 주체로 이해하는 데 핵심적 개념이다. 우리가 윤리적 토대를 갖출 때, 비로소 우리는 우리 자신을 결정하고 추구하고 선택하는 주체로 여길 수 있다. 이것은 인간의 자기 형성 과정이라는 관점에서 당연한 요구라 할 수 있다. 자유는 모든 물리적 강제로부터의 자유뿐만 아니라 자신의 반성되지 아니한 충동으로부터의 자유를 말한다. 게다가 이성적 원리 그리고 실천적 윤리의 법칙을 스스로 따를 수 있어야 한다.

누구나 다 행위를 하지만 누구나 다 자기 행위를 의식적으로 검증하고 정당화하는 것은 아니다. 누구든 우리가 만든 윤리적 기초를 위반할 가능성은 언제나 존재하며 그것 역시 선택의 문제이다. 하지만 인간의 행위가 윤리적으로 평가되는 것은 행위에 대해 검증하고 정당화를 제시할 수 있을 때뿐이다.

개인의 자율성이 모든 도덕의 기초라고 할 수 있다. 개인의 자율성은 무엇을 시작할 수 있는 능력을 말한다. 자율은 자신이 되어가는 과정, 하나의 존재로 성숙해가는 과정이다. 이 자율성은 단순히 외부 세계에 자의적으로 의지를 부과하는 것을 말하는 것이 아니라, 스스로 자기 안의 일정한 법칙적 관계를 인지하고 이것을 능동적으로 표현하고 활용하는 것을 말한다. 칸트는 자율성을 도덕적 숙고의 자기 입법적 특성으로 이해했다. 다시 말해 자율성은 자신이 스스로 만들어낸 규범의 준수를 의미한다.

또한 자율성은 사람들이 타인과 관계되어 있고, 철저하게 사회적인 도덕적 의사결정을 어떻게 내리는가와 특히 관련된다. 자율성에 대한 이해는 의식 수준 혹은 도덕적 내면화 정도로 격하될 수 없으며, 사회적인 도덕적 의사결정의 측면을 포함한다는 것이다. 다시 말해 각자가 자유롭고 개성적이고 자립적으로 되면 될수록 사회적으로 되고 그 역도 가능해진다는 것이다. 이 점이 현재의 원자적, 이기적 개인 주체 혹은 전체주의적인 폐쇄적 공동체에 예속된 개인들이 거듭날 수 있는 전망을 열어준다.

자율성은 본래적 자유radical freedom의 표현이다. 자율성은 자신이 사회적·직업적 삶과는 아무런 관계가 없음이 분명하다. 고정희의 시 「여자가 뭉치면 새 세상 된다네」는 본래적 자유의 탄생과 더불어 그것이 살 만한 사회를 구성해가는 과정을 잘 표현하고 있다.

남자가 모여서 지배를 낳고
지배가 모여서 전쟁을 낳고 전쟁이 모여서 억압세상 낳았지

여자가 뭉치면 무엇이 되나?
여자가 뭉치면 사랑을 낳는다네

모든 여자는 생명을 낳네
모든 생명은 자유를 낳네
모든 자유는 해방을 낳네
모든 해방은 평화를 낳네

모든 평화는 살림을 낳네
모든 살림은 평등을 낳네
모든 평등은 행복을 낳는다네

여자가 뭉치면 무엇이 되나?
여자가 뭉치면 새 세상 된다네

이 시는 여성으로서 자신의 진정한 삶에서 우러나는 인격을 엿볼 수 있게 하며 그것에 기반한 삶에 대한 집요한 응시에서 나온 작품이라고 할 수 있다. 생명과 자유 등을 거쳐서 행복에 이르는 과정을 보여줌으로써 자기의 삶을 잘 살려고 하는 사람의 내면으로부터 나오는 도덕적·윤리적 행동 원리의 발생적 전개과정을 잘 보여주고 있다. 특히 '모든 생명은 자유를 낳네'라는 문장을 보면, 누구나 자신의 본래적 자유의 토대를 인식할 수 있다는 것을 알 수 있다. 따라서 인간은 오로지 자유의 이념 아래에서 모든 행위를 시작하여야 한다.

우리가 자신의 상황에 대하여 가지고 있는 자유의 느낌은 대개 주어진 상황 속에서의 선택에 한정된다. 그런데 그 선택을 어떤 연유로 해서 충동에 따라 제멋대로 움직이는 취향으로 생각하거나 혹은 무한정의 자유를 상상하는 경우가 있다. 그러한 선택들은 대개 외부적으로 조건 지어진 욕망의 소산일 경우가 많다. 이에 대하여 진정한 자유는 우리가 그 속에서 선택에 직면하게 되는 상황 자체를 결정할 수 있는 자유이며 다른 쪽으로는 우리의 욕망이 인간성 본연의 필연성을 가지게 할 수 있는 자유를 말하는 것이다. 그래서 자유는 곧 필연성과 하나가 된다.

칸트 윤리학의 핵심은 자유와 도덕법칙의 상호성이다. 따라서 자유롭게 한다는 것은 필연적·도덕적 규범에 따라 산다는 것을 의미하는 것이다. 결국 자유라는 건 도덕적 필연성을 선택하는 자유라고 할 수 있다. 그런 점에서 볼 때, 윤리와 도덕의 근본이 자유의지에 있다는 명제는 윤리학의 공론空論이 아니다. 그리고 더 깊은 의미에서의 윤리와 도덕은 창조적이고 개방적 성격을 갖는다는 철학적인 관찰도 이상론이 아니라 현실론이라고 해야 할 것이다.

칸트는 실천이성을 통해 자유의 근거를 마련하고자 했다. 실천이성은 모든 것을 넘어서 자신의 한계를 확장하며, 즉 이성의 사용을 확장하며, 필요시에는 이론이성을 자기 내부에 포함하려고 한다. 칸트의 실천이성이 함의하는 바는 우리들에게 자신의 삶을 지휘하고, 혼자 힘으로 그러한 인격을 수양하는 능력이 결국 인간의 가능성에 이미 내재해 있다는 인식을 심어준다. 자유가 전제되어야 도덕 법칙이 가능해지며, 도덕 법칙이 수립되는 것을 통해서 우리는 자신이 자유로운 존재라는 사실을 깨닫는다.

법칙에 대한 복종은 개인으로 하여금 자유에 대한 의식 속에서 자신에 대한 존중을 느끼게 하는 긍정적 가치를 지닌다. 이처럼 자유를 지닌 인간은 경험적인 영역으로부터 독립하여 도덕 법칙을 수립하고 도덕 행위를 가능하게 하므로 '초월적'인 지위를 지닌다. 그것의 기초가 잘 다져져 있을 때 자신에 대한 존중은 최상이 되고, 심지어 비열하고 타락한 충동에 빠지지 않도록 마음을 지켜주는 유일한 파수꾼이 된다. 자유의 대가는 쉬지 않는 경계라고 할 수 있다.

문제는 도덕이 생존의 절실함과 관계하여 필연성의 성격을 갖는 것인가 하는 점에 달려 있다. 그러한 필연성으로 확인되는 도덕은 인간에게 괴로운 제약이면서도 또 자기실현의 지표이다. 도덕은 제한과 애씀을 의미한다. 그것은 대체로 기율, 제어, 강압, 강제의 성격을 가지기 쉽다. 말을 물가로 억지로 끌고 갈 수는 있다. 하지만 말에게 억지로 물을 먹이려면 말은 저항한다. 그렇기 때문에 도덕의 필연성은 사람의 마음에 내면화됨으로써만 참다운 규범으로 작용한다.

그것은 자발적인 동의를 조건으로 한다. 외적인 강제를 동반하지 않으면서도 동의를 자발적으로 이끌어내기 위해서는 행위의 근거에 대해 정당성을 충족시켜주어야만 한다. 그럼으로써 도덕은 억압적이기를 그친다. 동의는 직각적인 것일 수도 있고 일정한 교육이나 자기 형성적 과정을 통하여 주어질 수도 있다. 동의의 의미는 어디까지나 자유의 조건하에서만 진정한 윤리가 된다.

도덕은 자유와 필연의 모순의 종합으로서 성립하는 인간 행동의 양식이다. 이 종합은 동의와 설득을 통하여 이루어진다. 그런데 어떤 경우이든 도덕적 동의 과정이 직각적인 것이 아니기 쉽기 때문에 거기에는 늘 조작의 가능성이 들어간다. 그것은 극단적인 경우는 여러 가지 견디기 어려운 조건하에서의 세뇌로부터 선전에 이르는 조작일 수 있다. 우리 역사가 겪어온 온갖 시련은 우리 사회의 집단윤리를 강화했다. 동시에 그것은 경직된 이데올로기가 되고, 급기야 파당적 이해 갈등의 수단으로서의 의미만을 가지게 되었다. 우리에게는 윤리의 새로운 출발이 필요하다.

먼저 자율적 존재가 된 다음 결정을 내리는 사람은 없다. 자율성은 다양하면서도 수많은 결정을 포함한 어떤 과정의 결과이다. 그렇기 때문에 도덕적 선택은 철저하게 자율과 자유에 기초할 수밖에 없다. 물론 개인적 자유와 집단적 의무 사이에는 아무리 근접하더라도 건너뛸 수 없는 심연이 놓여 있다. 그러나 이 심연을 암묵적으로 받아들이면서 최대의 이성적 숙고를 요구할 수밖에 없다. 이것은 이성이 그 자체로 도덕적 의미를 갖는다는 것을 말한다.

자유에 이르는 첫 발자국은 주어진 대로의 삶이 이미 이루어진 상황의 제약 속에 있음을 깨닫는 일이다. 이 제약의 각성을 통한 자유에의 길은 개인에 따라서 또 그의 계층적 위치에 따라서 다르고, 길기도 하고 가깝기도 할 것이다. 모든 것은 삶의 자연스러운 흐름을 따라서 삶 그 자체로 돌아갈 수 있어야 한다. 인간의 도덕적 이상의 하나가 삶의 자연 본래의 상태를 회복하는 것이다. 그럼에도 개인의 숙달된 수행의 자유는 삶의 가장 높은 표현의 하나이다. 그러나 이것은 한달음에 이루어지지 않는다.

진실과 정치

오늘의 세계에서 사람의 행동은 다른 어떤 것보다도 사회관계의 틀을 통하여 그 의미를 얻는다. 전체주의 체제는 세계를 자신의 의도대로 재편할 수 있는 힘을 얻으려고 가장 먼저 기존의 사회적 관계를 해체한다. 나치즘은 사회를 동일자와 타자로 나누는 극단적인 배타주의로 기존의 사회적 관계를 해체했다. 스탈린주의는 무엇이 올바르고 올바르지 않은지, 무엇이 합법적이고 합법적이지 않은지, 그 정의와 기준을 상황에 따라 바꿔버려서 기존의 사회적 질서를 해체했다. 윤리에 대한 이런 자의적 기준은 무엇보다 사회적 질서의 근간이 되는 구성원 사이의 신뢰를 파괴한다.

시장이 모든 것인 신자유주의는 시장에 순응하지 않는 모든 관계를 파괴한다. 가족이나 우정 같은 자연발생적인 관계라 할지라도 예외가 아니다. 무한 경쟁에서 이윤 창출의 도구로 기능하지 못하는 관계들은 도외시되며 승자독식만을 내세운다. "그래서 어쩔 거냐, 자본주의는 미친 소와 같다. 그래서 올라탈 거냐, 아니면 짓밟힐 거냐." 우리가 살고 있는 세계가 반사회적이고 반인간적인 흐름에 휩쓸려 가기를 바라지 않는다면 무엇보다 상호 신뢰에 바탕을 두고 자율적으로 형성된 사회적 관계가 파괴되는 과정에 유의해야 한다.

도덕적·윤리적 판단의 테두리는 사람의 행동의 의미뿐만 아니라 그것을 인지하는 준거가 된다. 여기에서 사실적 진리는 어떠한 역할을 하는가? 우리가 '어떻게 사느냐', '어떻게 행동하느냐', '어떻게 존재하느냐'라는 사실적 관계를 고려하는 경우, 진리는 사람이 살아가는 데에 행동과 삶의 방식의 선택에 있어서 기준을 제공한다.

사람 사는 것이 지속적인 사건적 성격을 갖는다고 할 수 있다. 그래서 우리가 진리에 대해서 언급하는 경우, 그것은 '우리에게 주어진 실천적 한계 안에서 내가 발견하는 사건'으로 진리를 말하는 것이다. 이런 진리는 자기를 매개로 진리를 알게 되는 것인데, 이것은 다른 사람에게 일어나는 것과 차이가 있으면서도 동시에 공통된 것이라고 할 수 있다.

진리에 가까이 가려고 노력하는 것이 우리의 지적·전인적 노력의 목표라고 할 수 있다. 진리는 나의 노력을 매개로 이루어진다는 사실, 그러나 마치 내가 직접적으로 진리와 일치할 수 있는 것처럼 생각하면, 그것은 독단론이 되고 근본주의가 되고 만다. 어느 경우에든지, 지나치게 좁은 진리의 개념, 그것의 자기 주장적 의미와의 결합, 권력의지와의 일치는 문제를 일으킨다.

그것은 사회적으로 갈등의 근본이 될 뿐만 아니라, 집단적으로나 개인적으로나 삶의 가능성을 좁히는 결과를 가져오게 된다. 집단의 이름으로 주장되는 진리는 타자에 대한 폭력적 관계를 정당화할 뿐만 아니라 진리는 집단의 이름을 만들어내고 그 집단의 이름은 도덕과 윤리의 원천이 되어버리기도 한다.

어떤 규범에서 시작하는 것이든 윤리적·도덕적 판단에 있어서도 진리가 삶의 모든 것에 적합한 것이라야 한다면 행동의 사실적 확인이 필요하다. 사람의 삶에 대하여 사실이란 것은 한계와 제약이 되는 삶의 조건이다. 또 개별 사실에 대한 것이 아니라도 윤리적·도덕적 규범의 정당성은 삶의 전체적 상황—형이상학적·사회적·시대적 상황의 사실적 판단에서 온다.

사실 존중과 사실의 인과 그리고 동기 관계의 이해에는 이성의 분석이 필요하다. 거기에는 냉정함이나 자기 기율이 있어야 한다. 이것은 이성 그 자체로 도덕적 의미를 갖는다는 것을 말한다. 또는 이성은 도덕 안에 보이지 않게 움직이는 원리가 된다. 이것은 개인의 자율성이 모든 도덕의 기초라는 칸트적인 명제를 확인하는 것이기도 하다.

도덕의 문제를 참으로 복잡하게 만드는 것이 정치이다. 정치란 개인들 간의 관계를 조절하는 권력 현상에 기초한 것으로 이때 권력은 강제력을 의미하기도 한다. 그런데 그 관계가 공정하여 개인들 누구에게도 피해가 돌아가지 않도록 조절하는 역할을 맡는 것이 정치이다. 막스 베버Max Weber의 전통에 의하면, 권력의 토대는 궁극적으로 물리적 폭력 사용을 정당화하는 데 있다고 한다. 루만Niklas Luhmann은 정치의 기능에 대해서 집합적으로 구속적인 의사 결정을 산출하는 데 있다고 말했다.

도덕의 강제적 성격이 의사결정의 구속력을 높이기 위해 정치권력의 수단으로 이용될 수 있다. 그 결과 정치의 강제력은 신체를 억압하고, 도덕의 강제성은 그에 짝하여 정신을 억압한다. 이러한 상황에서 도덕은 스스로의 위엄과 권위를 상실하기 마련이다.

방식에는 차이가 있지만, 나치즘과 스탈린주의는 모두 사람들 사이에서 자율적으로 형성된 사회적 관계를 파괴해 권력을 획득했다는 공통점을 지닌다. 기존의 사회적 맥락을 깨트린 뒤에는 그 조각들을 다른 방식으로 조합해 사회적 관계를 전체주의 권력의 통치 도구로 만들어버렸다.

어떤 경우에나 정치는 도덕을 단순히 권력 행사를 위한 명분으로 사용하기 쉽다.

도덕은 쉽게 정치적 강제력과 결합하고 적어도 권위주의적 체제를 생산해낸다. 도덕을 적극적인 정치 기획으로 삼는 혁명정치에서도 마찬가지이다. 그러한 기획은 도덕과 윤리의 전부를 정의로서 단순화한다. 그뿐만 아니라 내일의 정의로운 질서를 위하여 오늘의 희생을 요구하는 것을 서슴지 않는다. 결국 도덕이나 정의가 권력 의지에 봉사하는 것으로 드러난다.

우리는 사회적 존재로서 사회 전체의 관점에서의 정의와 개인의 구체적인 사정과의 모순관계를 피하는 것이 그리 간단치 않다는 것을 이미 잘 알고 있다. 특히 사회적 기획으로서의 정의가 전면화될수록 이 모순의 정도는 확대된다. 사회정의의 실험으로서의 유토피아적 기획이 부분적으로 일어나는 폭력과 고통을 정당화하여 오히려 반유토피아적 결과를 초래할 수 있다는 것이 역사적 사건으로 검증된 바 있다.

진정한 도덕과 정치는 진정한 내적 동의의 경로를 등한시하지 않는 정치이다. 이 점에서, 쉽게 모방할 수 있는 일은 아니겠지만, 간디의 정치적 행동은 시사해주는 바가 있다. 간디는 파업이나 시위 등의 정치적 행동에 있어서 참여자의 내적 각성을 지극히 중요시하였다. 그의 비폭력주의는 단순히 물리적 폭력의 사용을 억제하는 것을 의미하는 것이 아니라, 정치의 드라마에 참여하는 모든 사람의 인격에 강압을 사용하지 않는 것을 의미한다. 여기에서 인격이란 사람이 진리로 열릴 수 있는 가능성이다.

인도의 전통적 사고에서 진리는 추상적인 것이 아니라 현실 속에 움직이는 것이라고 한다. 이 진실은 전통적인 종교와 문화 속에 설명되어 있는 것이라 하겠으나, 그것은 개인의 의식과 행동에 밀착되어 존재하여야 현실이 된다. 간디의 비폭력은 물리적 강제력을 피할 수 없는 경우에도 이 진리의 가능성을 존중하는 것을 말한다. 그는 이 진리를 삶의 모든 부분과 단계에서 현실이 되게 하고자 하였던 것이다.

이것을 도덕의 문제로 바라보게 하는 것은 진리를 말하여야 한다는 도덕적 요구에 의하여 진리가 존재하기 때문이다. 다시 말해 진리를 말할 수 있다는 것은 참과 거짓에 대한 명확한 판단을 믿고 따르는 도덕적 자질을 지니고 있음으로 해서 가능한 것이다. 푸코의 말을 빌리자면, "누군가가 어떤 도덕적 자질을 소유하고 있다고 할 때, 그러면 그것은 그가 진리를 가지고 있다는 증거다. 그리고 반대의 경우도 성립한다." 푸코에게 이러한 도덕적 자질에 필요한 것은 진리를 알고 그리고 그 진리를 타인에게 전달하는 데 요구되는 것이다.

또한 진리를 전달하는 사람은 진리를 알고 있어야 함과 동시에 그 진리와 자신이 어떤 관계를 형성하고 있어야 한다는 것을 의미한다. 다시 말해서 진리를 말하는 사람은 어떤 진리를 갖고 그 진리를 자신의 삶 속에서 표현해주어야 한다는 말이다. 진리를 향한 단심이 어디에서 오는 것인가 하는 것은 보다 존재론적으로 설명되어야 할 부분이 있다. 하지만 진리의 확신으로 나아가려면 체험의 현실에 밀접하게 연결되어 있는 발견의 가설과, 그것을 초월하여 있는 형이상학적 계기를 동시에 유지할 수 있어야 한다.

정치의 바탕에도 진실은 존재하여야 한다. 우리나라의 IMF 위기는 중앙은행의 통계를 믿을 수 없는 나라가 겪을 수밖에 없는 일이라고 한다. 사실의 조작과 그로 인한 현실 인식의 허구화가 그 중요한 원인인 것이다. 한나 아렌트가 진단한 바에 따르면, 사실적 진리 자체가 은폐되고 조작되는 것이 당연시되는 것이 오늘날의 정치 현실이 되었다고 할 수 있다. 그 결과 현대 정치는 진실도 거짓도 없는 냉소주의에 침윤된 것이다.

사실적 진리를 잃어버리는 것은 현실 세계에서 우리의 선 자리를 가늠하는 데에 필요한 원초적인 감각을 잃어버리는 일이다. 그리하여 사람들은 현재를 모를 뿐만 아니라, 미래를 위한 의미 있는 변화를 가져올 수도 없게 된 것이다. 그러한 정치의 현실 역학 속에서 깊은 내적 동의가 설 자리가 있을까?

정치의 세계와 도덕 그리고 진실의 세계는 별개의 것일 수가 없다. 우리가 명심해야 할 것은 인생의 참의미를 아는 윤리적 인간은 지배욕을 갖지 않는다는 것이다. 상호 신뢰의 바탕을 어느 정도 상정하지 않고는 정치를 포함하여 사회적 행동의 예측 가능성은 사라져버리고 만다.

정치와 사고의 유연성

오늘날의 전체주의가 하필이면 자유의 옷을 걸치고 등장했다는 사실은 의미심장하다. 나치즘과 스탈린주의와는 달리 오늘날의 전체주의는 사회 구성원들의 욕망과 행동을 통제하는 감시자를 필요로 하지 않는다. 오직 하나, 충분한 시장이라는 이름의 제어장치가 있을 뿐이다. 사회의 신자유주의적 재편에 따라 세계의 모습은 급격히 변화했고, 그 세계의 변화한 모습은 고스란히 우리의 내면의 모습으로 이어졌다. 무한한 확대와 무한한 성장을 추구하는 팽창의 문화가 우리 내면에도 세워졌다.

무한 경쟁을 미덕으로 삼는 신자유주의는 경쟁에서 도태되기 싫으면, 경쟁에서 살아남을 수 있는 능력을 갖추라고 명령한다. 이제 우리들의 능력은 더 올라가야 하고, 더 발전해야 하고, 더 멀리 가야만 하고, 평생을 두고 배워야 한다. 그 맹목적인 믿음을 지탱하는 것은 미친 소처럼 질주하는 자본의 몸체에서 떨어지지 않으려는 사람들의 내면에 들어앉은 무의식적 욕망 이외에 다른 것이 아니다.

이러한 상황에서 '진실한 삶'이란 무엇인가? 그런데 진실을 소유한다는 사실은 어떤 도덕적인 장점을 소유한다는 것으로 보장된다. 즉, 사람들이 부도덕하다고 하는 사람은 진실을 알 수 없다. 푸코에 따르면, 그리스인들에게 진실에의 접근은 진실한 주체로서 도덕적으로 평가받을 만한 주체의 변화를 요구했다고 한다. 그리스 철학에서는 진실과의 관계는 즉각적으로 도덕적이다. 도덕적인 장점을 소유한다는 사실이 그가 진실에 접근해 있다는 증거를 반영한다고 보았기 때문이다. 그 역도 마찬가지라고 할 수 있다.

진실 안에서 산다는 것은 거창한 이데올로기 체제 속에 사는 것이 아니라 구체적인 삶의 필요와 진실 속에서 사는 것을 말한다. 소위 이데올로기는 우리가 그것을 비판하기 위하여 필요한 어떤 거리를 허용하지 않는 일종의 선입견이다. 그것은 우리의 내면을 형성하면서 동시에 외면의 자명성 및 자명성을 형성하는 원리이다. 그렇기 때문에 선입견 혹은 이데올로기적 오류는 단순히 비판될 수 있는 성질의 것이 아니다.

이것은 정신의 내면적 체질이 변할 수 있을 때에나 기대할 수 있다. 좀 더 일반적으로 말하면, 삶의 진정한 목적에 따라 사는 것, 자신의 지적이고 정신적인 관심에 따라 사는 것, 또는 단순히 가장 초보적인 실존적 요구, 즉 위엄을 잃지 않고 자신의 삶을 살고 싶다는 생각을 실천하는 것이다. 그것은 푸코에 따르면 자기 배려의 원칙에 따라 윤리를 실천하는 것이다. 자신에 대한 고민은 자기 자신과의 대화를 통해서 주체가 진실과 맺을 수 있는 밀접하고 개인적인 관계로 그것을 파악하는 것이다.

모든 도식적 사고는 현실과 사고를 동시에 단순화한다. 그리고 이것은 아마 우리의 도덕적·정치적 교육에 등장하는 많은 개념의 도구들이 하는 일일 것이다. 생각을 못하게 하는 것은 권력 정치 집단에게는 편리한 일이고 또 대부분의 사람에게는 편하게 사는 일이기도 하다. 개념과 이론은 현실에 의하여 해체되어야 한다. 그러나 이 해체가 이루어지는 것은 결국 우리의 사고 작용에서이다. 그리고 그것들은 사고 작용 속에서 재구성되어야 한다.

그런 점에서 정치는 사고의 질서에 속한다고 할 수 있다. 정치가 사고의 질서에 속한다고 하는 것은 국가 이외의 공간 속에서 정치를 고려하기 위한 것이다. 국가를 전제로 한 정치는 지배의 영역이며 통치술이라고 생각한다. 다스리는 자와 다스림을 받는 자가 나누어지는 근대국가에서 정치는 '정치인'의 것일 수밖에 없다.

오늘의 정치는 사회 전체의 인간적 발전을 위해서 무엇이 필요한가를 생각하는 것보다는 내가 속하는 어떤 파당이 권력을 쟁취하는가에 더 역점을 둔다. 그것은 물론 권력 투쟁으로만 생각되는 것이 아니라 강력한 이데올로기적 신념에 의하여 뒷받침된다. 이것은 보다 삶의 진실에 다가서려는 노력들을 허망한 것이 되게 한다.

계급이나 계급 간의 갈등은 사회 현상의 가장 중요한 국면의 하나임이 틀림없다. 그러나 그것이 특정한 삶의 현상으로 확인되었다고 해서 삶의 진실이 다 밝혀지는 것은 아니다. 시장과 경쟁의 경우에도 그것은 있을 수 있는 삶의 제약 조건이지만 그것도 사회 현상의 한 국면에 불과하다.

적어도 정치는 역사적 현실 안에 혹은 역사가 생성되는 장소에서 개인의 개별적 삶의 보호와 발전을 위한 수단이어야 한다. 그것은 그 역사적 장소 안에서의 지배 관계를 둘러싼 주도권 다툼을 하는 것이 아니다. 역사적 현실 전체를 꼴 짓는 새로운 규칙과 규범을 창조하는 것, 즉 인간의 삶의 요구와 표현을 제도—살아 움직이는 제도—로 구성하는 작업이 정치이다.

지배의 영역으로서의 정치가 아니라 사고로서의 정치야말로 삶의 진실을 추구하는 것이다. 그것은 주어진 현실에서 더 나은 현실로 나아갈 수 있는 실마리를 찾는 노력을 쉬지 않는 일이다. 그럼으로써 누구나 정치적 인간이 될 수 있다는 것이며 자유를 경험하는 것이라고 할 수 있다. 사고로서의 정치는 주체화를 주제화하는 정치이다. 그것은 개개인의 작은 삶의 테두리를 넘어가게 하면서도 다시 삶으로 돌아오게 하는 정치이다.

이것이 민주주의의 근본 원리인 것이다. 사회 속에 사는 인간의 자유는 제도 속의 자유이다. 또한 인간은 사고로서의 정치를 할 때 비로소 자유로울 수 있다. 개별적인 것은 사회적 일반성으로부터 도출된 특수성에 환원되지 않는 개체의 고유한 삶인 것이다. 정치가 개인의 개별적인 삶을 보호하지 않는다면 다른 무엇을 할 수 있을까?

현실의 실재는 매우 복잡하다. 실재의 복잡성은 그 자체로서 이해하는 것이 힘들기 때문에 계급 모델이든 시장 모델이든 이것을 모델로 단순화한다. 모델은 세계 자체가 아니라 단지 그것을 이해하기 위한 통로일 뿐이다. 우리는 모델과 함께 그러나 모델을 거역해서 사고할 준비가 되어 있어야만 한다.

삶의 진실을 추구하는 주체적인 사고는 경제적, 역사적, 사회적 등등의 여러 외적인 장에 종속될 수 없는 고유한 사고의 장을 갖고 있는 것으로 제시된다. 기술과 분석의 언어로 구성된 외적인 장에 대하여 사고로서의 정치는 주체적인 것을 통해서 접근하는 것이다. 인문과학은 주체적인 것 그 자체로부터만 주체적인 것을 사고하는 길을 열어준다.

사고로서의 정치는 주체의 힘을 기르는 것이다. 진실한 삶을 살기 위해 현실을 재구성하려는 정치적 사고를 하려면 주체적인 것, 즉 인간의 존재 영역을 이해해야 한다. 그래야만 내적으로는 여러 형태의 주체들—

이성과 감성, 의식과 무의식적 욕망과 충동 등의 사이에서 그리고 외적으로는 타자들 사이에서 균형을 잡고, 공생할 수 있는 주체화의 경로를 모색할 수 있다.

인간을 이해하는 데에 있어서, 제각기 서로 다른 원리가 작용하는 세가지 영역이 있다고 할 수 있다. 하나는 성찰적 영역이다. 성찰의 영역은 정의에 관한 사회 규범의 영역이다. 우리에게 도덕성 가운데 가장 중요한것은 정의이다. 정의는 분노의 느낌에 밀접하게 연결되어 있다. 분노로서의 정의는 일반적으로 인간의 존엄성이 침해될 때—나의 신분과 지위에맞는 물질적 향유와 사회적 위세가 충분하지 않다는 것을 말하는 것일수도 있다.

이것은 다른 사람에게 보여주고 인정받는 것을 내 존재의 의미로 생각하는 사회에서 특히 그러하다. 분노의 정의가 움직이는 경우, 도덕성은이것을 위한 투쟁의 수단이 되고 또 과시와 인정의 요건이 되어버린다.이런 경우 도덕성의 목소리는 다른 사람을 꾸짖는 소리일 수는 있지만,자신의 행동을 기율하는 것이 아니게 된다. 정의는 사회관계를 질서 짓는 것이고 사회적으로 합의되어야 하는 대상이다. 우리는 타인들과의 상호작용을 통해 나와 타인을 함께 묶어줄 수 있는 공통 규범을 창조하면서 살지 않을 수 없다. 정의는 공통된 원칙들을 요구한다.

그다음에는 감정이입과 상상력에 의한 공감을 요구하는 보다 구체적인 영역이다. 구체적 상황에는 추상적이고 일반적인 공식으로 포용할 수없는 것이 있다. 극단적인 예는 사람과 사람 사이에 존재하는 사랑과 같은 감정이 만들어내는 상황이다. 그리고 마지막으로 예외적인 경우가 아니면 다른 사람에 의하여 이해될 수 없는 개인의 실존적 영역이 있다.

이 세 가지 영역은 사회와 개인, 어느 쪽에 중점이 놓이느냐에 따라구분된다. 그리고 거기에 작용하는 인간 능력을 생각할 때 사회에 가까울수록 이성이 중요하고 개인에 가까울수록 감성적인 요소가 중요하다. 성찰적 영역은 비록 구체적인 사건에 의하여 자주 시정되어야 하는 것이기는 하나, 일반적 행동 원리와 숙고가 작용하는 영역이다. 그러나 성찰적 균형에 대하여 지각적 균형을 내세우는 것을 보면 체험과 상황에 대한 지각적 이해가 사회적 의미를 갖는다는 것을 알 수 있다.

현실 사회 안에서 갈등하는 힘들의 일정한 균형은 참다운 균형이라기보다는 만인의 전쟁을 피하기 위한 대치 상태 또는 휴전 상태라고 할 수 있다. 여기에 대체되는 유일한 대안은 정의와 공정성을 이끌어내는 성찰적 영역이다. 성찰적 영역에서는 경험의 직관에서 출발하여 그 판단의 규범 원리를 발견하고 그것을 다시 구체적인 사례와의 교환 속에서 수정하고 또 다른 이론적 가능성과 대비·검토·숙고하는 마음의 상태, 즉 성찰적 균형이 필요하다.

성찰적 균형이란 존 롤스가 바른 도덕적·윤리적 결정에 이르기 위하여 필요한 생각의 절차를 이름 지어 부른 것을 빌려온 것이다. 이것은 모든, 정의롭고 윤리적이고 이성적인 결정의 방법론의 역할을 한다. 이것은 일반화될 수 있다. 상황의 설정과 판단과 원리 사이를 왕래하면서 원리와 우리의 판단이 균형을 이루는 상태에 이르게 될 수가 있다.

성찰적 균형이라는 말 자체가 지적 판단에 역점을 두는 용어이다. 롤스가 말하는 것은 어디까지나 합리적 차원에서의 숙고를 말하는 것이지만, 필요한 것은 보다 더 구체적인 차원—섬세한 지각의 차원에까지 내려가서 생각하는 것이다. 보다 구체적인 상황에 밀착하기 위해서는, 미국의 윤리학자 마사 너스바움Martha Nussbaum의 표현을 빌리자면, "느낌의 균형"이라는 것을 추가할 필요가 있다.

정서는 신체적으로 촉발하는 생물학적 현상이기에 몸이라는 무대 위에서 연기한다면 느낌은 생물학적으로 설명할 수 없는 마음의 운동과 연관된다. 느낌은 신체 내외부의 물리적 과정과 정신적 과정 사이에 벌어져 있는 간극을 매개하고 조절하는 독특한 위상을 갖는다. 사유에 대항하는 느낌이 아니라 느껴진 사유와 사유로서의 느낌에 관한 것으로 일종의 현재적인 실천적 의식에 대해 말하고 있는 것이다. 그래서 느낌의 균형은 "구체적인 느낌에서 '수미일관 조화되고'―그렇다는 것은 그 앞뒤가 맞고 또 행동자의 원칙에 일치하고, 새로운 요인에 대응하여 스스로를 재구성할 용의가 있는 균형"을 말한다.

상황적 구체성에 개입하기 위해서는 구체적 느낌의 균형이 필요하다. 문학에서 중요한 것이 지각이고 그것을 통하여 드러나는 구체적이고 개별적인 상황이라고 하더라도, 그것은 어디까지나 균형 속의 지각이다. 문학은 지각과 사유가 부딪치는 공간이다. 문학의 언어 그리고 예술의 언어는 지각의 형성 작용의 연장선상에서 이루어지고 또 이 형성에 거꾸로 영향을 미친다.

실존의 균형

현대사회는 인위적으로 만들어진 여러 종류의 제도적 규칙들과 다양한 사회조직들을 통해서 구성원들의 행동양식을 통제한다. 사회의 구성원리로부터 각인된 우리들은 자신이 모순 없는 합리적인 상태를 추구한다고 생각한다. 이러한 생각이 오늘날 당연한 듯이 받아들여지고 있지만, 곰곰이 따져보면 그리 간단치가 않다.

현실에 대응하는 사고는 모든 직관과 원칙과 경험 그리고 대안을 고르게 검토하고 생각할 수 있는 반성적 사고의 균형을 유지해야 한다. 또 상황적 구체성에 개입하기 위하여서는 구체적 느낌의 지각적 균형이 필요하다는 것도 이미 앞에서 언급했다. 이러한 마음의 상태는 주관 또는 주체가 보편적이고 현실적인 훈련을 받고 나서야 비로소 얻어지는 결과물이다. 물론 보편성으로 훈련된 정신이라고 해도 우리의 개인적 또는 집단적 실천의 기획에 대한 정당성이나 현실성을 보장해주는 것은 아니다. 여러 대안은 동시대적 공간 안에서의 여러 사람의 실존적 위치를 나타낸다. 그런 만큼 현실 역학의 복잡성 속에서 개체적 실존의 종합으로서의 보편성이 실현되는 것은 어려운 일이다. 그러나 모든 대안에 대한 고려가 이율배반과 아포리아에 이른다고 할지라도 모든 행동이 정지될 수는 없는 노릇이다.

한편 사람들은 다양한 상황마다 다양하게 행동한다. 직장에서 요구하는 모습, 운동을 할 때 요구되는 모습, 가정에서 요구되는 모습, 친구들과 함께 있을 때 요구되는 모습이 다 다르다는 것을 알고 있다. 사회학자 어빙 고프만Erving Goffman의 연구는 현대인들의 인식체계와 행동양식이 주어진 상황과 역할에 따라 얼마나 판이하게 달라질 수 있는지를 잘 보여준다. 판이하게 달라질 수 있을 뿐 아니라, 심지어는 도저히 동일인의 것으로는 여겨지지 않을 정도로 상반된 인식과 행동을 보이기도 한다.

상이한 인식체계와 행동양식으로 뒤엉켜 있는 인간의 현실은 고른 결의 연속성이 아니라 너무나 많은 비극적 균열로 특징지어지기도 한다. 그러한 균열의 딜레마에서 할 수 있는 일은 개인의 관점에서 보면 실존적 결단일 수밖에 없다. 개인은 자신의 삶을 가볍게 생각할 수 없는 존재이다. 개인적 실존은 윤리나 관습 이전에 인간 생존의 사실적 조건이다.

그것은 개인의 삶에 있어서 생존의 실존적 기초 또는 부정할 수 없는 사실성으로서 확인된다. 부정할 수 없는 실존의 사실성의 인정이 칸트의 윤리적 명제—"모든 개인은 그 자체가 목적인 것으로 대접하여야 한다" 속에 기본으로 들어 있는 것은 틀림이 없다. 상상력이나 감정이나 사유로써 포착할 수 없는 철저하게 개체적인 인간의 실존적 고독에 대한 인식은 사회적 존재로서의 인간을 이해하는 데에도 중요한 것이다.

가장 중요한 것은 이 실존을 성찰의 대상이 되게 하는 것이다. 결국 윤리적 선택은 자신의 삶을 심각하게 받아들이는 개인에게 맡겨질 수밖에 없다. 자폐적 윤리관은 자기정당성의 구실이 될 뿐이지 결코 삶의 전체를 보지 못한다. 자존의 느낌이 이끄는 진실이 오히려 바른 행동의 바탕이 된다. 바른 윤리적 선택은 개인의 실존적 결단에 의지한다.

개인이 없이는 윤리의 진실은 있을 수 없다. 윤리는 개인의 삶에서의 선택으로서만 높은 정신적 의의를 갖는다. 윤리의 기초가 쉽게 공식화될 수 없는 시대에, 이러한 치밀한 사고의 균형 상태에서만이 희망과 절망, 평안함과 불안, 용기와 공포, 긴장과 무기력, 흥미와 지루함이라는 다양한 감정과 욕망들 간의 조정과 균형 잡기를 할 수 있다. 그래야만 조화와 일치, 부조화와 불일치, 대립과 갈등 등의 복잡한 흐름 속에서 의미 있는 도덕적·윤리적 그리고 정치적 행동의 장으로서의 현실의 재구성은 가능하다.

행동하는 개인의 관점에서 보더라도 실존적으로 결단할 수밖에 없다고 본다. 이럴 때에 사람들이 호소하고자 하는 것의 하나가 양심의 명령이다. 자기 행위를 의식적으로 검증하며 산다는 것은 양심의 작용이 인간 안에 내재화되어 있다는 것이다. 그것은 깊은 사고와 성찰을 포함한다. 이 점에서 어느 누구도 양심의 작동을 피해갈 수는 없다. 양심은 우리로 하여금 우리를 다른 인간으로 만드는 데 기여한다.

에릭슨은 간디에 대해서 언급하기를, 그를 '현실actuality' 속에 산 사람으로 규정한다. 현실에 산다는 것은 "주어진 순간에 통일된 행동의 가능성"을 실현하는 것을 말한다. 그것은 자신의 주어진 조건을 완전히 받아들이면서 자신이 본 진실을 세계 속에 실현하기 위하여 정열과 헌신으로 행동하는 것을 말한다. 이러한 순간의 선택은 양심적 진실의 순간이면서 그 나름의 보편성을 가진 것이고, 그것은 실존적 균형을 나타내는 순간이다.

정치와 역사의 선택의 복잡성과 다양성 속에서 이러한 양심의 선택은 현실성에 관계없는 대로 정치적 행동의 한 전범일 수 있다. 반성적 균형, 구체적 느낌의 균형이 끝난 곳에 실존적 균형이 있고, 사실 이것은 역사의 불확실성 속에서 유일한 확실성일 수 있는 것이다. 그러나 삶의 현실 속에서 주어진 삶의 협소함을 넘어 사고와 느낌 그리고 실존적 균형을 얻는 일은 쉬운 것일 수는 없다.

전체로서의 삶의 격

존재의 전체적 가능성

인도 게르만 어에서는 "존재하다"라는 말이 "실존하다", "실재 안에 나타나다"라는 뜻을 품고 있다고 한다. 그것은 '있는 사람(who is)'과 '있는 사물(what is)'의 실존과 실재를 표현하며, 그것(그 또는 그녀)의 실체성과 진실성을 입증해준다. 누가 또는 무엇이 있다고 말할 때, 우리는 그 또는 그것의 본질에 대해서 말하는 것이지, 그 또는 그것의 겉모양에 대해서 말하는 것은 아니다.

'존재하는 것'은 다양한 의미의 '존재'―예를 들어 내적 본질이나 공통의 근거 등으로 자신을 드러낼 수 있다. 존재는 존재자를 규정하거나 이해하기 위한 지평이다. 지평은 어떤 것이 자신을 내보이거나 드러낼 수 있는 '열린 공간'이다. 우리는 어떤 사태가 벌어졌을 때, "일났다, 일났어"라는 표현을 쓴다. 그리고 누군가가 "무슨 일이야"라고 물었을 때, "수학여행 가는 학생들이 탄 배가 침몰하고 있어"라고 대답한다. 이 대화에서 바로 "일났다, 일났어"라는 말은 사태의 본질이 드러나는 존재(있음)에 해당하고 배의 침몰을 알리는 대화 내용이 존재자, 즉 존재하는 것(있는 것)이라고 할 수 있다.

'존재'는 그 안에서 존재자가 언제나 이미 이해되어 있는 지평이다. 우리가 바닷가에 서서 '수평선이 있다(존재자)'라고 말할 때 그것은 '끊임없이 눈앞에 펼쳐지고 있다(존재)'는 자연스러운 시야가 전제되어 있는 것이다. 수평선은 우리 앞에 나타나는 배와 섬 그리고 푸르고 너른 바다 등의 존재자를 비로소 하나의 큰 테두리로 묶어준다. 즉, 존재와 존재자는 서로 다른 것이다.

인간이 공간에서 사물과 마주칠 때는 지평을 전제로 한다. 전기가 켜 있는 방에 들어갔을 때 우리는 전기의 존재를 별로 의식하지 않고 방 안의 물건들을 볼 수 있다. 그러나 방 안의 물건을 가시적인 풍경으로 만들고 보는 것은 전기조명이다. 김춘수의 시 「어둠」이란 작품은 촛불에 비유하여 지평의 이미지를 잘 표현하고 있다.

촛불을 켜면 면경의 유리알, 의롱의 나전, 어린 것들의 눈망울과 입 언저리, 이런 것들이 하나씩 살아난다.

차차 촉심이 서고 불이 제자리를 정하게 되면, 불빛은 방 안에 그득히 원을 그리며 윤곽을 선명히 한다. 그러나 아직도 이 윤곽 안에 들어오지 않는 것이 있다. 들여다보면 한바다의 수심과 같다. 고요하다. 너무 고요할 따름이다.

이 시는 촛불이 켜진 환한 방에서 촛불이 켜져 있는 의미의 세계, 즉 지평이 열린다는 점을 잘 부각하고 있다. 지평이 열리면, 하이데거식으로 말해, 존재와 존재자 사이의 차이를 의식할 수 있다. 촛불이 열어놓은 밝음의 공간이 '존재'라면 그 공간 속에서 드러나는 것들 하나하나는—명경의 유리알, 의롱의 나전, 어린 것들의 눈망울과 입언저리 등은 '존재자'를 상징한다. 지평이 펼쳐진다는 것은, 한편으로는 존재자의 전체로서 존재는 존재자를 밝혀주면서, 또 다른 한편으로는 존재와 존재자는 서로를 '품어주는' 관계에 있다는 것이다.

지평으로서의 존재는 그 지평으로 인해 이해되는 개별 존재자와는 다르다. 이렇게 존재는 존재자가 아니고 존재자는 존재가 아니다. 그 둘은 의미론적으로 같지 않다. 이런 다름을 하이데거는 존재론적 차이라고 개념화한다. 어쨌거나 우리는 일상생활 속에서 다양한 종류의 존재자와 관계 맺으면서 이미 이러한 존재론적 차이를 이해하며 그 안에서 생활하고 있다. 우리는 존재론적 차이 속에서 살고 있는 것이다.

또 다른 경험이지만 넓게 펼쳐진 평지를 훑으면 지평선이 형성된다. 혹은 여행을 하면 말 그대로 지평이 넓어진다. 지평은 삶을 일정한 형태로 통합하도록 삶을 테두리 지어주는 한계이며, 또한 한계 내에서 일어나는 일체의 것을 규정하고 분명히 드러낸다. 삶의 주체적 펼침은 자기 삶의 영역을 널리 살펴보게 됨에 따라 그것의 가장자리에서 멀리 펼쳐지는 지평을 의식하게 된다.

세 살 때부터 눈이 보이지 않았지만 마흔네 살에 수술을 받고 시력을 회복한 사람의 경험담이 있다. 나중에 새로운 시각으로 밤하늘을 바라보고 진정으로 별을 별이라고 깨닫기 전까지는 그는 그것을 '모두 하얀 점들이라고, 아주 많은 흰 점들이라고' 생각했다고 한다. 그것은 그의 지각 능력이 언어활동과 더불어 정상적으로 발달되고 나서야 존재론적 차이를 이해할 수 있게 된 것이다. 게슈탈트 심리학의 사물figure과 배경background의 관계를 참고한다면, 제대로 발달된 인간의 모든 지각에는 이것이 작용하고 있다.

W. E. 힐의 '내 아내와 장모'에서처럼 그림은 아무런 변화가 없지만, 처음에는 매력적인 젊은 여자가 보이다가 다시 보면 늙은 노파가 보인다. 선과 점들이 동일하지만 그림은 완전히 다르게 보이는 경우가 있는데 이를 '게슈탈트 플립gestalt flip'이라고 한다. 존재는 존재자와는 달리 눈에 보

이지도 귀에 들리지도 손으로 만져지지도 않는 것이다. 그럼에도 우리는 '존재'라는 낱말을 자명하게 사용한다. 이러한 존재에 관한 탐구를 '존재론'이라고 한다.

일상적 삶이란 것도 그때그때의 일에 사로잡혀 있는 삶이지만, 그것도 보다 넓고 깊은 삶의 전체 구조 속에 있는 것으로 인식될 수 있는 것이다. 인간은 생물학적·사회적 존재이면서 동시에 존재론적 관점에서 보면 철학적·형이상학적 존재라는 것을 인정하지 않을 수 없다. 전체를 안다는 것은 모든 것을 안다는 것이다. 전체성에 대한 요구는 현실을 통제할 수 있는 지렛대가 된다. 단편적인 정보들을 종합하여 체계화하는 것은 통제를 위한 심리적 요구를 충족시켜준다. 예컨대 근대적 관료제의 이상은 사전에 배치된 대로 행동이 이루어지고 우연하거나 비가시적인 상황을 통제할 수 있는 능력을 갖는다.

이러한 체계와 전체성은 사람들에게 세상에 대한 '가상현실 모형'을 세우고 삶을 형성해나가는 데에 당연한 원리가 된다. 그 가상현실 모형이 통제력과 예측력을 얻기 위해 세계는 인간의 의도와 목적에 따라서 조성되어야 한다. 세계는 무반응적이지 않고 인간의 의도에 반응해야 한다. 세계가 인간의 욕구와 욕망으로 종속되어야 한다는 것이 근대적 기획 자체이다. 이러한 연유들로 하여, 무비판성은 개인이 자기의 삶의 능력을 기르고 삶을 헤쳐나가는 지적 능력을 기르는 데에 있어 대체적인 특징이 된다.

그런데 전체성은 이미 만들어진 모두로서 거기에 부분의 속성이나 관계와 내용이 채워지는 것이 아니다. 전체는 부분의 상호작용에서 창조되어 그것이 구체화되면서 나타난다. 전체란 언제나 통일과 지속의 원리로서 주체를 요구한다. 이것은 비판적 의식의 발달을 촉발시킨다. 비판적 의식은 보다 열려 있는 자기 고유한 의식의 움직임으로서 우리로 하여금 구체적 전체성을 체험하게 한다. 구체적 전체성은 개체적 의지와 반드시 별개의 것은 아니다. 또 그것은 그를 초월하는 어떤 선험적 원리도 아니다.

구체적 전체성은 개체적 생존의 고유한 역사적 전개를 허용하면서, 그 안에서 일어나는 개체적 역사의 맥락에 늘 삼투하는 고양과 초월의 지평으로서 존재한다. 그리고 그것은 불가피하게 그것들을 일관하고 있는 형상 그리고 법칙을 파악한다는 것을 말한다. 그리하여 그것은 하나가 된다. 이성은 전체성 또는 일관성의 이념이다. 그것은 부분적인 것, 특수한 것을 초월한다. 이 일관성과 전체성은 단순히 사실적 차원에서는 확인될 수 없다고 하여야 한다.

각 개체의 역사성에 기초한 고유한 가능성을 인정하지 않는 전체성이 극히 억압적인 것이 되는 것도 우리가 흔히 보는 일이다. 정치 논쟁에서 어떤 형태로든지 국가와 민족 그리고 사회적 의무의 숭고함이 강조되는 것은 이해할 만한 일이다. 그러나 그 이면에는 개인적 이익이 숨은 동기로 있으면서 개인적 이익의 방패막이가 될 수 있다.

국가나 민족을 거론한다는 것도 누구에게나 가능한 것이 아니고 권력 경쟁을 통해서 획득된 특권적 위치에서나 가능하다. 흔한 예로 생각할 수 있는 것은, 반드시 공공 목적을 위한 것이라고 할 수 없는, 또는 그에 교묘하게 겹치는 토목, 건설 등의 사업이 국가적 명분으로 추진되는 경우이다.

우리는 구체적 전체성을 체험함으로써 주체적으로 세계 창조에 참여하고 있다는 것을 깨우쳐준다. 그것은 인간이 세계 속에 살며 또 다른 인간과 같이 있다는 데에서 일어나는 어떤 주체성이며 개체적 의지도 거기에 의식하기 이전에 이미 참여하고 있고 또 의식적으로 참여할 수 있는 주체성이다.

구극적인 의미에서의 전체는 양적인 총화가 아니라 목적telos이다. 목적이 우리의 상황의 테두리를 정한다. 이 목적은 인간 자체, 인간의 역사적인, 또 나아가 진화적 운명 이외의 다른 아무것도 아니다. 그리고 우리들모두는 바로 이 운명의 일부를 이루는 실천자인 것이다. 물론 이것이 늘성공하는 것은 아니다. 어떤 때 우리의 삶과 역사와 세계에서 구체적 전체성은 감추어지고 만다.

존재론적 체험

이제 개체적 존재인 인간의 존재 양식을 규명할 필요가 있다. 개체적존재는 개인의 개별적, 자립적 내면성을 확립한 존재이다. 개별적 내면성을 가진 존재만이 다른 존재로 환원되지 않는 자기에게 고유한 존재 의의 또는 존재 가치를 가질 수 있기 때문이다. 한 인간의 눈빛이나 표정속에 투영된 다양한 뉘앙스, 걸음걸이, 자세, 어조에서 배어 나오는 삶을향한 사랑, 열광, 관심의 표정, 자기도취와 증오의 표정은 그 누구라도 그려낼 수 없는 것이다. 개인적 내면성을 갖지 못한 존재는 개체로서의 존재 의미를 갖지 못한 것이다.

한편 개체적 존재가 겪는 체험은 개인 내면의 주체적 힘이라고 할 수있다. 그런 체험은 자신의 존재 의미를 담고 있기 때문에 체험의 생동감은 일단 사상과 언어로 옮겨지는 순간 증발해버리고 만다. 고갈되고 죽어버려서 순전한 사상으로 변질된다. 그러니까 존재양식은 언어로는 묘사할 수 없고 오로지 체험을 공유함으로써 전달 가능한 양식이다. 인간의 존재양식에서는 표현 불가능한 살아 있는 경험이 지배한다.

우리는 인간에 대해서는 인간의 존재 방식에 걸맞게 행동하며, 개에 대해서는 개에 걸맞게, 또한 나무에 대해서는 나무에 걸맞게 행동한다. 인간과 개 그리고 나무가 갖고 있는 독자적인 존재 방식을 개념적으로는 파악하지 못하더라도 삶 속에서 이미 온몸으로 이해하고 있는 것이다. 이런 의미에서 인간은 존재 이해 속에서 살고 있다고 할 수 있다.

하이데거에 따르면, 우리 인간만이 존재를 이해하고 있다고 한다. 존재 이해는 주변의 사물이나 생명체 그리고 자신의 삶에 대하여 집중과 조심성을 가지고 행동하게 하는 바탕이 된다. 인간이 이렇게 존재 이해의 장이라는 점을 염두에 두면서 하이데거는 인간에게만 독특한 '있음'을 표현하기 위해 '현존재'라는 용어를 사용한다. 현존재는 인간을 이성적, 감성적, 신적, 영적 등등의 제한적으로 규정하지 않는다. 현존재는 존재의 현 現, 존재의 거기, 존재가 자기 자신을 드러내는 자리로서의 인간이라는 규정하에서 탐구하기 위해 선택된 용어이다.

현 존재(거기 있음)의 이해를 돕기 위한 구체적인 예로 "관심"이라는 말을 참고할 필요가 있다. 헤르더는 "인간의 삶은 관심에 귀속된다"고 말했다. 관심이란 말의 본뜻은 그 어원, 즉 "그 사이에 들어가 있다" 또는 "거기에 있다"라는 의미의 라틴어 'inter-esse'에 내포되어 있다. 인간은 언제나 그의 실존을 통하여 어떤 상황과 관계 속에 이미 얽혀 들어가 있다. 관심이란 세계로서 마주 서 있는 관계망 속에 얽혀 있음을 말한다. 그런 점에서 관심은 심리학적 상태가 아니다.

경청 행위는 우리를 움직이는 정신이요, 우리의 행동을 받치고 있는 근본이다. 경청한다는 것은 이미 특정한 상황에 처하여 어떤 것을 이해하고 있다는 것이다. 능동적 의미를 지녔던 "관심"이라는 말이 중세영어에서는 'to list(귀 기울여 듣다, 형용사로는 listy, 부사로는 listily)'라는 낱말로 표현되었다고 한다. 지금도 'listless'는 무관심한 상태를 의미한다.

지난날 'to list'는 어떤 욕구에 의해서 휘몰림을 당하는 것이 아니라,

자유롭고 능동적인 관심 또는 무엇인가 지향하려는 노력이라는 의미를 내포한다. 그것은 자아의 내부에서, 그리고 자아를 넘쳐서 흐르는 그 무엇으로 칭할 수 있다.

그런 점에서 현존재는 미망을 깨뜨리는 새로운 의문을 제기하여 새로운 관념, 새로운 전망 그 자체로 살아갈 수 있는 삶의 지평으로서의 거기 있음이라 할 수 있다. 하이데거는 인간 존재—거기 있음으로서의 인간 존재의 특성을 사물의 존재적인 것과 대조하여, '존재론적'이라고 정의한다. 하이데거에서 존재적인 것과 존재론적인 것의 차이는 사물의 존재 방식을 이해하는 데 중요한 구분이다. '존재적'이란 사물 하나하나를 떼어서 볼 때 사물이 존재하는 방식이고, '존재론적'인 것은 그것을 큰 테두리 안에서 볼 때 드러나는 존재의 방식을 말한다.

낱낱으로 존재하는 것은 그러한 모든 것의 밑에 있는 존재의 바탕 위에 일어나는 현상인 것이다. 다시 말해 존재론적인 것이란 자신을 전체적 테두리에서 되돌아보고 다시 거두어들이고자 하는 존재라는 것이다. 존재적인 것과 존재론적인 것 사이의 관계가 우리에게 주어진 기본틀이다. 그래서 현존재로서 인간은 존재론적으로 탁월하다.

이러한 존재론적 의식은 인간 삶의 기획의 출발점 또는 거점이 된다. 그것은 인간이 포용하지 않을 수 없는 존재의 불확실성에 대한 불안한 의식이기도 하고 그로 인하여 오히려 요구되는 윤리적 결단의 필요에 대한 의식이다. 비록 형이상학적 불확실성 속에 있지만 존재는 지금 여기에 존재하면서, 존재하는 모든 존재자의 의미를 드러낼 수 있다. 이런 존재 의미의 드러남을 '존재론적 체험'이라 한다. 김준태의 시 「길-밭에 가서 다시 일어서기 1」은 존재론적 체험의 한 사태를 떠올리게 한다.

어디로
가야 길이 보일까
우리가 가야 하는

길이 어디에서 출렁이고 있을까

더러는 사람 속에서 길을 잃고
더러는 사람 속에서 길을 찾다가

사람들이 저마다 달고 다니는 몸이
이윽고 길임을 알고 깜짝깜짝 놀라게 되는 기쁨이여

오 그렇구나 그렇구나
도시 변두리 밭고랑 그 끝에서
눈물 맺혀 반짝이는 눈동자여

흙과 서로의 몸속에서 씨앗을 뿌리는 사람이 바로 길이었다

　이 시는 우리 삶에 강한 영향을 주는 도시 문명에 처해 있던 사람이 자신의 삶의 바탕을 찾아 나선 후 깨달음이 일어나는 존재 사건을 잘 표현하고 있다. 시인은 한때 잊고 있었던 삶의 지평을 되찾는 과정을 '길을 찾는 사람'으로 비유하고 있다. 길을 찾은 인간 현존재는 어떻게든 이미 존재 사건의 한가운데에서 존재를 이해하며 존재자와 관계를 맺으면서, 즉 존재론적 체험을 통해서 자신의 세계를 형성하고 있다.
　존재론적 체험이 일어나는 곳은 '지금-여기'의 삶 전체 그 자체이다.

그 체험은 지금-여기에만 있다. 사랑의 체험, 기쁨의 체험, 어떤 진리를 발견하는 체험은 시간 안에서 벌어지는 것이 아니라 지금 여기에서 일어나는 사건이다. 다시 말하면 초시간적인 것이다. 영원이란 우리가 흔히 잘못 생각하듯이, 무한으로 연장된 시간이 아닌 것이다.

과거, 현재, 미래, 즉 모든 시간개념은 우리의 육체적 실존으로 인한 불가피한 요소이다. 유한한 생존기간, 보살핌을 필요로 하는 육체의 끊임없는 욕구, 스스로를 지탱하기 위한 생존조건에서 우리가 필요로 하는 물리적 세계 등. 유한한 존재이므로 시간으로부터 도망칠 수 없다. 존재론적 체험을 통해서 우리는 삶의 역사와 경험, 삶의 초월성과 미래를 현재화시키는 과정, 즉 과거의 현재는 기억이며, 현재의 현재는 직관이며, 미래의 현재는 기대를 구현하게 한다.

체험의 형이상학

현상학적 심리학이라고 하는 학문을 개척한 에르빈 슈트라우스Erwin Straus는 가장 기초적인 차원에서, 세계와 접하게 되는 감각에 어떻게 하여 공간이나 공간 안에서의 움직임이 이미 예견되어 있는 것인가에 관심을 가졌다. 사람의 감각이 '아무것도 쓰여 있지 않은 백지'라든가 '거울'이라고 생각하는 원자론적 심리학의 관점과 크게 대조되는 생각이다. 인간이 현존재로서 존재론적 체험에 의하여 규정된다는 것을 생각하게 하는 이론인 것이다.

몸의 철학자라 할 수 있는 메를로퐁티는 '모든 생활 자체가 형이상학적'이라고 말한다. 존재론적 체험을 겪는다면, 우리가 세계와 관계하여 보고 느끼고 만지는 삶이 얼마나 형이상학적인가를 생각하게 된다. 현실의 전체적 파악을 함에 있어 거기에는 실용적인 필요도 들어가 있을 수밖에 없다. 예를 들어 풍수사상의 지형 구도는 객관적 공간으로서 땅에 대한 존재론적 체험을 개념화하려는 노력에서 나온 과실이다. 땅이란 어떻게 보면 존재가 나타나는 물리적 바탕이라고 할 수 있다.

존재의 계시 안에서 땅은 물리적으로 성립하고, 풍수사상은 사람과 이 물리적 조건과 존재 사이에서 사람이 형성하는 역사적 구조물인 것이다. 지도는 실제 존재하는 지형에 관한 지도라기보다는 사람의 심층적 욕구를 나타내는 지도이다. 그것은 당대의 사람은 당연히 참여하였을 것이고, 그 이전의 옛날 사람도 참여한 것이며 그 이후의 사람도 참여하면서 만들어온 것이라는 점이다.

땅에 대한 사람의 감각은 결국 그가 물리적으로 지각하거나 지적으로 추정하는 세계 또는 우주 안에서의 그의 자리를 확인함으로써 일정한 안정에 이른다 할 것이다. 다시 말하여 인간이 거주하는 세계는 물리적 조건과 존재의 열림에 추가하여, 역사적으로 지속되는 어떤 구조물로서, 거기에는 사람들이 참여하여 전체를 이룬다는 것이 중요하다.

우리가 사물을 볼 때는 그 하나하나 다 다른 관점들의 집합으로서 개개의 지각행위가 이루어진다고 볼 수 있다. 세계의 물리적 조건이나 존재론적 가능성에 기초해서 지각 현상들이 일어나고 그것들이 하나로 합쳐질 때 의미 있는 것이 된다. 그런 점에서 세계를 보는 하나하나가 아주 중요한 존재론적인 사건이면서 역사적 사건인 것이다.

존재론적 체험으로서의 땅에서 특이한 것은 그 초월적인 양상이다. 전체성은 유한한 인간에게는 초월성으로 나타나는 것이 당연하다. 명당의 가장자리에 있는 산들은 초월의 원리를 나타낸다. 명당이라는 좋은 땅은 중첩되어 있는 동심원적인 산 또는 산맥들의 체계 안에 들어앉은 일정한 넓이의 평지이다. 이러한 기초 구도에서 알 수 있듯이, 지적인 요구로나 형이상학적인 요구로나 땅에 대한 느낌은 저절로 그 전체성으로 확산된다. 땅은 그러한 것으로 체험된다. 땅에 대한 초월적 체험은 존재론적 체험과 연관된다.

존재론적 체험은 자신이 사는 세계를 실용을 넘어가는 전체성으로 확인하고 그것이 이 전체성의 일부라는 것을 느끼고 파악하려는 것이다. 거기에서 개체적 실존의 체험은 존재의 넓은 테두리에 비추어 인간 존재의 독특한 의의를 깨닫는 것에 관계되어 있다. 그리고 그것이 세상 속에서 행동할 수 있는 힘의 근본이 된다. 특히 아이의 성장과 발달과정에서 놀이를 시작할 때, 자신의 세계를 형성하는 놀이의 규칙이야말로 세계의 형이상학적 구조에 대한 존재론적 체험이라고 할 수 있다.

각각의 체험이 갖는 가능성의 폭은 총체적으로 하나의 초월적 한계를 구성한다고 볼 수 있다. 이것은 끊임없이 변하는 한계이다. 아이들의 놀이처럼 개인의 행동은 자발적으로 일어나며 이 한계를 변형시킨다. 그러면서 동시에 스스로가 거기에 기여하는 초월적 전체성에 의하여 한정된다.

존재론적 체험에서 야기되는 전체성의 물음은 근본적인 인간적 소망이며 자기 존재의 뿌리에 대한 느낌을 확인하고자 하는 본능으로서 인간 심성의 형이상학적 솟구침에 관계한다. 우리는 존재론적 체험을 겪으면서 무엇을 알 수 있고, 어떤 행동을 해야 하며, 원하는 것이 무엇인지를 스스로 묻게 된다. 물론 그것은 쉽게 결론이 나지 않는 물음이다.

세상은 생각도 많고 감정도 많고 계략도 많은 곳이다. 우리는 어쩔 수 없이 생각하고 계산하며 세상을 의미로 짜 넣으려고 한다. 우리는 그런 의도와 시각 속에서 사물을 보고 판단하고 행위를 하며 살고 있다. 그러나 사람의 근본에 있는 것은 이러한 것을 초월하는 '있음'이다.

사람이 원하는 것은 삶의 진실이다. 존재론적 체험을 심화하는 바의 참 의미는 그것으로 구성될 수 있는 자기 탐닉의 세계가 아니라 삶의 진실에 이르는 새로운 길을 가리킬 수 있다는 데 있다. 하이데거에게도 철학의 근본문제는 이 전체적 존재의 진리를 드러내고자 하는 노력이다. 그러한 노력의 소산이 존재론이다.

결국 인간은 인간을 넘어가는 세계 안의 존재이기 때문에, 그 한계 속에 있기 마련이다. 인간의 한계는 이 세계의 한계 속에 있다. 그러면서 이 세계가 인간에 의하여 끊임없이 접근되어야 한다는 점에서, 그리고 그것이 진리로서 드러난다는 점에서, 이러한 것들은 진리의 테두리 안에 있다. 인간은 개체로서, 또 사회적 존재로서, 진리의 과정 속에 있지 않을 수 없다. 즉, 사회의 일체성과 안녕과 발전 그리고 문화의 가치들이 이 과정 속에서 반성적으로 검증되면서 다시 하나로 융합되어야 한다고 할 것이다.

하이데거는 『형이상학이란 무엇인가?』에서 말하기를, "바로 여기에 형이상학이 '인간의 자연본성'에 속한다는 사실이 놓여 있다. 형이상학은 강단 철학의 한 분과도 아니요 임의적인 착상의 한 영역도 아니다. 형이상학은 현존재에서 일어나고 있는 근본사건이다. 그것은 현존재 그 자체이다. 형이상학의 진리가 이러한 심연의 밑바탕에 거하고 있기 때문에, 그 진리는 언제나 가장 깊은 오류에 빠질 수 있는 가능성을 가장 가까운 이웃에 두고 있다."

사람이 존재의 진리로부터 벗어나 있다고 해서 자신의 근본인 존재의 바탕까지 떠나서 존재할 수 있는가? 하이데거는 여러 곳에서 존재의 진리에 이르는 길은 역사적으로 그로부터 벗어난 '잘못 든 길'로부터도 찾아져야 하고 그것이 유일한 길일 수도 있다고 말한다. 존재의 진리는 잘못에도 이미 들어 있는 것이다.

우리를 진리로부터 소외시키는 것, 진리를 감추게 하는 것은 소위 오류라고 하는 것들이다. 우리는 오류를 외면하거나 흐지부지 덮어버리려고 한다. 오류는 우리가 부주의해서 걸려드는 실수나 함정이 아님에도 말이다. 그것은 우리 밖에 있는 것이 아니라 우리 안에 있는 오류이다.

오류의 교정 가능성은 존재론적 체험 그 자체의 과정으로부터 의미가 발견되고 생성될 때 비로소 배태된다. 교정 가능성이 배태될 때, 진리로 다가갈 수 있는 가능성이 열리는 것이다. 진리는 이처럼 오류와 더불어 현상하고 체험된다. 오류는 저질러서는 안 될 잘못이라기보다는 진리에의 접근과정이 어떻게 진행되어야 하는지에 대한 뛰어난 정보의 원천이 될 수 있다. 오류는 매우 가치 있는 것이다.

해석학적 실천

이전까지 문헌 해석과 텍스트 이해에 머물렀던 해석학을 존재론적 지평으로 확장한 것은 하이데거의 공로이다. 우리가 어떤 형태로든 존재하는 것 전체 안에 놓여 있는 것은 사실이다. 존재하는 것 전체는 어떤 형태로든 우리에게 밝혀져 있다. 우리가 일상생활에서 이 존재자 또는 저 존재자에 매달려 급급하게 살기는 하지만 그래도 어렴풋하게나마 우리는 존재하는 것 전체를 하나의 단일성 안에 붙잡고 있다.

누구나 자신의 삶을 전체적인 상황 속에 위치하게 되는데, 그때 필요한 것이 사회의 지도地圖이다. 이 지도가 있어야 정신적 안정을 얻을 수 있기 때문이다. 자신을 전체 속에 위치 짓기 위한 삶의 지도를 그리는 데 해석학적 실천이 필요하다. 해석은 그것이 발생하는 맥락에 따라 구체화되는 복잡한 과정이다. 그러므로 해석학은 인간의 관계 맺음에 대한 다양한 유형과 양식이 있음을 보여준다. 우리는 "'아' 다르고 '어' 다르다"고 말하는데 이것은 결코 과장이 아니다. 이미 거기에는 존재론적 체험에 대한 해석의 활동이 개입하기 때문이다.

좋은 연주를 위하여 피아니스트가 어떤 곡을 해석하고 연주하는 것은 그것을 자기 나름으로 각색하는 것이 아니다. 해석은 원작곡자의 의도를 최대한도로 살리고자 하는 객관성의 성취를 향한 노력의 표현이다. 그것은 극히 개인적인 것이면서 동시에 극히 객관적인 것이다. 이것이 가능한 것은 원곡자의 곡이 그의 주관성의 표현만이 아니라 음의 공적 질서로서 확인되었기 때문이다. 그러므로 뛰어난 연주자가 완전한 연주를 하는 것은 주어진 곡을 완전히 객관적으로 연주하면서, 그 가능성이 한껏 표현되게 하고, 이 객관성 속에 자기 자신의 능력을 구현하는 행위이다.

일상적 실천에서 과학적 합리성은 인간의 존재자와의 도구적 관계 맺음을 형식화한다. 그것을 순전한 이론적인 주객관계로 추상화시켰다는 것을 밝혀낸 것은 해석학의 성과이다. 자연을 설명하는 데 쓰는 이성의 원칙, 즉 동일성의 원칙, 양화의 원칙, 근거의 원칙으로 인간적 현실을 설명해도 되는가? 과학의 논리는 대상 세계를 설명하기 위한 것인데 그것으로 인간 세계를 설명할 수 있는가? 객관 세계에나 적용되는 사물적 범주와 원칙을 삶의 세계에도 그대로 적용할 수 있는가?

인간의 독특한 존재함—인간은 끊임없는 되어감의 가능존재이기 때문에 대상화하는 자연과학적 합리성의 원칙으로는 잡을 수 없다. 하이데거에 의하면 학문은 "오직 물음의 열정 속에, 발견의 환희 속에, 비판적인 해명과 증명, 근거 제시의 철저함 속에서만 존재할 뿐"이다. 이때 물음은 존재 의미에 대한 질문이며, 철저함은 존재를 사유하는 철저함을 말한다. 그것은 궁극적으로 존재 의미에 관한 것이다.

인간 존재는 스스로에게 의미와 목적을 설정하는 존재이기 때문에 어떤 근거에 의거해 설명할 수 없다. 인간 존재의 독특한 삶을 제대로 담기 위해서는 대상 세계를 규정하는 데 쓰는 사물 범주가 아닌 새로운 개념들이 필요한데, 그것이 바로 해석학적 개념틀이다. 사람은 누구나 자신의 삶의 위치와 존재론적 의미를 해석하고 이해하는 모든 성찰적 노력을 한다. 그것은 삶의 존재론적 지형을 사고하는 것이다.

이런 경우 과거의 어떤 상황은 마치 그것이 지금-여기에서 벌어지는 것처럼 생생하게 되살릴 수 있다. 우리에게 과거는 이미 과거가 아니며 지금-여기로 존재한다. 인간은 해석학적 관점에서 미래와 초월을 현재화하는 존재이다. 이런 의미의 초월이란 다만 시간적인 미래라기보다 인간이란 존재가 지닌 나아갈 세계, 가야 할 지평을 의미한다.

지극히 현실적인 차원에서 해석학은 자신의 삶을 살고자 하는 노력이면서 그것을 다시 보편적인 차원에서 이해하고 형성하려는 시도이다. 그러면서 여기에는 사회와 문화가 개입된다. 우리는 이 세계에 존재론적으로 참여할 수 있을 때 비로소 해석학적 실천으로서의 타당성을 보증받는다.

해석학적 실천은 기존의 해석학이 단순히 텍스트 해석에 머물러 있었던 것과는 달리 일상에 몰입되어 있는 정신을 진리에 친숙하게 하는 것이고, 이를 위하여 진리를 볼 수 있는 시력을 회복하는 것이기도 하다. 예를 들면, 그림이나 음악, 문학을 통해 우리에게 주어진 직접적 경험의 서술이나 재현을 통해, 여기에 스며 있는 일반적 원칙, 형식적 원리를 알게 하는 것이 중요하다.

자크 랑시에르Jacques Ranciere에 따르면, 1830년 7월 혁명 시기의 프랑스 노동자들이 사유할 시간을 얻기 위해, 노동자의 권리이자 의무인 밤잠을 포기하고, 낮에는 일하고 밤에는 모여 신문을 만들고, 시와 노래를 지으며 사회문제를 토론했던 기록들을 찾을 수 있다. 이 예에서 주의 깊게 봐야 하는 것은 노동자들이 야밤에는 낮에 있었던 자본주의적 노동의 삶에서 벗어나 초월적 차원으로의 도약을 시도한다는 것이다. 그것은 노동자가 자기 자신을 인식하려고 노력하는 것이지만 더 나아가 주어진 조건 자체를 바꾸어 노동자 스스로 자기-통치를 이루어갔다는 것이다.

푸코의 말을 빌리자면, 중요한 것은 우리 자신을 해석을 통해 발견하는 것이 아니라 우리 자신을 새롭게 만들어내는 일이다. 낮에는 일하고 밤에는 문화 활동을 하는 그 나름의 숙고된 규칙에 따라 자신의 생을 구축하고, 지속적으로 수행하는 윤리적 행동이었다고 할 수 있다. 랑시에르는 노동력을 재생산하라고 주어지는 밤 시간에 노동자가 아닌 한 명의 시인 또는 철학자로 살아가는 프롤레타리아를 발견한 것이다. 프롤레타리아는 자본/권력에 예속된 주체를 폐기하고 스스로 자기-통치적 주체로 거듭날 수 있었던 것이다.

해석학적 실천은 우리를 자신의 경험 일반이나 사실의 영역에 자리하지 않고 그것을 넘어서는 초월성의 지평으로 인도한다. 인간은 그 본질에서부터 초월적 존재이지만, 그 지평은 어떤 이념이나 독단적 올바름, 당위적이거나 선험적인 지평을 요구하지 않는다. 그러기에 의미를 규정하는 올바른 초월론적인 지평이 마련되어야 비로소 삶의 행위와 일상의 모든 것들이 올바르게 규정될 수 있다.

그 밤 동안에 형성된 노동자의 초월적 자아는 지적 본성을 가진 주체로서 해방된 자이다. 그럼으로써 노동자들은 사고의 자유가 가능해진다. 초월적 차원에서는 사고의 자유가 가능해진다. 삶의 해석학은 근원적으로 인간의 자유와 관계한다. 자유는 존재 의미를 이해할 때 가능하다. 프랑스 노동자가 존재 의미가 드러나는 현존재로 자리매김하려면 가장 중요한 것은 진리와 연관된 자유로움일 것이다.

여기에는 어떤 마음의 상태를 가지고 어떻게 사는 것이 올바른 삶인가 하는 삶의 진리 문제가 절실하게 요청된다. 프랑스 노동자가 야밤의

책 읽기를 통해 초월적 차원에의 도약을 시도하는 것은 삶의 진리에 다가서기 위해 정신을 변모시키는 노력의 일환인 것이다. 그런 점에서 삶의 해석학은 진리의 현상학이며 본질적으로 자기 지시적이며 자기 회귀적이다.

프랑스 노동자에서 보았듯이, 존재 의미를 탐문하는 해석학적 실천을 통해 이해하게 되는 존재론적 진리는 우리를 자유롭게 한다. 여기서는 진리를 일상적 사건에서의 '존재 드러남'으로 규정한다. 존재론적 진리는 사실적 타당성을 요구하는 것이 아니라 자신의 존재에 의해 결단된 지평에 관계한다.

그 지평은 존재의 참여 없이 유효하지 않게 된다. 프랑스 노동자의 해석학적 실천은 존재론적 의미와 초월에 대한 결단에 따라 이루어진다. 그런 경우 사고의 사고 가능성이 열리는 계기가 마련된 것이다. 초월적 결단은 철학이나 신학, 인문학 따위의 분과 학문의 틀을 넘어서 자리하는 인간의 모든 존재론적 노력과 투신을 의미한다.

해석학은 자기 이해의 학문이다. 공자의 유학에서 볼 수 있듯이, 사는 법을 궁리하다 보면 이르게 되는 것이 윤리적 수신이고 그것이 정치적 지혜의 일부가 되기 마련이다. 이 말은 해석학적 진리가 선험적으로 자리하고 있거나 어떤 초월적 세계에 의해 주어진다는 뜻이 아니다. 그것은 구체적인 체험에서 나오는 하나의 결과인 것이다.

우리 시대에 우리에게 요구하고 있는 존재 물음의 요청에 응할 수 있는 해석학적 실천의 지평을 열어내야 한다. 그것은 스스로가 가진 의문에 대한 해명과 문제 자체에 대한 해답을 찾아가는 계속적 과정이다. 그런데 그 해명과 해답은 하나로 주어지는 것이 아니라 무수한 작은 답변들로 이루어진 결론에 이르게 되는 역정이다.

인문과학적 공부의 핵심은 자신의 삶을 자신이 살게 하는 데 도움을 얻고 주려는 것이다. 그러기 위해서는 우리의 직접적 체험으로 돌아가는 것, 그리고 그것을 잊지 않는 것, 그러면서 동시에 그것을 더 일반화해서 이해할 수 있어야 한다. 인문과학의 의의는 경험적 현실로부터 보편적 원리를 추출해내는 연습을 계속 상상적으로 하는 것이다.

각박한 세상이 되어 전체 분위기가 그것을 실천하기가 점점 어렵게 되고 있지만, 그럼에도 불구하고 이제 우리에게 필요한 것은 우리 자신에 대한 성찰과 해체의 문제 인식이라고 본다. 더불어 우리의 전통을 새로운 시각으로 재해석하고, 달라진 해석적 상황과 이해의 지평에 대해 성찰하여 우리 시대에 부합하는 새로운 존재 이해의 틀을 만들도록 힘써야 한다.

참고문헌

가레쓰 모르간(2004), 박상언·김주언 옮김, 『조직의 8가지 이미지』, 지샘.
강미라(2013), 『몸 주체 권력』, 이학사.
강수미(2011), 『아이스테시스』, 글항아리.
강신주(2010), 『철학적 시 읽기의 즐거움』, 동녘.
_____(2011), 『철학적 시 읽기의 괴로움』, 동녘.
고병권·이진경 외(2007), 『코뮤주의 선언』, 교양인.
권정우·하승우(2015), 『아렌트의 정치』, 한티재.
김상환(2001), 『예술가를 위한 형이상학』, 민음사.
_____(2011), 『해체론 시대의 철학』, 문학과지성사.
_____(2013), 『철학과 인문적 상상력』, 문학과지성사.
김용정(1996), 『과학과 철학』, (주)범양사출판부.
김우창(2007), 『자유와 인간적인 삶』, 생각의 나무.
_____(2008), 『풍경과 마음』, 생각의 나무.
_____(2011), 『성찰』, 한길사.
_____(2011), 『세 개의 동그라미』, 한길사.
_____(2012), 『기이한 생각의 바다에서』, 돌베개.
_____(2013), 『체념의 조형』, 나남.
_____(2014), 『깊은 마음의 생태학』, 김영사.
김정운(2015), 『에디톨로지』, 21세기북스.
김현경(2015), 『사람, 장소, 환대』, 문학과지성사.
김홍우(1999), 『현상학과 정치철학』, 문학과지성사.
김홍중(2009), 『마음의 사회학』, 문학동네.
노에 게이치(2009), 강영주 옮김, 『이야기의 철학』, 한국출판마케팅연구소.
닛타 요시히로(2014), 박인성 옮김, 『현상학이란 무엇인가』, 도서출판b.
L. S. 비고츠키·A. R. 루리야(2012), 비고츠키 연구회 옮김, 『도구와 기호』, 살림터.
로버트 루트번스타인 외(2007), 박종성 옮김, 『생각의 도구』, 에코의 서재.
로봇 소콜로브스키(1992), 최경호 옮김, 『현상학적 구성이란 무엇인가』, 이론과 실천.
루이 알튀세르(2002), 서관모·백승욱 옮김, 『철학에 대하여』, 동문선.
_____(2012), 서관모·백승욱 편역, 『철학적 맑스주의』, 새길아카데미.
루크 페레터(2014), 심세광 옮김, 『루이 알튀세르의 이데올로기』, 앨피.
마이크 크랭·나이젤 스리프트 엮음(2013), 최병두 옮김, 『공간적 사유』, 에코.
마르틴 하이데거(2013), 이기상 옮김, 『존재와 시간』, 까치.
_____(2015), 이선일 옮김, 『철학에의 기여』, 새물결.
미셸 푸코(2007), 심세광 옮김, 『주체의 해석학』, 동문선.
_____(2012), 김광철 옮김, 『칸트의 인간학에 관하여』, 문학과지성사.

미셸 앙리(2013), 이은정 옮김,『야만』, 자음과모음.

박승규(2002),『푸코의 정치윤리』, 철학과 현실사.

박재주(2013),『서사적 자아와 도덕적 자아』, 철학과 현실사.

브렌트 데이비스 외(2014), 현인철·서용선 옮김,『혁신교육, 철학을 만나다』, 살림터.

삼성경제연구소 편(1997),『복잡성과학의 이해와 적용』, 삼성경제연구소.

신병현·현광일(2010),『포스트모던 조직론』, 다인아트.

신승환(2008),『문화예술교육의 철학적 지평』, 한길아트.

_____(2013),『지금, 여기의 인문학』, 후마니타스.

실뱅 라자리스(2002), 이종영 옮김,『이름의 인류학』, 새물결.

심광현(2014),『맑스와 마음의 정치학』, 문화과학사.

알랭 바디우(1995), 이종영 옮김,『철학을 위한 선언』, 백의.

_____, 파비앵 타르비(2015), 서용순 옮김,『철학과 사건』, 오월의봄.

애드가 모랭(2012), 신지은 옮김,『복잡성 사고 입문』, 에코.

앤디 메리필드(2015), 김병화 옮김,『마주침의 정치』, 이후.

에리히 프롬(2011), 차경화 옮김,『소유냐 존재냐』, 까치.

에티엔 발리바르(2007), 최원·서관모 옮김,『대중들의 공포』, 도서출판b.

오토 프리드리히 볼노(2011), 이기숙 옮김,『인간과 공간』, 에코.

움베르또 마뚜라나(2006), 서창현 옮김,『있음에서 함으로』, 갈무리.

이기상(2004),『하이데거의 존재사건학』, 서광사.

_____(2011),『쉽게 풀어 쓴 하이데거의 생애와 사상 그리고 그 영향』, 누멘.

이남인(2014),『현상학과 해석학』, 서울대학교출판문화원.

이상오(2004),『홀로스 사고』, 지식마당.

이정일(2012),『교양인의 삶』, 이담.

이종영(2005),『정치와 반정치』, 새물결.

이지훈(2009),『존재의 미학』, 이학사.

임홍빈(1995),『기술문명과 철학』, 문예출판사.

자크 랑시에르(2008), 양창렬 옮김,『무지한 스승』, 궁리

제임스 글러크(1993), 박배식·성하운 옮김,『카오스』, 동문사.

조광제(2008),『의식의 85가지 얼굴』, 글항아리.

조르조 아감벤(2010), 조효원 옮김,『유아기와 역사』, 새물결.

주은우(2008),『시각과 현대성』, 한나래.

주형일(2012),『랑시에르의『무지한 스승』읽기』, 세창미디어.

지그문트 바우만(2011), 문성원 옮김,『자유』, 이후.

티머시 클라크(2008), 김동규 옮김,『마르틴 하이데거 너무나 근본적인』, 앨피.

팀 크레스웰(2012), 심승희 옮김,『장소』, 시그마프레스.

프레데리크 그로 외(2006), 섬세광 외 옮김,『미셸 푸코 진실의 용기』, 도서출판 길.

프레드 달마이어(2011), 신충식 옮김,『다른 하이데거』, 문학과지성사.

피에르 테브나즈(2012), 김동규 옮김,『현상학이란 무엇인가』, 그린비.

하랄트 벨처(2015), 원성철 옮김,『저항안내서』, 오롯.

삶의 행복을 꿈꾸는 교육은 어디에서 오는가?

미래 100년을 향한 새로운 교육

▶ **교육혁명을 앞당기는 배움책 이야기**

혁신교육의 철학과 잉걸진 미래를 만나다!

핀란드 교육혁명
한국교육연구네트워크 총서 01 | 320쪽 | 값 15,000원

일제고사를 넘어서
한국교육연구네트워크 총서 02 | 284쪽 | 값 13,000원

새로운 사회를 여는 교육혁명
한국교육연구네트워크 총서 03 | 380쪽 | 값 17,000원

교장제도 혁명
한국교육연구네트워크 총서 04 | 268쪽 | 값 14,000원

새로운 사회를 여는 교육자치 혁명
한국교육연구네트워크 총서 05 | 312쪽 | 값 15,000원

혁신학교에 대한 교육학적 성찰
한국교육연구네트워크 총서 06 | 308쪽 | 값 15,000원

혁신학교
성열관·이순철 지음 | 224쪽 | 값 12,000원

행복한 혁신학교 만들기
초등교육과정연구모임 지음 | 264쪽 | 값 13,000원

서울형 혁신학교 이야기
이부영 지음 | 320쪽 | 값 15,000원

혁신교육, 철학을 만나다
브렌트 데이비스·데니스 수마라 지음
현인철·서용선 옮김 | 304쪽 | 값 15,000원

혁신교육 존 듀이에게 묻다
서용선 지음 | 292쪽 | 값 14,000원

다시 읽는 조선 교육사
이만규 지음 | 750쪽 | 값 33,000원

프레이리와 교육
한국교육연구네트워크 번역 총서 01
존 엘리아스 지음 | 한국교육연구네트워크 옮김
276쪽 | 값 14,000원

교육은 사회를 바꿀 수 있을까?
한국교육연구네트워크 번역 총서 02
마이클 애플 지음 | 강희룡·김선우·박원순·이형빈 옮김
352쪽 | 값 16,000원

비판적 페다고지는 세상을 변화시킬 수 있는가?
한국교육연구네트워크 번역 총서 03
Seewha Cho 지음 | 심성보·조시화 옮김 | 280쪽 | 값 14,000원

마이클 애플의 민주학교
한국교육연구네트워크 번역 총서 04
마이클 애플·제임스 빈 엮음 | 강희룡 옮김 | 276쪽 | 값 14,000원

미래교육의 열쇠, 창의적 문화교육
심광현·노명우·강정석 지음 | 368쪽 | 값 16,000원

대한민국 교사, 어떻게 가르칠 것인가?
윤성관 지음 | 320쪽 | 값 15,000원

아이들을 어떻게 가르칠 것인가
사토 마나부 지음 | 박찬영 옮김 | 232쪽 | 값 13,000원

아이들의 배움은 어떻게 깊어지는가
이시이 준지 지음 | 방지현·이창희 옮김
200쪽 | 값 11,000원

모두를 위한 국제이해교육
한국국제이해교육학회 지음 | 364쪽 | 값 16,000원
2015 세종도서 학술부문

경쟁을 넘어 발달 교육으로
현광일 지음 | 288쪽 | 값 14,000원

독일 교육, 왜 강한가?
박성희 지음 | 324쪽 | 값 15,000원

대한민국 교육혁명
교육혁명공동행동 연구위원회 지음 | 152쪽 | 값 5,000원

▶ 비고츠키 선집 시리즈
발달과 협력의 교육학 어떻게 읽을 것인가?

생각과 말
레프 세묘노비치 비고츠키 지음
배희철·김용호·D. 켈로그 옮김 | 690쪽 | 값 33,000원

성장과 분화
L.S. 비고츠키 지음 | 비고츠키연구회 옮김
308쪽 | 값 15,000원

도구와 기호
비고츠키·루리야 지음 | 비고츠키연구회 옮김
336쪽 | 값 16,000원

관계의 교육학, 비고츠키
진보교육연구소 비고츠키교육학실천연구모임 지음
300쪽 | 값 15,000원

어린이 자기행동숙달의 역사와 발달 I
L.S. 비고츠키 지음 | 비고츠키연구회 옮김
564쪽 | 값 28,000원

비고츠키 생각과 말 쉽게 읽기
진보교육연구소 비고츠키교육학실천연구모임 지음
316쪽 | 값 15,000원

어린이 자기행동숙달의 역사와 발달 II
L.S. 비고츠키 지음 | 비고츠키연구회 옮김
552쪽 | 값 28,000원

비고츠키와 인지 발달의 비밀
A.R. 루리야 지음 | 배희철 옮김 | 280쪽 | 값 15,000원

어린이의 상상과 창조
L.S. 비고츠키 지음 | 비고츠키연구회 옮김
280쪽 | 값 15,000원

▶ 평화샘 프로젝트 매뉴얼 시리즈
학교 폭력에 대한 근본적인 예방과 대책을 찾는다

학교 폭력 어떻게 만들어지는가
문재현 외 지음 | 300쪽 | 값 14,000원

아이들을 살리는 동네
문재현·신동명·김수동 지음 | 204쪽 | 값 10,000원

학교 폭력, 멈춰!
문재현 외 지음 | 348쪽 | 값 15,000원

평화! 행복한 학교의 시작
문재현 외 지음 | 252쪽 | 값 12,000원

왕따, 이렇게 해결할 수 있다
문재현 외 지음 | 236쪽 | 값 12,000원

마을에 배움의 길이 있다
문재현 지음 | 208쪽 | 값 10,000원

▶ 창의적인 협력수업을 지향하는 삶이 있는 국어 교실
우리말 글을 배우며 세상을 배운다

중학교 국어 수업 어떻게 할 것인가?
김미경 지음 | 332쪽 | 값 15,000원

이야기 꽃 1
박용성 엮어 지음 | 276쪽 | 값 9,800원

토론의 숲에서 나를 만나다
명혜정 엮음 | 312쪽 | 값 15,000원

이야기 꽃 2
박용성 엮어 지음 | 294쪽 | 값 13,000원

토닥토닥 토론해요
명혜정·이명선·조선미 엮음 | 288쪽 | 값 15,000원

인문학의 숲을 거니는 토론 수업
순천국어교사모임 엮음 | 308쪽 | 값 15,000원

▶ 교과서 밖에서 만나는 역사 교실
상식이 통하는 살아 있는 역사를 만나다

전봉준과 동학농민혁명
조광환 지음 | 336쪽 | 값 15,000원

남도의 기억을 걷다
노성태 지음 | 344쪽 | 값 14,000원

응답하라 한국사 1·2
김은석 지음 | 356쪽·368쪽 | 각권 값 15,000원

즐거운 국사수업 32강
김남선 지음 | 280쪽 | 값 11,000원

즐거운 세계사 수업
김은석 지음 | 328쪽 | 값 13,000원

강화도의 기억을 걷다
최보길 지음 | 276쪽 | 값 14,000원

광주의 기억을 걷다
노성태 지음 | 348쪽 | 값 15,000원

교과서 밖에서 배우는 역사 공부
정은교 지음 | 292쪽 | 값 14,000원

팔만대장경도 모르면 빨래판이다
전병철 지음 | 360쪽 | 값 16,000원

빨래판도 잘 보면 팔만대장경이다
전병철 지음 | 360쪽 | 값 16,000원

영화는 역사다
강성률 지음 | 288쪽 | 값 13,000원

친일 영화의 해부학
강성률 지음 | 264쪽 | 값 15,000원

한국 고대사의 비밀
김은석 지음 | 304쪽 | 값 13,000원

▶ 4·16, 질문이 있는 교실 마주이야기
통합수업으로 혁신교육과정을 재구성하다!

통하는 공부
김태호·김형우·이경석·심우근·허진만 지음
324쪽 | 값 15,000원

내일 수업 어떻게 하지?
아이함께 지음 | 300쪽 | 값 15,000원

인간 회복의 교육
성래운 지음 | 260쪽 | 값 13,000원

교과서 너머 교육과정 마주하기
이윤미 외 지음 | 368쪽 | 값 17,000원

수업 고수들 수업·교육과정·평가를 말하다
박현숙 외 지음 | 368쪽 | 값 17,000원

도덕 수업, 책으로 묻고 윤리로 답하다
울산도덕교사모임 지음 | 320쪽 | 값 15,000원

체육 교사, 수업을 말하다
전용진 지음 | 300쪽 | 값 15,000원

주제통합수업, 아이들을 수업의 주인공으로!
이윤미 외 지음 | 392쪽 | 값 17,000원

수업과 교육의 지평을 확장하는 수업 비평
윤양수 지음 | 316쪽 | 값 15,000원
2014 문화체육관광부 우수교양도서

교사, 선생이 되다
김태은 외 지음 | 260쪽 | 값 13,000원

교사의 전문성, 어떻게 만들어지나
국제교원노조연맹 보고서 | 김석규 옮김
392쪽 | 값 17,000원

수업의 정치
윤양수·원종희·장군 지음 | 280쪽 | 값 14,000원

**학교협동조합,
현장체험학습과 마을교육공동체를 잇다**
주수원 외 지음 | 296쪽 | 값 15,000원

**거꾸로교실,
잠자는 아이들을 깨우는 수업의 비밀**
이민경 지음 | 280쪽 | 값 14,000원

▶ 더불어 사는 정의로운 세상을 여는 인문사회과학

사람의 존엄과 평등의 가치를 배운다

밥상혁명
강양구·강이현 지음 | 298쪽 | 값 13,800원

좌우지간 인권이다
안경환 지음 | 288쪽 | 값 13,000원

도덕 교과서 무엇이 문제인가?
김대용 지음 | 272쪽 | 값 14,000원

민주시민교육
심성보 지음 | 544쪽 | 값 25,000원

자율주의와 진보교육
조엘 스프링 지음 | 심성보 옮김 | 320쪽 | 값 15,000원

민주시민을 위한 도덕교육
심성보 지음 | 500쪽 | 값 25,000원
2015 세종도서 학술부문

민주화 이후의 공동체 교육
심성보 지음 | 392쪽 | 값 15,000원
2009 문화체육관광부 우수학술도서

교과서 밖에서 배우는 인문학 공부
정은교 지음 | 280쪽 | 값 13,000원

갈등을 넘어 협력 사회로
이창언·오수길·유문종·신윤관 지음 | 280쪽 | 값 15,000원

오래된 미래교육
정재걸 지음 | 392쪽 | 값 18,000원

동양사상과 마음교육
정재걸 외 지음 | 356쪽 | 값 16,000원
2015 세종도서 학술부문

대한민국 의료혁명
전국보건의료산업노동조합 엮음 | 548쪽 | 값 25,000원

교과서 밖에서 배우는 철학 공부
정은교 지음 | 280쪽 | 값 14,000원

교과서 밖에서 배우는 고전 공부
정은교 지음 | 288쪽 | 값 14,000원

교과서 밖에서 배우는 사회 공부
정은교 지음 | 304쪽 | 값 15,000원

전체 안의 전체 사고 속의 사고
김우창의 인문학을 읽다
현광일 지음 | 320쪽 | 값 15,000원

▶ 살림터 참교육 문예 시리즈

영혼이 있는 삶을 가르치는 온 선생님을 만나다!

꽃보다 귀한 우리 아이는
조재도 지음 | 244쪽 | 값 12,000원

선생님이 먼저 때렸는데요
강병철 지음 | 248쪽 | 값 12,000원

성깔 있는 나무들
최은숙 지음 | 244쪽 | 값 12,000원

서울 여자, 시골 선생님 되다
조경선 지음 | 252쪽 | 값 12,000원

아이들에게 세상을 배웠네
명혜정 지음 | 240쪽 | 값 12,000원

행복한 창의 교육
최창의 지음 | 328쪽 | 값 15,000원

밥상에서 세상으로
김흥숙 지음 | 280쪽 | 값 13,000원

북유럽 교육 기행
정애경 외 14인 지음 | 288쪽 | 값 14,000원

▶ 남북이 하나 되는 두물머리 평화교육
분단 극복을 위한 치열한 배움과 실천을 만나다

10년 후 통일
정동영·지승호 지음 | 328쪽 | 값 15,000원

선생님, 통일이 뭐예요?
정경호 지음 | 252쪽 | 값 13,000원

분단시대의 통일교육
성래운 지음 | 428쪽 | 값 18,000원

김창환 교수의 DMZ 지리 이야기
김창환 지음 | 264쪽 | 값 15,000원

▶ 출간 예정

근간 **너희가 교사를 아느냐?**
정은균 지음

근간 **교실을 위한 프레이리**
아이러 쇼어 엮음 | 사람대사람 옮김

근간 **걸림돌**
키르스텐 세룹-빌펠트 지음 | 문봉애 옮김

근간 **조선근대교육의 사상과 운동**
윤건차 지음 | 이명실·심성보 옮김

근간 **핀란드 교육의 기적은 어떻게 만들어지나**
Hannele Niemi 외 지음 | 장수명 외 옮김

근간 **조선족 근현대 교육사**
정미량 지음

근간 **고쳐 쓴 갈래별 글쓰기 1**
(시·소설·수필·희곡 쓰기 문예 편)
박안수 지음(개정 증보판)

근간 **고쳐 쓴 갈래별 글쓰기 2**
(논술·논설문·자기소개서·자서전·독서비평·
설명문·보고서 쓰기 등 실용 고교용)
박안수 지음(개정 증보판)

근간 **마을교육공동체란 무엇인가**
서용선 외 지음

근간 **왜 따뜻한 감성 수업인가**
조선미 지음

근간 **존 듀이와 교육**
한국교육연구네트워크번역총서 05 | 짐 개리슨 외 지음

근간 **함께 만들어가는 강명초 이야기**
이부영 외 지음

근간 **어린이와 시 읽기**
오인태 지음

참된 삶과 교육에 관한 생각 줍기